극한직업,
선생님을 부탁해

극한직업,
선생님을 부탁해

초판 1쇄 발행 2020년 4월 10일
초판 3쇄 발행 2023년 1월 15일

지 은 이 신건철 · 정재석 · 안미영 · 왕건환 · 이상우
펴 낸 이 이형세
책임편집 윤정기
편 집 정지현
디 자 인 권빛나
펴 낸 곳 테크빌교육㈜
주 소 서울시 강남구 언주로 551, 프라자빌딩 5층/8층
전 화 02-3422-7783(333)
팩 스 02-3442-7793
ISBN 979-11-6346-080-0 03370

극한직업,
선생님을 부탁해

신건철·정재석·안미영·왕건환·이상우

테크빌교육

2020년 2월 전국에서 명예퇴직을 신청한 교사가 2019년보다 10퍼센트 늘어 6,600여 명이라고 합니다. 안정적이고, 복지 혜택이 좋아 여타 다른 직종에 비해 선호도가 높은데도 불구하고 스스로 그만두는 교사가 늘고 있는 것입니다.

이제 학교 현장에서는 관리자를 제외하고는 50대 중반이 넘는 일반교사를 만나기도 어려울 지경입니다. 학생을 가르치는 교직의 특성상 다양한 문제에 대한 폭넓은 경험의 축적이 무엇보다 중요한데, 경력 20년 이상의 교사들이 명예퇴직으로 학교 현장을 떠나 학교 구성원 전체에 경험의 부재라는 과부하가 걸리고 있습니다. 더 좋은 교육에 대해 함께 고민하고, 학생이나 학부모, 관리자와의 관계에서 갈등이 일어났을 때 믿고 조언을 얻을 선배가 갈수록 줄어들어, 교사들은 이제 '각자도생'이라는 말로 자신의 살길을 알아서 찾아야 하는 안타까운 상황에 놓인 것입니다.

교총이 2019년 실시한 교원 인식 설문 조사를 보면 명예퇴직 증가의 가장 큰 원인은 '학생 생활지도 붕괴 등 교권 추락'이라는 응답이 89.4퍼센트에 달했고, 73퍼센트는 '학부모 등의 민원 증가 따른 고충'이라고 말했습니다. 이러한 상황과 더불어 '교육 만능설'도 교사를 지치게 하는 원인입니다. 학교폭력이 늘어나면 학교폭력 예방 교육이 부족한 탓이고, 학력이 낮아지면 기초교육이 부족한 탓이고, 안전사고가 생기면 안전 교육이 부족한 탓이라며 그 원인을 학교와 교사에게서 찾고, 학교교육의 변화로 모든 문제를 해결하려고 합니다. 또 교육은 사람과 사람이 만나 관계를 맺고, 그 안에서 함께 성장을 이루는 것인데, 학교는 더 이상 서로를 믿지 못하는 관계로 인해 병들어 가고 있습니다.

이 책은 교사의 발전과 치유를 위해 무엇을 할 수 있을까 하는 마음으로 시작되었습니다. 열심히 한 만큼 상처를 받는다는 말이 실감 나는 요즘, '어떻게 아픈 교사를 위로해 줄 수 있을까?' '어떻게 하면 학교와 교실이 제 기능을 발휘할 수 있을까?', '어떻게 하면 학교 구성원이 서로를 믿고 기다려 주는 사회적 합의를 만들어 낼 수 있을까?'를 고민했습니다.

이상우 선생님의 개인 SNS를 통해 교사를 힘들게 하는 관계가 무엇인지 조사한 결과, 5가지 주제인 '학생', '학부모', '동료 교사', '관리자', '교사의 권리'라는 답변이 많았고, 이 주제를 중심으로 6개월간 매주 치열하게 질문하고 답을 찾는 과정에서 학교급이 다르고, 교실과 과목이 달라도 우리는 모두 비슷한 고민을 하고, 같은 지점에서 감동하고 슬퍼한다는 것을 깨달았습니다. 그리고 관계로 입은 상처는 관계로 치유될 때 가장 효과적이라는 사실도 깨달았습니다.

이 책 『극한직업, 선생님을 부탁해』에는 학생, 학부모, 동료 교사, 관리자, 교권 등 교사를 둘러싼 인간관계 안에서 교사가 어떤 어려움을 겪고 있는지 공감하고, 그 어려움을 함께 이겨 내기 위한 다양한 솔루션을 담았습니다.

교사를 둘러싼 현실이 갈수록 어려워지고 있지만, 아직도 학교에는 교사를 보고 눈을 빛내는 학생들과 교사의 교육활동에 신뢰를 갖고 있는 학부모, 동료의 아픔에 공감하며 함께 고민해 주는 동료 교사, 더 나은 교육을 위해 함께 노력하는 관리자가 더 많습니다. 희망을 잃지 않고 오늘보다 나은 내일을 위해 노력하는 모든 교사들에게 이 책이 도움이 되었으면 좋겠습니다.

차례

1장

극한직업

'문제아'에 지친 초등 교사 '행복'보다 '피로' 느끼는 교사 더 많아…

초등 교사 29% "힘들고 지쳤다", "행복한 한 해" 22% 넘겨…

기피 1호 학부모는 '무책임 부모'… 77% "믿어 줄 때 행복감"

교사가 된 후에 '교사'라는 직업에 대해 진지하게 고민해 본 적이 있나요? 방학이 있고, 월급은 평균 이상이고, 복지가 잘되어 있고, 퇴근 시간이 빠른 직업……. 교사라는 직업을 바라보는 사회의 시선입니다. 그런데 왜 정작 교사는 행복하지 않을까요? 무엇이 교사를 힘들게 하고 지치게 할까요?

학교 현장에는 방과후학교, 돌봄교실, 안전교육, 인성교육, 문예체교육 등 시대의 현안에 필요한 것들이 건물의 층을 올리듯 하나씩 더해졌는데, 시간이 지나도 어느 영역 하나 없어지지 않고 그대로 남아 교사를 압박하고 있습니다. 월급 7만 원 받는 방과후학교 원장이나 가산점으로 유인하는 돌봄교실, 국가적인 안전사고 후 교육과정 내에서 충분히 이루어지고 있음에도 초등학교 저학년에 비집고 들어온 안전교육 등 하나하나가 교사에게 부담으로 다가오고 있습니다.

교사는 높은 도덕성을 바탕으로 뛰어난 교수 능력을 보여야 하고, 학생 간 갈등을 해결하고, 학부모와 시기적절한 상담을 진행하고, 시기와 주제에 맞추어 교육과정을 재구성합니다. 남는 시간에 짬짬이 행정업무를 처리하고, 현장체험학습을 계획하고 안전하게 인솔합니다. 또한 성적 처리, 하교 후 학원이나 방학 중 일어난 사건까지 교사에게 밀려오는 민원을 처리하고, 틈나는 대로 학생들을 관찰한 내용을 기록하면서 하루를 살아갑니다. 도대체 어디까지 해야 할까요?

하루, 한 달, 일 년이 무사히 넘어가면 당연한 것이고, 예상치 못한 사고가 생기면 평소에 관련 내용을 교육했는지, 교사가 함께 있었는지, 사후 처리는 절차에 맞게 진행되었는지 질책부터 쏟아지는 현실, 정말 괜찮은 걸까요?

교사가 행복해야 학생이 행복한 교실이 될 수 있습니다. 하지만 현실은 끝없이 교사를 몰아붙이며 극한 상황으로 몰아넣고 있습니다. 가히 극한직업이 따로 없습니다.

1
난 누구고,
여긴 어디?

– 교사가 되기 전과 후의 교사에 대한 이미지

선생님은 어떤 생각을 가지고 교사가 되셨나요? 학창 시절 자신을 가르쳐 주신 선생님을 보며 교사를 꿈꾸거나, 가르치는 일을 좋아하거나, 직업적인 매력에 이끌려 교사가 된 분 등 다양한 이유가 있을 겁니다. 교사라는 직업을 바라보며 꿈꾸었을 때와 교사가 된 지금, 교사에 대한 이미지는 어떻게 바뀌었나요?

냉정한 은갈치 : 저는 막연하게 교사는 어떻게 가르칠지 고민하기에도 분주한 사람이라고 생각했습니다. 그런데 학교에서 일어나는 일들을 보면 어려움은 가르치는 일보다는 인간관계에서 더 많이 일어나더라고요. 학생들과의 관계, 학부모와의 관계, 동료 교사와의 관계,

교감·교장선생님과의 관계 형성이 중요하다는 것을 느끼고 있어요.

생활교육 알파고 : 저는 학생들은 순수한 개구쟁이들이어서 교사가 잘 이끈다면 충분히 긍정적인 방향으로 변화할 수 있다고 생각했습니다. 그런데 실제로 교사가 되어 보니 쉽지가 않더라고요. 그리고 시대의 흐름에 따라가려는 교사의 노력보다 학생들의 변화가 더 빨라서, 때로는 교사 개인의 역량을 넘어선 변화를 요구받기도 합니다. 처음에는 학생들을 제대로 이끌어 모든 학생이 원하는 꿈을 이룰 수 있도록 도와주어야겠다는 의지가 강했는데, 최근에는 일 년 동안 아무 문제없이 건강하게 학교생활 잘하는 것이 중요하다는 생각이 들어요. 그리고 또래집단에서 영향을 많이 받는 학생들의 특성상 교사의 역할도 조금씩 줄어들고 있다고 느껴집니다.

악마 너구리 : 저는 교사는 수업이 끝난 후 오후 3시 정도면 퇴근할 줄 알았는데, 그러기 위해서는 정말 열심히 일해야 한다는 것을 알게 되어 당황했던 기억이 납니다. 그리고 교사가 되기 전에는 수업을 잘하는 것이 교사의 가장 중요한 역할이라고 생각했는데, 원활한 수업을 위해서는 학생 간 관계 조정 또한 필요하다는 것을 알게 되면서 학생들이 교실을 따뜻한 공간으로 느낄 수 있도록 도와주려고 노력하게 되었어요.

키다리 아줌마 : 제 기억 속 좋은 선생님 모델은 외국 드라마 〈천사들의 합창〉에 나온 히메나 선생님이에요. 언제나 따뜻한 미소로 아이들을 대하는 모습이 정말 좋았죠. 하지만 막상 현실에서 제가 만난 선생님들은 무섭고 엄격해서 대하기 어려웠어요. 점차 선생님은 그렇게 매력적인 사람은 아니라는 인식이 생겼죠. 그래서 교사라는 직업을 위해 교대를 선택하는 시점에 '이게 내 길이 맞나?'라는 고심을 많이 했고요. 점수 맞춰서 남들 가는 것처럼 가고 싶지 않았거든요. 하지만 교직의 가치를 스스로 정리한 후 교대를 선택했고, 교대를 다니면서 잘 적응해 나갔습니다. 여러 과정을 거쳐 교사가 되고 난 후에야 교사가 얼마나 대단한 일을 하는지 깨달았어요. 2~30명의 아이들이 저만 바라보고, 제 말에 귀를 기울이고, 제 행동을 무의식 중에 배우는 것을 보면서 막중한 책임감을 느끼게 되었죠.

왕국어 왕사부 : 교사에 대해서 나쁜 기억을 가진 분들이 많은 것 같아요. 제 학창 시절에도 유행하던 말이 '교실 붕괴', '학력이 단군 이래의 최악이다.'라는 말이었죠. 지금도 현실이 그렇게 나아지지는 않았지만, 당시 초임 선생님들을 떠올려 보면 참 힘들었겠다는 생각이 들더라고요. 그분들도 부푼 꿈을 안고 학교에 오셨을 텐데, 통제되지 않는 교실 현장에서 얼마나 막막하고 힘들었을까요. 저도 초임교사 시절 많은 어려움을 겪었지만, 주위에서 이끌어 주신 선생님들이 계셔서 견딜 수 있었습니다.

직업으로서의 교사

모든 직업이 그러하겠지만, 교직도 밖에서 보는 모습과 실제 현실은 차이가 큽니다. 학생을 가르치는 것이 교사의 일이라 생각하고 교직에 들어왔지만, 실제 학교 현장에서는 가르치는 일 외에도 많은 일을 해야 합니다. 학생들과의 관계 형성, 업무 처리를 위한 공문 작성, 학부모와의 상담, 학생 간 문제 해결 등 모두 교사가 할 일입니다. 이렇게 현실과 이상 사이에 괴리가 큰 이유는 무엇일까요?

냉정한 은갈치 : 일단 교직에 대한 사전 정보가 없었어요. 그저 저를 가르쳐 주신 선생님들의 모습만 봤고, 실습도 수업 위주로 했기 때문에 교사의 업무는 수업이 전부인 줄 알았죠. 수업 이후에 행정업무를 해야 한다는 것을 생각하지 못했던 거죠. 그리고 높아진 인권 의식으로 학생 인권이 강화되고, 민주적인 학교를 만들기 위한 학부모 참여가 늘어, 학생들과 학부모의 의견 개진과 문제 제기도 활발해진 것도 원인입니다. 그래서 학교교육에 '수요자 중심 교육'이라는 시장 원리가 적용되어 학교 외부의 영향력이 강해져서 교사가 교육에만 전념할 수 없게 되었습니다.

키다리 아줌마 : 저는 사회에서 요구하는 교사의 역할이 점점 확대되고 있다고 생각합니다. 학교에서 학생들에게 지식을 가르치는 것을

넘어 사회성과 인성까지 교사가 책임지고 가르쳐 주기를 원하고 있으니까요. 학부모도 교육의 일면을 담당하는 학교교육의 주체임에도 불구하고, 단지 교육 서비스를 받는 수요자로서만 학교에 많은 역할을 기대하고 요구하기에 교사들이 더욱 어려움을 느끼게 된 것 같습니다.

악마 너구리 : 저도 교직을 점차 서비스직으로 바라보고, 수요자 입장을 고려하게 만드는 사회적 분위기가 원인이라고 봅니다. 이런 변화 속에 교사 본인이 받았던 교육과 실제로 내가 펼쳐야 하는 교육과의 괴리가 교사를 더 혼란스럽게 합니다. 더불어 과거보다 학부모의 학력이 높아지고, 굳이 학교가 아니라도 지식을 얻을 수 있는 곳이 다변화되다 보니 지식 전달자의 역할이 줄어들어 교사의 역할이 이상과 점점 멀어지고 있다고 봅니다.

생활교육 알파고 : 사회가 변화하고, 특히 제도와 법률이 바뀌고, 그에 따라 교육에 대한 인식도 바뀌었습니다. 그리고 '학교 때리기'란 말이 나올 정도로, 사회적으로 크고 작은 사건만 생기면 "학교는 뭐하고 있었냐?"는 식으로 학교나 교사에게 책임을 묻는 것이 일반화된 것도 원인입니다. 이로 인해 학교와 교사에 대한 신뢰가 떨어지고, 교사의 교육 의지와 사기 또한 떨어지고 있습니다.

왕국어 왕사부 : 핵가족화의 진행으로 자녀 주위에 어른이라곤 부모만 존재하는 가정이 많아졌습니다. 급변하는 세상에서 경제적 어려움이나 문화 지체 등의 원인으로 사회와 가정의 상당 부분이 붕괴하고 그 기능을 잃어 가니, 결국 학교에 그 책임이 쏟아지는 상황입니다. 예전의 대가족 제도에서는 집안 어른이나 형제로부터 관계를 맺는 방법이나 갈등을 해결하는 방법 등 기본적인 생활교육을 받고 학교에 입학했는데, 현대사회는 핵가족에 맞벌이 가정이 늘다 보니 기본적인 가정교육조차 기대하기 어려운 경우가 많습니다. 이로 인해 교육에 보육까지, 학교에서 가정의 역할까지 수행해야 해서 가르치고 돌보고 신경 쓸 것이 너무 많아졌습니다.

2
내로남불,
교사는 불편한 존재

– 교사를 선호하지만 신뢰하지 않는 이유

　'저신뢰 사회'라고 불릴 정도로 사회 전반적으로 신뢰의 가치가 하락했다고 하지만, 대중매체를 통해서 교사에 관한 이야기를 접하면 사회 전반에 교사에 대한 불신이 깊다는 것을 느낍니다. 그런데 「2018 초·중등 진로교육 현황조사」의 [표 1-1]에서 초·중·고등학교 학생의 희망직업 상위 20개 중 교사가 차지하는 비중이 높은 것과 교사 불신은 큰 괴리감이 있습니다. 그리고 [표 1-2]를 보면 진로교육 현황조사가 시작된 이후로 교사가 희망직업 순위권에 있다는 것도 알 수 있습니다.

[표 1-1] 학생의 희망직업

구분	초등학생		중학생		고등학생	
	직업명	비율	직업명	비율	직업명	비율
1	운동선수	9.8	교사	11.9	교사	9.3
2	교사	8.7	경찰관	5.2	간호사	4.9
3	의사	5.1	의사	4.8	경찰관	4.5
4	조리사(요리사)	4.9	운동선수	4.4	뷰티디자이너	2.9

(단위: %)

[표 1-2] 학생의 희망직업 연도별 비교

구분	초등학생				중학생				고등학생			
	2007	2016	2017	2018	2007	2016	2017	2018	2007	2016	2017	2018
1	선생님 (교사)	선생님 (교사)	선생님 (교사)	운동 선수	선생님 (교사)	선생님 (교사)	선생님 (교사)	교사	선생님 (교사)	선생님 (교사)	선생님 (교사)	교사
2	의사	운동 선수	운동 선수	교사	의사	경찰	경찰	경찰관	회사원	간호사	간호사	간호사
3	연예인	의사	의사	의사	연예인	의사	의사	의사	공무원	생명·자연 과학자 및 연구원	경찰	경찰관
4	운동 선수	요리사	요리사, 셰프	조리사 (요리사)	판사, 검사, 변호사	운동 선수	운동 선수	운동 선수	개인 사업	경찰	군인	뷰티 디자이너
5	교수	경찰	경찰	인터넷 방송 진행자 (유튜버)	공무원	군인	요리사, 셰프	조리사 (요리사)	간호사	군인	기계 공학 기술자 및 연구원	군인
6	판사, 검사, 변호사	판사, 검사, 변호사	가수	경찰관	교수	요리사	군인	뷰티 디자이너	의사	정보 시스템 및 보안 전문가	건축가, 건축 디자이너	건축가, 건축 디자이너

(단위: %)

　　교사가 희망직업 상위 순위에 계속 등장하는 이유는 직업적 안정성과 비교적 좋은 복지 혜택, 학생 입장에서 가장 자주 보고 접할 수 있는 직종이기 때문입니다.

[표 1-3] 학생의 희망직업을 알게 된 경로

경로	초등학생		중학생		고등학생	
	빈도	비율	빈도	비율	빈도	비율
부모님	1,888	24.6	1,589	24.2	1,592	20.7
학교 선생님	552	7.2	694	10.6	1,036	13.5
학원 선생님	196	2.6	205	3.1	279	3.6
형제 · 자매	220	2.9	204	3.1	196	2.6
친척	197	2.6	205	3.1	223	2.9
친구	642	8.4	321	4.9	363	4.7
이웃 또는 아는 사람	212	2.8	206	3.1	285	3.7

(단위: %)

[표 1-4] 학생과 부모님(보호자)의 희망직업 일치 여부

일치 여부	초등학생		중학생		고등학생	
	빈도	비율	빈도	비율	빈도	비율
예	3,156	41.1	3,640	55.4	4,780	62.1
아니오	1,755	22.9	1,149	17.5	901	11.7
모르겠다	2,769	36.1	1,780	27.1	2,014	26.2

※ 희망직업이 있다고 응답한 초등학생 7,680명, 중학생 6,569명, 고등학생 7,695명에게 조사.

(단위: %)

그리고 [표 1-3], [표 1-4]를 보면 학생의 희망직업에 부모의 영향력이 크고, 현실적인 진로를 고민해야 하는 고등학생이 되면 학부모와 학생의 희망직업이 점점 비슷해지는 것을 볼 수 있습니다. 즉 교사가 학생 입장에서는 되고 싶은 직업이고, 학부모 입장에서도 자녀가 되기를 바라는 직업이라는 것이죠. 그런데 이처럼 직업 선호도는 높지만, 교사를 신뢰하지 않는 이유는 무엇일까요?

키다리 아줌마 : 그동안 신뢰할 만한 교사를 많이 겪어 보지 못한 경험치가 교사 불신의 시선에 반영되지 않았을까 생각합니다. 일단 교사라는 직업은 안정된 근무 여건에, 사회적인 대우도 괜찮은 편이고, 특히 여교사의 경우 결혼해서 자녀 키우기에도 좋은 직업이라는 인식이 있죠. 그래서 직업 선호도는 높지만, 이 만족도가 내 자녀의 교사에 대한 만족도로 연결되지 않는다는 겁니다. 다시 말하면, 직업으로서 교사를 바라보는 시선과 교육 수요자로서 교사를 바라보는 시선이 다르다는 것이죠.

냉정한 은갈치 : 통계적으로 보면 월급 생활자 중 교사의 월급은 상위 10~20% 정도입니다. 교사의 월급이 사회적으로도 적지 않은 편에 속하고, 여러 가지 복지 혜택이나 근무 조건이 상대적으로 좋고, 근무 시간의 노동 강도가 어떻든 간에 퇴근 시간이 4시 40분 전후라는 것은 교사가 아닌 사람들이 볼 때는 상당히 좋은 조건입니다. 더불어 요즘처럼 고용이 불안정한 사회에 정년이 보장된 다는 점도 교사를 매력적인 선택지 중 하나로 인식케 하죠. 그래서 학부모는 내 자녀에게는 공부 열심히 해서 교대나 사범대에 진학해 선생님이 되라고 조언하게 됩니다.

악마 너구리 : 선진국은 한 사람이 평생 갖게 되는 직업이 거의 10가지에 달하는 데 비해, 우리나라는 2가지가 채 안 된다고 합니다. 그만

큼 우리나라의 사회적 안전망이 부족해서 이직률이 낮고, 한 번 직업을 잃게 되면 다음 직업을 얻는 것이 쉽지 않아 경력이 단절될 확률이 매우 높다는 것입니다. 그래서 경력 단절이 없는 직업을 찾다 보니 그 중에 공무원이 눈에 띄었고, 방학과 복지, 휴직 등 여러 가지 사항으로 교사를 제일 선호하게 된 것이죠. 법적으로 육아휴직이 3년 동안 가능한 몇 없는 직업 중 하나니까요. 일반 기업이라면 3년은커녕 일 년을 휴직해도 자신의 자리로 돌아갈 거라는 희망을 품기가 어렵습니다.

생활교육 알파고 : 교사라는 직업에 대한 부러움이 깔려 있는 상황에서는, 교사가 학생과 학부모의 민원으로 고생하는 것은 알지만 적어도 내가 가진 직업보다는 낫지 않느냐는 생각을 많이 합니다. 또 학생을 교육하는 것이 그렇게 어렵지 않은 일이라는 저변도 중요한 원인 중 하나입니다.

왕국어 왕사부 : 교사 입장에서 억울하다고 생각할 수 있지만, 좋은 면보다는 나쁜 면에 집중하는 게 자연스러운 현상이라는 것도 원인 중 하나입니다. 예를 들어, 내가 먹이를 얻는 것보다 먹이가 되지 않도록 도망가고 피하는 게 훨씬 더 중요한 것처럼, 뇌신경 자체가 긍정적인 것보다는 부정적인 것에 훨씬 더 잘 반응하도록 만들어져 있다는 것이죠.

또 하나는, 과거 일제 강점기나 군사 정권 때 교사는 국가 권력을 대신했고, 감히 항거할 수 없는 절대 권력의 맨 앞에 서 있던 사람이라는 인식이 있어 당시 학교를 다녔던 분들에게 호의적인 인상은 아니었죠. 이제는 권위주의 시대가 물러가고 우리 사회가 균형을 찾아가고 있으니 희망을 품어 봅니다.

3
너도나도 전문가,
그렇다면 교사는?

우리 사회에는 전문가가 많습니다. 요리 전문가, 상담 전문가, 진학 전문가 등 많은 곳에서 본인이 전문가라 말하고 인정받고 있습니다. 그런데 교사는 어떨까요? 교사는 교육 전문가로 인정받고 있을까요?

교사는 연구자가 아니다

교사와 교수는 모두 학생들을 가르치는 직업입니다. 그런데 법적인 면에서 살펴보면 교사와 교수를 바라보는 시각이 전혀 다르다는 것을 알 수 있습니다.

교수의 시국선언은 '지성의 표출'이지만, 교사의 시국선언은 징계 논란을 불러옵니다. 교수는 선출직에 출마할 때 교수직을 그대로 유지할 수 있지만, 교사는 사직해야만 출마할 수 있습니다. 또 「고등교육법」 제15조 제2항을 보면 "교수·부교수·조교수 등은 학생을 교육·지도하고 학문을 연구하되, 학문 연구만을 전담할 수도 있는 자로서 학문의 자유의 주체가 된다."라고 적혀 있습니다. 즉 대학교수의 주 업무는 연구자이기 때문에 정치적으로도 자유롭고 전문가라고 불리고 있습니다.

반면에 교사는 어떨까요? 2018헌마222, 공보 제278호, 1389, 「공직선거법」 제60조 제1항 제4호 등 위헌 확인 판결문을 살펴보면 "초·중등 교원은 공통적이고 보편적인 지식의 전달을 주된 업무로 하며 정치적 중립성과 함께 직무전념의무가 요구된다."라고 적혀 있습니다. 즉 교사는 연구자가 아니므로 전문가가 아니라는 뜻을 포함하고 있는 것이죠.

하지만 실제 교육 현장을 보면 어떨까요? 교사가 하는 수업 준비 중 교육과정을 계획하고, 만들고, 실천하고, 수정하는 것은 연구가 아닐까요? 많은 교사가 학생들을 좀 더 잘 교육하기 위해 열심히 노력하고 있는데, 이런 노력은 학생 교육을 위한 연구가 아니라 단지 주어진 지식을 전달하기 위한 것일까요?

학생 교육을 위해 고등교육을 받고, 그것을 학교 현장에서 열심히 실천하기 위해 노력하는 교사는 수업 전문가입니다. 오늘 하루도 아무 문제없이 학생들이 행복하게 수업을 받을 수 있도록 지원하고, 훈육하는 교사는 학생 생활지도 전문가입니다. 교육을 위해 교육과정을 계획하고, 만들고, 수정하는 교사는 교육과정 전문가입니다. 전문가는 학문적 성과와 사회적 지위로 인정받는 것이 아닌, 실제로 현장에서 실천하고 노력해서 그 분야에 전문성을 가진 사람입니다. 우리는 교육전문가입니다.

교사의 전문성을 보장받아야 한다

「헌법」제31조 제4항의 "교육의 자주성·전문성·정치적 중립성 및 대학의 자율성은 법률이 정하는 바에 의하여 보장된다."라는 조항과 「교육기본법」제14조 제1항의 "학교교육에서 교원의 전문성은 존중되며, 교원의 경제적·사회적 지위는 우대되고 그 신분은 보장된다."라는 조항을 보면 교육과 교사의 전문성을 법률로 보장하고 있습니다. 그런데 현실에서는 어떤가요? 왜 우리는 전문가 혹은 전문직으로 인정받지 못하고 있을까요?

공무원 직급표를 보면 교사는 직급이 없습니다. 더불어 전문직만 받는 직급보조비 또한 없습니다. 최근 들어 일과 삶을 동시에 누리는 '워라벨'을 희망하는 교사가 늘면서 학교마다 보직교사를 구하지 못해 어려움을 겪고 있습니다. 성과급이나 부장 수당 등을 통해 이를 상쇄하려고 하지만, 성과를 눈으로 보이는 수치로 나타내기 어려운 교직 특성상 내부 분열을 조장하고, 교사의 사기를 떨어뜨리는 원인이라고 생각하는 견해가 많습니다. 그리고 대학교수는 월 50~200만 원까지 보직 수당을 받지만, 부장교사에게 주어진 보직 수당은 월 7만 원으로 매우 열악합니다. 교사의 전문성을 법률로 보장하고 있다는데, 학교 현장에서 전문성을 인정받기란 쉬운 일이 아닙니다.

어떻게 하면 교사가 전문성을 보장받고, 전문직으로서 인정받을 수 있을까요?

첫째, 교장, 교감, 의사, 변호사, 약사, 장학관, 장학사에게 있는 직급이 교사에게도 필요합니다.

현재 교사는 특정직으로 무급 공무원입니다. 교사는 급이 없어서 교육지원청과 소통하거나 협업할 때 명령을 받는 하급자의 역할을 하는 경우가 많습니다. 시·도 교육청 사업, 예산 지원, 보고, 자료 집계 요청 등 대부분의 공문이 위에서 아래로 하달되는 구조이다 보니, 교사가 공문과 업무의 종착지가 되는 악순환이 벌어지고 있습니다. 교사는 학교 현장에서 교육을 실행하는 교육 전문가이지, 공문을 처리하면서 행정업무를 담당하는 행정직원이 아닙니다. 이를 해결하기 위해서는 교사에게도 지위와 전문성에 맞는 직급이 필요합니다.

둘째, 보직 수당의 현실화가 필요합니다.

보직교사가 부족한 사태를 해결하고, 교사의 사기와 전문성을 높이기 위해서는 보직교사와 일반교사에게도 현실적인 보직 수당이 필요합니다. 누군가는 일 년 동안 30여 명의 학생을 맡아서 생활지도 및 상담, 학교생활기록부 입력 등의 업무를 하다 보니 담임을 꺼리고, 누군가는 넘치는 공문의 홍수 속에서 공문 처리 기계가 되니 수업 준비를 등한시하게 됩니다. 이러한 현실에서 담임교사와 보직교사의 사기를 북돋고, 교사의 전문성을 기르기 위한 기반으로 수당의 현실화가 필요합니다.

4
왜 저한테만 그러세요?

– 교사가 지쳐 가는 이유

교사를 꿈꾸는 학생과 자녀가 교사가 되기를 원하는 학부모는 많아지는데, 본인이나 자녀를 교육하는 교사를 믿지 못하는 학생과 학부모도 늘고 있는 역설적인 상황에서 교사는 무엇을 할 수 있을까요? 모든 학생이나 학부모가 그런 것은 아니지만, 교사를 바라보는 엇갈린 시선에 교사는 점점 지쳐 갑니다. 이렇게 교사를 지치게 하는 원인에는 무엇이 있을까요?

악마 너구리 : 저는 교사와 상호작용을 제일 많이 하는 학생들이 아닐까 생각합니다. 학생을 교육하고 상담하는 것이 교사의 주 업무이다 보니, 스트레스를 많이 주는 관계도 학생인 것이죠. 쉬는 시간 화

장실 갈 때도 잘 갔다 올지, 점심 시간 운동장에서 축구할 때도 다치지는 않을까 걱정되고, 수학여행 가서는 낯선 곳에서 아이들이 어떤 위험에 처하지는 않을까 긴장되고 항시 걱정을 내려놓을 수 없습니다. 또 학생들이 조금 더 잘됐으면 하는 마음에 도와주려다 보니 계속 갈등이 있을 수밖에 없어, 이런 관계로 인한 갈등으로 교사는 어려움을 느낍니다.

생활교육 알파고 : 교사가 지쳐 가는 이유 가운데 학부모의 변화도 있습니다. 전 세계적으로 모든 세계 시민의 의식이 변화되고 있지만, 특히 선진국으로 진입한 나라를 보면 자신의 자유와 권리를 실현하려는 욕구가 강해집니다. 요즘에는 SNS로 정보를 빠르게 공유하고, 법률적인 지식도 늘다 보니 교사에게도 본인이 원하는 자유와 권리를 계속 요구하는 것이죠. 이런 학부모의 요구를 교사가 감당하기가 쉽지 않다 보니 어려움을 겪습니다.

왕국어 왕사부 : 교육이 아닌 비본질적인 문제로 인해서 본질이 훼손될 만큼 어려운 점이 많다고 하는데, '적은 내부에 있다.'는 말이 있습니다. 동료 교사와 함께 힘을 합쳐서 어려움을 해결해 나가야 하는데, 외부적인 요인으로 쌓인 스트레스가 결국에는 본인 주위로 발산되는 사례들이 점점 늘고 있습니다. 학생이나 학부모로 인한 교육활동 침해가 문제가 되는 상황에 가장 힘이 되어 줄 수 있는 사람은 동료 교

사이지만, 반대로 갈등이 생겼을 때 가장 풀기 어려운 관계도 동료 교사와의 관계입니다. 이 관계를 어떻게 잘 풀어 나갈 것인가가 우리의 숙제입니다.

키다리 아줌마 : 관리자도 어려움을 증폭시키는 존재가 되기도 합니다. 교사는 교사대로 관리자에게 바라는 바가 있고, 관리자도 마찬가지로 교사에게 바라는 바가 있는데, 세대 차, 생각 차, 지위의 차이로 인해 갈등을 겪고 서로 오해하기도 합니다. 서로가 가진 차이를 인정하면 좋은데, 그것이 말처럼 쉽지 않기 때문이죠. 그러다 보니 학교 안에서 소통이 잘 이루어지지 않아 교사들이 힘들어 하는 상황도 해결해야 할 과제입니다.

냉정한 은갈치 : 제가 생각하는 교사의 어려움은, 교사가 가진 기본적인 권리가 제대로 지켜지지 않는다는 것입니다. 가장 충격적이었던 것은 학생이 교사에게 욕을 하거나, 학부모가 교사를 폭행한 것을 확인했는데도 학교에서 쉬쉬하고 넘어가는 것이었습니다. 언론을 통해 보도된 것은 사회적 관심으로 어떻게든 문제가 해결되지만, 생각보다 많은 사건이 밖으로 드러나지 않고 안에서 곪아 교사가 상처를 입는 경우가 많아지고 있습니다. 자신도 모르는 사이에 궁지에 몰리고, 권리를 보장받지 못하는 것이 교사를 힘들게 하는 마지막 이유입니다.

💡 정리 및 Tip

악마 너구리 : 가장 자주 부딪히는 학생들과 관계를 맺는 과정에서 학생과 교사가 서로에게 바라는 점이 달라 어려움.

생활교육 알파고 : 사회의 변화로 늘어나는 학부모의 다양한 요구가 교사에게 과도한 부담으로 다가오고 있음.

왕국어 왕사부 : 외부 요인으로 쌓인 스트레스가 동료 교사에게 전가되어 학교 안에서 갈등이 늘어나는 어려움이 있음.

키다리 아줌마 : 관리자와 교사의 입장 차이와 소통 부족으로 어려움이 있음.

냉정한 은갈치 : 교권이 보호되지 않는 학교 현장이 교사를 어렵게 하고 있음.

2장

너는 내 운명

"부장님, 부장님이 남자니까 A 좀 맡아 주세요."

전근 간 학교에서 A를 만났습니다. 새 학년을 시작하기도 전부터 주위 선생님들로부터 많은 이야기를 들었습니다. 하지만 많은 조언은 오히려 선입견을 만들어 저는 A를 만나자마자 문제행동을 찾는 데 집중하고 있었습니다. 하지만 문제행동을 누르는 것보다, 학생과 긍정적인 관계를 맺는 것이 문제 해결에 도움이 된다는 것을 알았기에 학생과 관심사를 공유하면서 A의 마음을 얻자고 생각했습니다. 그래서 그 아이의 말을 경청해 주고, 수업과 관련 없는 말을 해도 수업 주제와 연관될 수 있도록 도와주며 열과 성을 다해 노력했습니다. 그랬더니 아이는 거짓말같이 빠른 속도로 변해 갔습니다. 점차 수업이 원활하게 진행되었고, 친구들과의 관계도 좋아졌습니다.

여름방학이 지나고, A는 매번 떨어지던 학급회장 선거에 나가겠다는 포부를 밝히면서 제게 도움을 청했습니다.

"너의 변화된 모습을 보여 주면, 아이들의 마음도 달라질 수 있어. 더 열심히 노력해 봐."

결국 A는 본인의 꿈인 학급회장이 되었습니다. 힘들기만 할 줄 알았지만, 행복했던 일 년이 지나고, A의 어머님이 졸업식에서 "우리 아이가 선생님 덕분에 달라졌어요. 정말 감사합니다."라고 말씀해 주셨을 때는 제가 교사인 것이 정말 자랑스러웠습니다.

제 교직 생활 중 가장 기억나는 학생은 A입니다. 그만큼 많이 웃고 울었기 때문입니다. 저에게 많은 시련을 주었지만, 가장 큰 보람을 안겨 준 A는 이제 고등학생이 되었습니다. 잘 살고 있는지 안부가 궁금해지는 걸 보니 저도 그 학생을 많이 사랑했나 봅니다.

선생님에게도 이렇게 운명 같은 학생이 있으신가요?

1
우리 아이가 달라졌어요
– 학생들의 변화가 가져온 교사의 변화

달라지는 학생들

경험이 쌓이고, 열심히 배워도 학생들과의 관계는 풀리지 않는 숙제 같습니다. 매년 학생들과 잘 지내 보자는 부푼 마음을 안고 교실도 꾸미고 재미있는 활동을 준비하지만, 그 노력이 배신을 당하는 순간은 정말 힘듭니다. 반대로 진심이 통하면 그것만큼 행복한 일이 없는 것이 교사의 일상은 마치 야누스의 얼굴 같습니다. 그래서 한 해 농사, 나아가 원활한 교직 생활을 위해서는 학생과의 관계가 매우 중요합니다. 학생은 교사의 존재 이유이기 때문입니다.

"올해 아이들은 작년보다 더 힘든 것 같아요."

매년 반복되는 과정이지만, 학생들과 지내는 것이 점점 어려워진다는 교사가 늘고 있습니다. 경력이 많은 교사도 예전에 비해 학생 수가 줄었는데도 오히려 더 힘들다고 말합니다. 학생들과의 관계가 점점 더 어려워지는 원인은 무엇일까요?

악마 너구리 : 과거 비해 학생 수가 줄었기에 오히려 학생 한 명 한 명에게 더 많은 신경을 쓰기 때문이 아닐까요? 한 반의 학생 수가 50명이 넘던 시절에는 학생 한 사람의 부적응이나 교사를 힘들게 하는 행동이 겉으로 드러나기 어려웠는데, 절반 이하로 줄어든 지금은 한 학생이 조금만 이상한 행동을 해도 바로 드러나기 때문입니다.

냉정한 은갈치 : 요즘 학생들은 외동이거나 형제자매가 하나인 경우가 많아서 부모가 애지중지 키웁니다. 그러다 보니 학생이 학교에서 조금만 다쳐도 학부모가 교사에게 책임을 묻기도 합니다. 실과 시간에 프라이팬에 데었다고 경찰에 신고하는 학부모를 본 적도 있고, 아이가 체육 시간에 친구의 배드민턴 라켓에 얼굴을 다쳤을 때 보건실에서 처치할 만한 경미한 사안이었는데도 신속하게 병원으로 이송하지 않았다고 민원을 제기하며 전학을 간 적도 있었습니다.

생활교육 알파고 : 예전보다 가정의 교육 기능이 약해진 것도 원인입니다. 과거에는 동네 공터에서 성별 구분 없이 친구들과 부대끼면서

자신의 자유와 책임의 경계를 자연스럽게 터득했는데, 요즘은 학생들의 인간관계가 너무 좁아졌어요. 또 이웃집 친구 부모님이나 동네 어른들이 함께 양육하는 암묵적 마을 공동양육 문화가 있었는데, 요즘은 가족 중심 문화가 중심을 이루다 보니 학생들이 생활 속에서 사회성을 익힐 기회가 줄어들고 있어요. 그리고 학부모도 교사를 스승으로 존중하기보다, 공무원이나 교육 서비스업 종사자로 여기다 보니 교사를 어렵게 생각하는 학생도 적어지고 있고요.

왕국어 왕사부 : 과거에는 지식을 전수하는 방법이 학교와 교사가 유일했는데, 요즘은 유튜브나 무료 인터넷 강의, 블로그 등 정보가 넘쳐나는 이유도 있습니다. 더불어 고등학교에서 교사는 9등급 내신 변별을 위해 점수를 깎아야 하는 사람이라면, 학원 교사는 점수 올려 주려고 애쓰는 사람이라서 평가받는 학생 입장에서는 학교 교사를 신뢰하기 어렵다는 점도 있어요.

키다리 아줌마 : 얼굴을 마주 보고 사회적 기술을 익힐 기회가 많이 줄어든 시대의 특성이 학생들의 삶에 영향을 미친 것도 원인입니다. 온라인 게임, 유튜브 등이 만들어 내는 문화 속에서 학생들의 언어와 사고방식이 형성되고 있죠. 또 기기를 통한 대화나 소통에는 익숙하지만, 막상 만나서 이야기를 나누는 것은 서툴거나 어색해 하는 경우가 많아요.

한편으로 학부모가 교육자를 존중해 주지 않고 미숙한 언행을 보이는 점도 참 아쉽습니다. 본인 판단으로 부당하다고 생각되면 학생이 옆에 있는데도 교사를 함부로 품평하거나 비난하기도 해요. 그런 이야기를 들은 학생은 교사를 부정적으로 인식하게 되어 학교에서도 배움의 자세를 갖고 선생님을 존중하기보다 더 쉽게 어긋난 행동을 하게 되는 거죠. 그리고 요즘은 너무도 많은 선생님(피아노 선생님, 태권도 선생님, 학습지 선생님 등)들이 있어서 학교 선생님의 비중이 예전만 못한 것도 원인이에요.

교사와 학생의 선

학생들의 변화는 그들을 가르치는 교사에게 많은 영향을 미쳤습니다. 교사는 나이를 먹지만 가르치는 학생들의 나이는 달라지지 않다 보니, 시간이 흘러감에 따라 학생들은 변화하는데 교사는 그 속도를 따라가기 힘듭니다.

그리고 기본적으로 교사들은 학창 시절 학교 질서와 규범을 잘 지키는 경우가 많다 보니, 학생의 다양한 성향과 행동을 이해하지 못해 가치 혼란을 느끼기도 합니다. 원활한 관계 형성을 위해 교사와 학생은 어떤 노력을 해야 할까요?

냉정한 은갈치 : 저는 신규교사 시절 학생들에게 매우 엄격한 교사였습니다. 그래서 학생들이 '냉정한 은갈치'라고 불렸는데, 저는 그 별명이 너무 자랑스러웠어요. 제가 바른 사람이라 생각했기에 학생이 잘못할 땐 단호하게 대하면서 냉정한 은갈치로 일 년을 지내다 보니 학생들과 관계가 멀어졌던 경험이 있습니다.

그 시간을 통해 학생들을 바라보는 시선은 조금 바뀌었지만, 지금도 교사는 사랑으로 대하되 잘못한 것이 있으면 꾸짖어 주는 역할도 해야 한다고 봅니다. 교사는 학생이 자신의 삶을 걸어갈 수 있도록 조력자의 역할을 하되, 일정한 거리는 유지해야 한다고 생각합니다.

왕국어 왕사부 : 저는 역지사지로 교사를 대하는 관리자와 부장교사와의 관계를 떠올렸습니다. 나를 압박하는 관리자나 부장교사와 원만한 관계를 형성하기 어려운 것처럼, 학생들에게 일부러 더 무섭게 대할 필요는 없고, 무엇이 옳고 그른 행동인지를 인식시킬 수 있는 선에서 지도하면 된다고 생각합니다. 그래서 자동차 간 안전거리처럼 본인이 생각하는 것보다 살짝 더 떨어져서 적정 거리를 유지하는 것이 필요합니다.

악마 너구리 : 주위에서 교사의 권위를 보여줘야 한다고 말씀하셨지만, 성격상 무게 잡고 있기가 쉽지 않아 실행에 옮기기 쉽지 않았습니다. 그래서 학생들과 가깝게 지냈는데, 너무 가까워지다 보니 공과 사

의 경계가 허물어져 학급 원칙이 잘 지켜지지 않을 때가 많았어요. 이때 힘들었던 경험으로 바탕으로 지금은 잘 웃고 학생들의 말을 경청하려고 노력하지만, 원칙이 지켜지지 않을 때는 일관성 있게 원칙을 강조하려고 노력합니다.

키다리 아줌마 : 서로 믿고 지지하는 관계가 되기 위해서는 학년 초 새로운 만남이 이루어지는 시점에 친밀해지는 시간을 갖는 것이 꼭 필요합니다. 처음에 무서운 모습을 보이며 기선을 제압해야 일 년이 편하다는 말은 잘못된 훈육 방식에서 기인한 것이죠. 저는 재미있고 유쾌하게 시작하는 편이에요. 그러면 학생들은 교사를 경계하지도 않고, 속과 다른 겉모습을 만들어 내기 위해 가면을 쓸 필요도 없어요. 저는 학생들과 건강한 관계를 맺는 것이 옳고 그름을 가르치는 것보다 우선한다고 믿어요. 서로 신뢰하는 관계가 형성되었을 때 더 잘 배울 수 있습니다. 중요한 건 문제없는 반이 아니라, 문제가 있어도 그것을 함께 풀어 갈 수 있는 반, 문제를 해결하면서 서로 성장하는 반이 되는 것이니까요.

대상관계 이론에 따르면 개인이 타인과 맺는 관계는 초기 아동기의 영향을 받고, 이때 형성된 패턴이 계속 반복된다고 합니다. 즉 교사든 학생이든 각자가 느끼는 적정 거리는 자신의 성장 과정과 관련되어 있으므로 다 다를 수밖에 없어요. 이것을 인정하는 것이 우선이에요. 게다가 학생은 현재 성장 중이고, 가정에서의 양육자가 아닌 제3의 어른과

제대로 관계를 맺는 것은 학교가 처음이니, 교사가 믿고 따를 수 있는 안전한 사람이라고 인식시키는 것이 중요합니다.

하지만 친하게 지낸다고 마구 들어오면 결국 교사도 학생도 불편해질 수 있으니, 시간이나 공간의 침범, 과제에 대한 지나친 개입 등으로 불편한 지점을 서로가 알아가야 합니다. 그래서 교사가 자신의 영역 폭을 먼저 알아차리고 불편할 때는 불편하다고 건강하게 표현하면서 모델링을 해 주면 좋겠지요. 가족도 어느 정도 심리적 거리가 필요한데, 교사와 학생 간에 정서적으로 의존하거나 무리한 요구를 하면 서로 지치고 맙니다. 또한 사랑이라는 이름으로 학생을 조종하고 통제하는 정서적 협박 역시 학생의 성장과 자립에 좋지 않습니다.

한번은 학생들에게 저와의 친밀감과 거리감에 관해 물어본 적이 있는데, 아이들이 저에게 꽤 거리감을 느끼고 있어서 놀란 적이 있어요. 내가 아이들을 편하게 대한다고 아이들도 내가 편할 것이라는 생각은 착각이었어요. 저는 아이들의 엄마와 나이가 비슷한 여선생님이 되어 가고 있었거든요. 그래서 경력이 쌓여 감에 따라 학생들과 나이 차가 생기기에 학생들에게 눈높이를 맞추는 노력이 더 필요한 것 같습니다.

생활교육 알파고 : 학생들에게 웃으면서 잘 해 주면 나중에 기어오른다고 이야기하는 교사도 있는데, 저는 생각이 다릅니다. 『이솝우화』의 「해와 바람」 이야기처럼 웃는다는 것은 상대방을 존중하고 사랑

한다는 의미이며, 웃었을 때 긴장감이 해소되고 학급 분위기가 더 따뜻해집니다. 인간은 감정이 편안해야 안정감을 느끼므로, 일부러 학생들을 엄하게 대할 필요는 없습니다. 교사가 엄하고 분위기 무거우면, 학생들도 교사의 행동을 보고 배워 서로에게 그렇게 대하게 됩니다. 그래서 학생들을 따뜻하게 대했더니 학년 말이 될수록 학생들과의 관계가 안정되고 좋아졌습니다. 학생들에게 엄하게 대하면 그 당시는 문제를 일으키지 않고 질서가 잡히는 것 같지만, 나중에는 교사의 엄포에 조건화가 되어서 그때만 말을 듣고 장기적으로는 변화를 일으킬 수 없습니다. 만약에 장기적으로 이런 분위기를 유지하기 위해서 교사가 계속 엄하게 대한다면 학생들과 친밀한 관계를 맺기가 어려워집니다.

교사와 학생과의 관계는 개인적인 친밀 관계와 공적인 관계가 결합한 제3의 관계입니다. 그래서 상황에 맞게 친근할 때는 친근하게 대하고, 단호할 때는 단호하게 대하여 관계를 만들어 가야 합니다. 오히려 사랑을 이용해서 조종하고 속박하며 학급을 관리하면, 그 학년이 끝나고 난 뒤 더 큰 문제가 생기기도 합니다. 그래서 학생 전체와 관계를 맺을 때는 함께 정한 규칙을 단호하게 유지하지만, 학생과 개인으로 관계를 맺을 때는 어느 정도 친근함으로 다가가며 학생의 발전 가능성을 믿고 기다려 주는 것이 필요합니다.

🔦 정리 및 Tip

악마 너구리 : 학급당 학생 수가 줄면서 학생 개개인의 개성이 더 강하게 드러나고 있으므로, 서로 불편하지 않을 만큼의 안전거리를 확보할 필요가 있음.

냉정한 은갈치 : 핵가족화로 인해서 자녀에 관한 관심이 증가하여 교사에게 많은 부담이 되고 있음. 친절하고 단호함의 조화가 필요함.

생활교육 알파고 : 학생들이 평소에 인간관계를 맺을 수 있는 대상이 줄어들었음. 장기적인 관점으로는 엄격한 방식보다 따뜻한 방식이 바람직함.

왕국어 왕사부 : 지식 전달자로서의 교사의 역할이 약해지고 있음. 공교육 교사는 입시로 인해서 점수를 깎아야 하는 존재이다 보니 부정적인 대상으로 인식되는 경향이 있음. 무섭게만 대하지 말고, 학생들이 스스로 생각할 수 있도록 이끌어 주는 것이 필요함.

키다리 아줌마 : 학생들이 사회적 기술을 익힐 기회가 줄어들고 있으므로 문제가 없는 반이 아니라, 문제를 해결하며 함께 성장하는 반을 만들려는 마음가짐이 필요함.

2
학년 초,
너는 계획이 다 있구나

– 학년 초 교사에게 필요한 것

아들러(Alfred Adler)는 "실수는 배움의 기회이다."라고 말했습니다. 그런데 유독 교사의 실수는 이해받지 못하고, 학교를 옮겨도 꼬리표처럼 따라 다니는 경우가 많습니다. 이런 일들이 반복되다 보니, 안타깝게도 교사는 실수를 보이지 않기 위해 점점 방어적으로 변해 가며 새로운 변화를 시도하는 것을 두려워하게 됩니다.

학년 초만 되면 교사는 여러 가지 고민에 휩싸입니다. 학년 초 학급 세우기는 어떻게 할지 고민되고, 지난해 유독 힘들게 했던 학생과의 사건이나 어려웠던 기억만 떠오릅니다. 타인과의 관계에서 첫인상이 반 이상을 좌우한다는 말이 있는데, 처음 만난 학생들의 특성을 파악하기도 전에 관계 맺기가 시작되다 보니 쉽게 실수하고 당황하기도 합니다. 그래서 행복한 일 년을 보내기 위해서는 먼저 교사의 심신이 준비되는 것이 중요합니다. 학생들을 처음 만나는 학년 초 교사에게 무엇이 필요할까요?

생활교육 알파고 : 학생들에게 진실하게 다가가는 것이 가장 중요합니다. 학년 초 우리 반에 문제행동이 심하다고 알려진 학생이 있으면 걱정이 앞서기도 하지만, 교사가 학생을 사랑하고 존중하면 그 마음이 학생에게 전해져 학급 안에 따뜻한 분위기가 형성되고, 균형 있게 성장할 수 있습니다. 그러기 위해서는 학생이 문제행동을 보일 때 어떻게 대처할지 미리 준비하고, 학생의 욕구를 균형 있게 충족할 수 있도록 도와야 합니다. 이런 준비가 되어 있지 않으면 문제 상황을 만났을 때 두려운 마음이 생기고, 문제 해결을 회피하거나 학생과 다투는 등 관계가 나빠지게 됩니다.

그리고 문제 상황을 혼자 해결하려 들기보다 동 학년 교사들과 함께하면 더 좋은 효과를 볼 수 있습니다. 학년 초 각 학급에서 학생들과 함께 학생의 자유를 존중하면서도 질서를 유지하는 데 도움이 될 학급 규칙을 만들고, 이를 바탕으로 학년 공통 규칙을 만들어서 함께 지키려고 노력해야 합니다.

악마 너구리 : 초임 시절에는 학생들과 관계를 형성하는 것보다, 올해 맡은 학생 중 특히 신경 써야 하는 학생이 누구고, 그 학생을 어떻

게 관리하고 일 년을 보낼지 고민을 더 많이 했습니다. 학생에게 약한 모습을 보이면 안 되고, 문제행동을 줄이려면 힘으로 눌러야 한다고 생각했죠. 하지만 무조건 누르는 것만이 해결책은 아님을 경험으로 깨닫게 되면서 이제는 먼저 학생들과 관계 맺는 방법을 고민합니다. 대표적인 예로 모든 학생에게 한 번씩 말 걸기, 교사와의 즉문즉답, 학기 초 학급 세우기 활동과 교실 놀이 등을 통해 교사와 학생들이 가까워지고, 학생들끼리도 친해질 기회를 만들려고 노력합니다.

키다리 아줌마 : 교사의 심신이 안정적으로 준비되기 위해 필요한 것은 내적 충만함이 아닐까요? 우리 내면이 충만해야 그것이 흘러넘쳐 학생들에게 선한 영향력을 미칠 수 있습니다. 그래서 제게 충만했으면 하는 것은 바로 '사랑'과 '용기'입니다. 우리 안에 사랑과 용기가 충만할 때 여러 두려움을 넘어설 수 있기 때문입니다. 모든 학생이 귀하고 소중한 존재임을 알고 사랑하는 것, 사랑하겠다는 의지를 갖는 것, 어려운 문제 상황도 물러서지 않고 헤쳐 나가겠다는 용기를 갖는 것입니다. 무엇보다 문제 해결을 촉진할 용기를 가지려면 교사가 먼저 충분한 격려와 지지를 받는 것이 중요합니다. 그리고 매 순간 그 충만함이 고갈되지 않도록 자신의 내면을 채워 나가야 합니다. 그래야 힘든 상황이 오더라도 한 걸음씩 앞으로 헤쳐 나가려는 의지가 꺾이지 않죠.

냉정한 은갈치 : 저는 친구들은 물론이고 교사 앞에서도 욕을 하는 학생도 만났는데, 처음에는 무작정 혼을 냈습니다. 그런데 혼을 내도 학생은 변하지 않았습니다. 그 학생과의 문제로 수업하는 게 짜증 나고, '이 아이만 없으면 학교가 참 평화로울 텐데.'라는 생각도 했죠. 하지만 이후 다양한 학생들을 만나고 경험이 쌓이면서 '이런 학생이 있어서 교사가 필요한 것 아닐까?'라는 생각이 들기 시작하더군요. 그러면서 학생들을 대하는 마음이 많이 바뀌었습니다.

얼마 전에는 수업 중에 '병맛'이라고 혼잣말을 하는 학생을 만났습니다. 처음에는 불쾌하고 화가 났지만, 혼을 내서 그만두게 하는 것보다 이 학생을 변화시켜야겠다고 생각했습니다. 그래서 그 학생에게 왜 그런 말을 썼는지 물었더니, 그저 웃긴 그림이 나와서 '병맛'이라고 표현했다길래 불쾌하지만 믿어 준다고 말했습니다. 그 후 그 학생이 유튜버라는 것에 착안하여 수업 시간에 배운 내용을 바탕으로 영화 만들기 수업을 준비했더니 차츰 수업에 집중하기 시작했습니다. 학생을 믿어 주는 것에서 교실의 변화가 시작된 것이죠.

왕국어 왕사부 : 환절기인 데다가 긴장 상태가 지속되다 보니 3월을 보내면서 몸살 나지 않는 교사가 드뭅니다. 학생들과 관계를 만들어 가는 것뿐만 아니라 업무도 3월에 집중된 것이 많다 보니, 인사이동, 학년, 업무 발표 등이 최대한 빨리 나와서 교사가 조금이라도 일찍 준비할 수 있게 해 주는 배려가 필요합니다. 새 학년을 1월부터 준비하

면 1류 교사, 2월부터면 2류 교사, 3월부터면 3류 교사라고 합니다. 3월이 되기 전에 조금이라도 더 준비해서 3월을 여유롭게 보낼 수 있으면 좋겠네요. 하지만 가장 중요한 건 건강입니다. 교사가 아프면 학생들을 제대로 돌보기 어려우니까요.

나만의 슬로건을 가져라!

학생들과의 관계에서 가장 중요한 것은 신뢰 관계를 맺는 것입니다. 학생들과 신뢰 관계를 맺기 위해서는 교사가 자신의 역할을 정확하게 인식하고, 자신만의 슬로건을 정하여 교육에 임하는 것이 필요합니다. 선생님만의 슬로건은 무엇인가요?

생활교육 알파고 : 교사의 최우선 덕목은 학생들을 독립된 인격체로 존중하는 것입니다. 어떤 잘못을 해도 학생을 미워하거나 비난하지 않는 것이죠. 학생이 부정적인 감정을 표출하더라도 그 감정을 누르지 않고 존중하고, 심한 문제행동을 보일 때는 학급 규칙대로 행동을 제한하고 바로잡을 기회를 줘야 합니다. 처벌보다는 자기 잘못으로 인한 결과에 책임지고, 그것을 고치는 데 필요한 것을 배우고 연습하는 과정이 필요한 것이죠. 그래서 규칙을 적용할 때는 부드럽고, 건조하게 적용해야 합니다. '죄는 미워하되 사람은 미워하지 말라.'는 말

처럼 학생이 자신의 문제행동에 책임지는 것을 배울 수 있는 기회를 제공해야 한다는 것이 저의 슬로건입니다.

키다리 아줌마 : 교사로서 제 원칙은 기분 좋을 때는 학생들에게 마냥 친절했다가 마음에 안 드는 상황이 되면 무섭고 엄격해지는 것이 아니라, 어떤 상황과 조건에서도 일관되게 친절하고 단호한 태도를 유지하는 것입니다. 친절함이란 상대를 존중하는 태도이자 상대의 존재와 감정을 있는 그대로 수용하는 여유이고, 동시에 보여야 하는 단호함은 지켜야 할 나 자신과 나의 신념, 교육관이 존중받도록 행동하는 것입니다. 학생들이 타인을 존중하고, 상황의 필요를 존중하도록 행동을 이끌고 원칙을 관철하려는 노력이 단호함의 영역인 것이죠.

수업 시간이라는 상황, 여러 친구들과 함께하는 공적 공간인 교실이라는 상황에서 모두 안전하고 유쾌하게 생활하기 위해서는 서로 지켜야 할 바가 있고, 이를 합의하고 약속한 후 그 부분에 관해서는 교사가 물러서지 않고 일관되게 안내하고 지켜 나가도록 돕는 것이죠. 교사는 학생들을 통제하듯 대하지 않고, 합의된 규칙을 지킬 수 있도록 절차를 안내하고 약속을 구체화시키는 역할을 해야 합니다. 어떠한 상황에서도 교사가 흔들리지 않으려면 자신의 신념이나 교육철학을 나름의 '문장'으로 정리할 필요가 있습니다. 또한 학생의 존재와 행동을 분리하고, 학생의 감정과 내 감정을 분리해서 바라보는 연습이 필요합니다.

왕국어 왕사부 : 교사의 일관된 원칙은 중요하지만 교사가 바쁘고 스트레스가 많은 상태에서 학생들에게 여유를 갖고 따뜻하게 대하는 것이 쉽지는 않습니다. 따라서 일관성 있는 교사가 되려면 늘 평온한 상태, 즉 체력과 삶의 여유가 있어야 합니다. 더불어 학생들과 대화할 때는 친절하게 웃는 얼굴로 대하지만, 만약 규칙을 어겼다면 학생선도위원회나 학교폭력위원회 안건으로도 상정하여 단호하게 대할 필요가 있습니다. 문제행동을 보인 학생을 혼내는 건 단기적 효과만 있을 뿐 교육적인 발전은 일어나지 않기 때문입니다. 학생과 교사가 합의된 규칙을 인정하고 존중했을 때 교육적인 발전이 일어납니다.

악마 너구리 : 많은 교사가 학년 초 학생들과의 관계 형성이 가장 큰 고민입니다. 그래서 학년 초에는 교사 본인이 추구하는 교육관을 학생들에게 안내하고, 교육활동을 통해서 배울 기회를 제공하는 것이 필요합니다. 예를 들어, 친구의 말을 경청하지 않는 학생에게는 친구가 내 말을 듣지 않았을 때 어떤 생각과 감정이 드는지 활동을 통해 깨달을 수 있도록 안내하면 기억에도 잘 남고 변화의 계기를 마련할 수 있습니다.

학년 초 원활한 관계를 맺는 방법

학년 초 교사와 학생들이 어떤 관계를 맺느냐에 따라 일 년 동안의 학급 분위기가 결정됩니다. 그런데 꽉 짜인 수업 시수와 숨 돌릴 틈도 주지 않는 행사로 인해 관계 형성을 위한 시간을 확보하기가 어렵다 보니, 관계 형성을 위한 효과적인 방법이 필요합니다. 선생님은 학년 초 관계 형성을 위해 어떤 방법을 사용하나요?

냉정한 은갈치 : 일단 학생들의 이름부터 외우려고 합니다. 전담교사로서 매년 200명 정도의 학생들을 만나다 보니 이름 외우기가 쉽지 않지만, 자신의 이름을 기억하는 선생님을 좋아한다는 것을 알기 때문에 이름은 다 외우려고 노력합니다.

다음으로 학생들이 좋아하는 가수의 음악을 자주 듣고, 체육활동 시 그 노래를 배경음악으로 활용하기도 했습니다. 그리고 학생들이 좋아하는 게임의 이름 정도는 알고 있어야 최소한의 대화가 통하고, 더 딤 수업 영상을 유튜브에 올리는 것만으로도 공통 관심사를 공유한다고 생각해서 친해질 수 있었습니다.

마지막으로 '드림이'라는 인형이 들어 있는 회복 텐트를 만들어서 수업 중 슬프거나 화가 난 학생, 마음 상한 학생이 감정을 회복할 수 있도록 도와주었습니다. 수업 후에 회복 텐트에 들어간 학생과 대화하면서 학생의 삶을 알게 되었고, 친해질 수 있었습니다.

키다리 아줌마 : 저는 점심을 먹으면서나 식사 후 산책하면서 매일 일대일 데이트를 했는데, 그 시간이 관계 형성에 도움이 됐습니다. 쉬는 시간에 학생들의 행동을 관찰하면 특이점이 보였는데, 일대일 데이트 때 대화의 소재가 되어 주었죠.

무엇보다 친해지는 가장 좋은 방법은 학생들이 좋아하는 것에 진심으로 관심을 갖는 것입니다. 학생들과 대화를 나누다 같은 유튜브 채널을 구독한다는 것을 알게 되었는데 정말 좋아하더라고요. 저는 교사와 학생이 개인적인 일상을 공유하고, 놀이나 활동거리를 함께 나누는 시간도 관계 형성에 도움이 된다고 생각합니다. 더불어 선생님마다 견해 차가 있겠지만, 필요하다면 하교 후에도 학생과 문자나 카톡을 하기도 합니다. 친밀감을 높이는 데 도움이 되었어요.

생활교육 알파고 : 수업 시간이든 쉬는 시간이든 하루에 한 번은 이름을 부르고, 짧게라도 대화를 나누려고 노력합니다. 급식실에서 밥을 먹을 때는 대화를 나누고 싶은 학생 건너편에 앉기도 합니다. 주로 학교생활은 어떤지, 힘든 점은 없는지, 학교나 교사에게 바라는 점은 없는지 등에 관해 대화를 나눠요. 그리고 학생에 대한 긍정적인 기대("넌 앞으로 잘할 수 있을 거야.")를 전하는 것을 잊지 않고요. 그러다 보니 도움이 필요할 때는 제게 찾아오곤 해서 좋은 관계를 형성할 수 있었습니다.

왕국어 왕사부 : 학생들이 나누는 대화 내용을 궁금해 하고, 또 학생들의 이야기를 경청하면, 학생들은 선생님은 우리 얘기를 들어준다고 인식하게 됩니다. 혹여나 학생의 반응이 이상하다 해도 교사가 부정적으로 반응하기보다는, 알려 줘서 고맙다는 태도를 유지해야 합니다. 이런 과정을 통해 학생들과 긍정적인 신뢰 관계를 쌓으면, 문제가 생겼을 때 교사를 먼저 찾고, 대화를 통해 문제를 해결해 나가 긍정적인 변화의 기반을 마련할 수 있습니다.

악마 너구리 : 어떤 선생님은 학생들과 친해지기 위해 아이들이 즐겨 보는 유튜브나 예능을 찾아본다고 하더군요. 교사와 학생들의 나이 차이가 벌어질수록 공감대를 형성하기가 점점 힘들어지기 때문에 그러한 노력이 필요한 것이겠죠. 저는 수업 시간에 한 명 한 명에게 질문을 많이 하는 편입니다. 특히 활동 중심 수업을 할 때 효과적인데, 생각을 시각화하여 나타내는 비주얼씽킹 수업을 할 때는 학생 한 명 한 명의 활동 모습을 보고 "왜 이렇게 그렸니?", "왜 이렇게 생각하니?" 등 질문을 통해 학생들과 생각을 교류할 수 있습니다. 수업 시간에 학생 한 명 한 명에게 관심을 보여 주면 아이들이 수업에 더욱 관심을 갖고, 긍정적인 관계 형성에도 도움이 되어 문제 상황 시 해결에도 도움을 줍니다.

나만의 학급운영 목표

학년 초 학급 세우기를 통해 소통하는 관계를 만드는 것도 중요하지만, 그 관계를 끝까지 유지하는 것 또한 매우 중요합니다. 흔들리지 않고 끝까지 초심을 유지하기 위해서는 나만의 학급운영 목표를 만들어야 합니다. 선생님만의 학급운영 목표는 무엇인가요?

키다리 아줌마 : 저는 제가 중요하게 생각하는 가치를 담아 우리 반을 꿈·빛·사랑반이라고 부릅니다. 꿈은 삶에 동기를 부여하고, 살아가는 동력이 되죠. 빛은 밝은 기운, 긍정적인 감정, 옳고 그름을 보는 지혜이자 지향할 바라고 얘기합니다. 사랑은 인생에서 가장 고귀한 가치죠, 누구에게나. 이 세 가치가 가득한 교실을 꿈꾸며, 학생들이 이를 배우고 경험할 수 있는 교실과 문화를 만들고자 노력합니다.
더불어 학생들이 학교에 와서 채워 가야 하는 것은 자기 삶에 대한 '동기'와 '근성'이라고 생각합니다. 『공부는 내 인생에 대한 예의다』라는 책을 보면, 뭔가를 배우고 나를 더 괜찮은 사람으로 만들어 가는 것이 소중한 배움의 시기에 나에게 보일 예의이고 태도임을 이야기합니다. 그래서 학생들이 본인의 존재 가치를 알고, 지금 이 순간 어떤 동기를 갖고 살아야 하는지 깨우쳐 주고, 이 험한 세상 야무진 근성을 갖고 하루하루 성실하게 살아가게끔 이끌어 줍니다. 참 신기하게도 사랑받고 살아서인지, 근성 기르기 훈련을 잘 받아서인지, 제가

맡은 학생들은 점점 바르고 똑똑해지더라고요.

생활교육 알파고 : 저는 학생들이 졸업하고 나서 선생님께 많은 사랑을 받았고, 선생님과 같은 반이어서 행복했다고 느끼게 하는 것이 학급운영 목표입니다. 더불어 다른 사람에게 피해를 주지 않으면서 자신의 자유와 권리를 누릴 수 있도록, 자기감정을 인식하고 적절하게 표현하도록 돕습니다. 학생들에게는 자신을 이해하고 자기 판단대로 의사결정할 수 있는 능력이 필요하니까요.

왕국어 왕사부 : 최소한 후유장애를 남길 만한 사고가 없고, 징계를 받거나 손해배상할 정도의 중과실을 저지르지 않았다면 충분하다고 생각합니다. 교사로서 요구받는 목표나 기대치가 너무 높아서 힘들고 지쳐 가는데, 그저 무사히 일 년만 넘겨도 감사한 거죠. 저는 그 어떤 목표보다, 학생들이 힘든 시기를 잘 넘기고 스스로 성장하는 과정에 교사가 여유를 갖고 따뜻한 말 한마디 해 주는 게 중요하다고 봅니다.

냉정한 은갈치 : 제 학급운영 비전은 'Shine like Stars!'입니다. 무엇을 잘하든지 못하든지 학생 모두 존재 이유가 있다고 생각하고 모든 학생을 공평하게 대하고, 편애하지 않으려고 늘 경계합니다. 이 과정에서 학생들이 자기 빛깔대로 빛나도록 성장하게 도와주는 것이 제 학급운영 목표입니다.

악마 너구리 : 저는 학생들이 <u>스스로</u> 판단할 수 있도록 도와주려고 노력합니다. 어떻게 보면 무책임해 보일 수도 있지만, 학생의 안전에 문제가 없고, 특별히 도와 달라는 신호가 없다면 학생의 선택을 순수하게 지켜보는 편입니다. 하지만 틈나는 대로 학생을 관찰하면서 선택 과정에서 제게 도움을 요청하면 관찰한 바를 바탕으로 그 학생이 최선의 선택을 할 수 있도록 도와줍니다. 믿음을 줄수록 점차 학생이 자신을 믿고 스스로 문제를 해결하기 위해 노력하는 모습을 보여 주곤 해서 고마울 때가 많습니다.

 정리 및 Tip

왕국어 왕사부 : 가장 중요하게 생각하는 가치인 안전과 신뢰를 강조함. 교사가 먼저 평온한 마음을 가져야 학생들을 살필 수 있음.

생활교육 알파고 : 문제행동 발생에 대비해 준비하고 연습해야 함. 학생 스스로 자존감을 키우면서 성장하는 과정이 필요함.

악마 너구리 : 문제행동 교정보다 관계에 초점을 맞춰야 함. 비주얼씽킹 같은 학생 활동 중심 수업으로 학생들과 지속해서 교류하는 것이 필요함.

키다리 아줌마 : 교사 자신이 사랑과 용기로 충만해야 함. 교실은 어제보다 더 나은 나를 만들어 가는 공간이 되어야 함.

냉정한 은갈치 : 힘으로 제압하는 것보다 학생들의 관심사에 귀 기울이고, 학생마다 장점을 찾아 주려는 노력이 필요함.

3
우리의 수업을 찾아서
– 수업 방해 행동 해결 방법

　교실에서 학생들은 다양한 방법을 통해 자존감과 소속감을 채워 갑니다. 누군가는 친구를 웃기는 것을 좋아하고, 떠들썩하게 이야기를 나누고, 누구보다 많이 발표하고, 때로는 수업 중 화장실에 가는 방법 등으로 자신을 드러냅니다. 그런데 이 중 긍정적인 행동이 있는 반면에, 지속적으로 소리를 낸다거나 수업이 재미없다고 소리 내 말하는 등 수업을 방해하는 행동도 있습니다. 드라이커스(Rudolf Dreikurs)는 이를 '어긋난 목표 행동'이라고 불렀고, 지나친 관심 끌기, 힘의 오용, 보복, 무관심으로 구분하였습니다.

　수업 시간이 아니라면 학생의 문제행동은 별도의 시간을 갖고 해결할 수 있지만, 수업 시간일 경우 그 학생만 붙잡고 문제를 해결하려 든다면 교사는 잃을 것이 너무 많습니다.

"○○이 지금 뭐라고 했니?"

"아무 말 안 했는데요."

"아니야, 지금 수업 재미없다고 했잖아."

"저 진짜 아무 말 안 했어요."

"얘들아 방금 ○○가 뭐라고 한지 다 들었지?"

교사의 물음에 학생들이 제대로 대답할 수 있을까요? 쉽지 않을 겁니다. 이처럼 교사와 학생이 힘겨루기를 시작하면 가장 피해를 받는 사람은 누구일까요? 그 둘을 제외한 나머지 학생들입니다. 교사와 해당 학생은 같은 문제 상황 속에 있지만, 나머지 학생들은 그렇지 않기 때문입니다. 수업 시간에 수업도 못 하고, 학생들에게 화난 모습만 보여 주는 바람에 다음에 또 수업하기 싫어지면 2라운드에 돌입하게 됩니다. 그래서 결국 이 싸움에서 교사는 패하게 됩니다.

지속해서 짜증 나게 할 때

수업 중에 반복적으로 볼펜 뚜껑을 여닫거나 책상을 치는 등 귀에 거슬리는 소리를 내는 학생을 종종 만납니다. 또 화장실이나 보건실을 가는 등의 행동이 지속해서 계속될 때는 신경이 쓰이죠. 처음에는 혼내거나 타일러도 보고, 때로는 무시도 해 보지만 쉽게 해결하기 어렵습니다. 이런 사소한 문제는 어떻게 해결하는 것이 좋을까요?

악마 너구리 : 학년 초 약속을 정하는 것이 중요합니다. 예를 들어, 화장실 가는 것이나 물 마시러 가는 등의 행동은 학생 인권과 관련되어 교사가 무조건 안 된다고 말하기 힘듭니다. 그래서 학년 초 학급 약속을 정해서 수업을 방해하지 않는 선에서 스스로 해결할 수 있도록 도와줍니다. 더불어 계속해서 소리를 내는 학생에게는 책을 읽도록 부탁하거나 준비물을 나눠 주도록 부탁하여 다른 것에 신경 쓸 수 있도록 유도하기도 합니다.

냉정한 은갈치 : 수업을 방해하는 학생에게 "네 행동이 선생님의 수업을 존중하는 거니?"라고 물었는데도 계속해서 같은 물건으로 소음을 만드는 학생이 있다면 절제를 못 하는 경우라서 그 물건을 학생에게서 떨어뜨려 놓습니다. 이 두 단계만 거치면 대부분 해결되지만, 그래도 안 될 때는 쉬는 시간에 왜 그런 행동을 했는지 물어봅니다. 이때 무섭게 몰아붙이면 학생이 적개심을 가질 수 있으므로, 최대한 감정을 배제하고 대화를 시도합니다. 그러면 대부분 자신의 잘못을 시인합니다. 학생의 눈을 똑바로 바라보면서 너를 믿는다고 말해 주면, 다음 시간부터 그런 행동이 점차 줄어듭니다.

생활교육 알파고 : 학생이 수업 중 문제를 일으키는 데는 여러 가지 이유가 있지만, 교사가 부적절한 자극을 주는 경우도 있습니다. 특히 학생이 문제를 일으키더라도 모두 앞에서 공개적으로 망신 주는 것은 피해야 합니다. 그리고 이때가 기회라고 생각하여 일장 연설을 하는 것 또한 피해야 합니다.

그렇다고 내버려 두면 점점 더 심해지고, 교사도 학생의 문제행동을 참지 못해 더 크게 폭발하게 되므로, 학생이 수업 중 문제행동을 보일 때는 학생을 존중하면서 신호를 주는 것이 좋습니다. 교사가 문제행동을 알고 있다는 신호를 주고, 그래도 반복하면 I-메시지("네가 ~한 행동을 하니 선생님 마음이 ~해. 좀 조용히 해 줄 수 있겠니?")를 사용하면 좋습니다. 그래도 안 되면 학급평화회의를 열어서 수업 방해 행동을 의제로 삼아, 그 행동으로 인해 학급이 어떤 피해를 입고 있는지 이야기하고, 행동의 원인을 찾아봅니다. 아울러 어떻게 하면 그런 수업 방해 행동을 줄일 수 있을지 협의하고 실천합니다. 이때 해당 학생을 포함하기도 하고, 아니면 그 학생의 동의를 얻어서 잠깐 상담실이나 보건실에 보낸 뒤 진행하기도 했는데 효과가 좋았습니다.

키다리 아줌마 : 별도의 시간을 마련해서 문제행동에 관해 충분히 이야기를 나누어 보면 좋겠습니다. 수업에 방해가 되는 행동이라면 바로 중지시키는 것이 교사의 역할이지만, 그렇다고 수업 내내 그 학생의 행동만 주시하고 시간을 허비하는 것도 안 될 일이지요. 그 학생과

의 개별적인 문제 해결을 위해 수업 시간 일부를 잠시 할애해도 되는
지 반 전체에게 허락을 구한 후 해결하거나, 일단 수업을 진행하고 따
로 시간을 내서 해결할 수 있습니다.

학생과 이야기를 나눌 때는 부드럽지만 건조하게 말하고, 함께 약속
한 학급 규칙이나 학교 규칙에 대해서는 관철하는 것이 중요합니다.
이때 교사는 학생의 감정을 수용하고 충분히 공감해 주어야 하지만,
과잉 친절을 보이며 학생의 행동에 휘둘리거나 눈치를 보면 안 됩니
다. 객관적인 태도로 약속과 원칙을 지키도록 안내하고 관철하는 교
사의 행동이 학생에게 안정감을 주고 불안하지 않게 만듭니다. 학생
들은 분명하고 일관된 처리와 공정함을 원하므로, 선생님이 믿을 만
한 어른으로서 온전한 교사의 역할을 책임 있게 해 주기를 바라지요.

왕국어 왕사부 : 항상 원칙을 지키되, 교칙에서 정한 선을 넘으면 교
칙에 따라 격리와 학생선도위원회, 더 넘으면 업무방해죄로 가야 합
니다. 저는 학생이 자신의 감정을 스스로 다스릴 수 있는 시간을 주는
1-2-3 매직 방식을 선호하는 편입니다. 학생에게 화를 내거나 혼내는
건 좋은 해결책이 아니므로, 직접적인 마찰을 피하면서 문제를 해결
할 수 있는 장점이 있기 때문입니다. 학생의 문제행동은 한 번에 완벽
히 개선되기는 어려우므로 장기적인 변화로 접근해야 하는데, 수업
방해가 심하다면 격리할 수 있는 제도적 뒷받침이 필요하다고 봅니
다. 학교에서 최대한 해결할 수 있는 방법을 개발하고 보급하되, 학교

에서 도저히 감당하기 어려운 학생들을 위한 특별 교육기관이나 감호 시설이 더욱 확충되어야 합니다.

힘겨루기가 시작될 때

교실의 문제행동은 관심 끌기 행동을 넘어서, 수업 내용이나 교육 활동 등을 무조건 반대하는 학생도 있어 도전받는 기분을 느끼기도 합니다. 많은 학생들이 보고 있는데 한 학생과 힘겨루기를 하는 상황은 나머지 학생들에게 피해를 주기 때문에 피해야 하는데, 감정을 조절하면서 학생들의 도전을 넘기기란 쉽지 않습니다. 어떻게 하면 이러한 상황을 현명하게 해결할 수 있을까요?

악마 너구리 : "선생님 이 부분에서 원래 역사는 이런 것 아닌가요?", "선생님 제가 책에서 본 내용과 다른 것 같아요." 초임 시절에는 이런 말을 들을 때 저한테 싸움을 거는 것 같아서 맞붙어 싸우거나, 인터넷에서 관련 내용을 찾아서 반박해 본 적도 있습니다. 하지만 제 태도는 학생의 경쟁심을 불러일으켜 그 학생은 제 말 중에서 잘못된 것을 찾고, 저는 다시 그 말을 반박하기 위해서 싸우는 바람직하지 않은 상황을 마주하기도 했습니다.

하지만 그간의 경험을 통해 학생과의 힘겨루기는 효과적이지 않다는 것을 배우고 난 후, 교사도 정확하게 알지 못할 수 있음을 인정하고, "선생님도 잘 모르는 내용이어서 수업 끝나고 좀 더 알아보고 다음 시간에 대화를 나누는 것이 어떨까?"라고 말하는 편입니다. 맞서 싸우는 것보다 다음 시간에 정확한 답을 주기 위해 같이 공부해 가면서 그 학생과 유대감이 돈독해지기도 했습니다.

생활교육 알파고 : 교과서와 다른 역사적 내용을 언급하거나, 제가 잘 모르는 과학 상식을 말하는 학생이 있을 때는 우선 그 학생의 지적인 탐구 자세를 공개적으로 칭찬해 줬습니다. 그리고 역사 같은 경우는 근거하는 문헌, 역사가의 기록, 저자의 해석에 따라 달라질 수 있음을 얘기해 줍니다. 때로는 수업 후 따로 만나서 학생의 지적인 호기심이나 표현하고 싶은 마음을 충족시킬 기회를 주기도 했고요. 간혹 그 학생에게 수업 시간에 다뤄진 내용 중 관심 있는 부분을 3분 말하기나 간단한 PPT로 만들어서 발표할 기회를 주기도 했습니다. 수업 시간에 학생이 교사의 생각이 틀렸다고 말하면 당황스럽지만, 학생의 의견 중 인정할 것은 깨끗하게 인정하고 그 지적인 욕구를 칭찬한다면, 수업 내용을 풍부하게 하는 좋은 에너지로 삼을 수 있습니다.

왕국어 왕사부 : 본인이 돋보이기를 원하는 학생은 오히려 자존감이 낮거나, 인정 욕구가 과도하게 높은 경우가 많습니다. 그런 식으로는 관심이나 인정을 받을 수 없다는 점을 인식할 수 있도록 관심을 주지

않고 무시하는 방법도 있고, 수업에 도움이 되는 방법이면 인정받을 수 있다는 점을 알려 줘 긍정적인 방향으로 유도할 수도 있습니다. 다시 말하면 학생의 에너지를 역으로 활용해서 수업에 도움이 되는 방향으로 이끌어 줄 수 있다는 것입니다.

냉정한 은갈치 : 저는 보통 체육 전담과 영어 전담을 해서 그런지 반항하는 학생을 자주 만나 봤습니다. 체육 시간에는 판정에 대한 불만이 많은데, 처음에는 교사의 권위에 도전하는 것 같아 씩씩거리는 학생한테 소리를 질렀더니 반항이 더 심해지기도 했죠. 지금 생각해 보니 그 순간만큼은 학생들한테 판정 하나가 절실했겠다 싶더라고요. 그래서 앞으로 그런 경우가 생긴다면 그 학생에게 심판을 맡겨서 심판의 고충을 체험케 하고 싶어요.

영어 시간에는 "선생님이 말할 때는 조용히 해야 해요."라고 했더니 한 학생이 "안 해요."라고 말해서 불쾌했던 경험도 있었습니다. 그래서 주의를 주었더니 이번에는 입 모양으로 '안 해요'라고 하길래 매우 화가 났지만, 쉬는 시간에 수업 시간에 지켜야 하는 규칙에 관해서 상담하여 문제를 해결했습니다.

키다리 아줌마 : 저는 I-메시지로 "선생님은 네 행동이 꽤 불편해. 그리고 그게 선생님을 싫어하는 것처럼 느껴져. 네가 그런 행동을 자꾸 하게 만드는 무언가가 있니?"라고 솔직한 감정과 마음을 전합니다.

그리고 "지금 당장 말하기 어려우면 나중에 해 볼래?"라고 학생의 현재 감정 상태를 존중해 주면서 스스로 선택할 여지를 줍니다. 학생의 잘못된 행동을 가지고 실랑이하는 것보다, 학생이 해야 할 과제에 집중시키는 것이 낫습니다.

그리고 교사의 감정이 안 좋은데도 괜찮은 척 넘기다 보면, 결국에는 부정적인 감정이 증폭된 말과 행동으로 나타나 감정의 골이 더 깊어질 수 있습니다. 그래서 수업 중 문제 상황을 당장 해결하려고 하기보다, 일단 물러서 진정한 후에 차분하게 입장을 표현하는 것이 좋습니다.

교사가 상처를 받기 시작할 때

때로는 관심 끌기나 반대를 넘어 폭언을 하거나 욕을 하는 학생을 만나기도 합니다. 교사를 향한 감정 섞인 언행은 마음속 깊은 상처를 남기고, 장기적으로 마음의 병이 생기기도 합니다. 교사에게 상처를 주는 학생들의 말과 행동 앞에서 어떻게 행동해야 할까요?

악마 너구리 : 교사에게 욕을 하거나 신체적으로 위협을 가하는 학생들이 점점 늘고 있는 것이 현실입니다. 저도 수업 시간에 제게 욕하는 학생과 큰소리로 싸웠던 경험이 있습니다. 그 당시에는 이겼다고 생각해서 기분이 좋았는데, 저와 그 아이를 지켜봤을 다른 학생들의 마

음은 어땠을지 생각하면 미안하기만 합니다. 그 모습을 바라보는 학생들은 수업에 집중할 수도 없고, 둘 사이의 싸움에 끼어들 수도 없는 상황이죠. 자칫 교사에 대한 신뢰가 떨어질 수도 있는 상황입니다. 만약에 지금의 저라면 "네가 그렇게 말해서 선생님 마음이 안 좋구나. 지금은 수업 시간이니까 쉬는 시간에 이야기하자."라고 말할 것 같습니다. 물론 제 감정을 조절해야 하는 것이 최우선이겠죠.

왕국어 왕사부 : 중고등학교 학생들은 교사보다 덩치가 크고, 힘이 세기도 합니다. 전문적인 운동을 한 학생들도 있는데, 가끔 선생님도 자기를 함부로 못한다는 걸 보여 주려고 자신의 힘을 과시하는 학생도 있습니다. 일단 교사 자신을 보호하기 위해서 학생을 감정적으로 자극하지 않는 것이 중요합니다. 교사에게 대드는 학생에게 차분히 이성적으로 대하는 게 쉽지 않지만, 감정적으로는 친절하게 대하되, 선을 넘으면 교칙과 법령에 따라서 객관적으로 처리해야 합니다. 학생의 목소리가 커지고 행동이 격해지면 교사 또한 격해지기 쉬운데, 그 과정 중 실수로 나온 몇 마디, 가벼운 접촉만으로도 폭언, 폭행, 성추행으로 민원을 당할 수 있으므로 교칙과 법령을 제대로 알고 교사들이 먼저 조심해야 합니다. 이제 「교원지위법(교원의 지위 향상 및 교육활동 보호를 위한 특별법)」이 강화되어 매년 교육하고 있으니 관련 내용을 숙지해야 합니다.

키다리 아줌마 : 한 번은 6학년 남학생이 제게 "어우! 한 주먹도 안 되는데 내가 봐준다."라고 말한 적이 있습니다. 그때 저는 '이건 학생의 문제이지, 내가 문제가 있어서 그러는 것은 아니다.'라고 생각하며, 그 학생의 과제와 제 과제를 분리했습니다. 그렇게 생각하니 마음이 상하거나 화가 나지는 않더라고요. '어떻게 교사인 나한테 저렇게 말할 수 있지? 내가 그렇게 만만한가?'라며 내 존재가 무시당했다고 생각하면서 감정을 조절하지 못하면 문제가 더 악화됩니다. 문제와 존재를 온전히 분리해서 바라보면 감정적으로 휘둘리지 않고, 교사로서의 내 과제에 충실할 수 있게 되지요. 교사의 과제는 학생의 배움과 성장을 돕는 것이지, 자존심을 지키기 위해 버럭대면서 링 위에 올라가는 것은 아니니까요. '저 학생이 저렇게 행동하니 나는 화를 낼 수밖에 없어.'라고 내 행동과 반응을 당연하게 여기거나 아이 탓을 하지 않고, '내 감정과 행동은 내가 선택하고 결정하는 거야.'라고 생각하며 행동의 주도권을 교사에게 가져오는 것이 필요합니다. 그러면 감정적 반응이 아닌, 상황을 개선할 수 있는 행동을 능동적으로 선택할 수 있습니다. 또 학생이 그렇게 행동하게 된 이유가 있을 거라는 여지를 두고 바라보면 좀 더 쉽게 이해와 용서가 되기도 합니다.

생활교육 알파고 : 교사와 학생을 모두 보호하기 위해 교사의 감정을 이야기하는 것이 중요합니다. 그리고 백퍼센트 예측하고 대비할 수는 없겠지만, 교사의 안전을 생각해 학생의 행동 패턴을 파악하여 최

악의 상황은 미리 방지하는 준비가 필요합니다. 상황에 맞게 교사가 피하거나 적절히 방어하면서 옆 반 선생님께 도움을 청하고, 관리자에게도 알려야 합니다. 교사 개인이 학생에게 과잉 대응하다가 폭행 시비에 휘말리지 않도록, 무엇보다 자신의 감정을 조절하고 말과 행동에 주의해야겠지요.

냉정한 은갈치 : 저는 신체적 위협을 당해 본 적은 없는데, 성적 위협을 느낀 적은 있습니다. 어떤 여학생이 자꾸 엉덩이를 때리길래 소리를 지른 적이 있습니다. 이후에 다시 같은 행동을 하진 않았지만, 안타깝게도 그 학생과의 관계는 멀어졌어요. 지금은 차분히 이야기했으면 좋지 않았나 생각해요. 최근에는 선생님이 좋다고 껴안으려는 남학생이 있었는데, 조용히 불러 이런 행동을 해서 불편하다고 말해서 문제를 해결한 적이 있습니다.

무기력한 학생을 만났을 때

차라리 관심이라도 끌어 보려고 반항하는 게 낫다는 생각을 갖게 하는 학생이 있나요? 초점 없이 천장과 칠판을 바라보길래 혼도 내보고, 달래도 보았지만 도통 반응이 없어 어떻게 해야 할지 알 수 없는 무기력한 학생을 볼 때가 그렇습니다. 어떻게 하면 무기력한 학생이 수업에 참여할 수 있도록 도와줄 수 있을까요?

악마 너구리 : 많은 교사가 무기력한 학생으로 인해 교사 역시 무력감을 느끼고, 문제행동 중 가장 해결하기 힘들다고 말합니다. 모든 것을 도와주기에는 시간이 부족하고, 다른 학생들이 방치될 수도 있어서 어려운 상황이죠. 그렇다고 그냥 내버려 두기에는 그 학생으로 인해 규칙이 존중되지 못하는 상황이 교사를 힘들게 합니다. 그래서 수업 시간에 아무것도 하지 않을 때 "혹시 어려운 것 있니?"라고 묻고, 하나씩 해 볼 수 있도록 과제를 줄여 줘 조금이라도 수업에 참여할 수 있도록 도와주려는 노력이 필요합니다. 작은 격려가 학생의 변화를 이끌어 낼 수 있습니다.

키다리 아줌마 : 학생마다 나름의 사연이 있다는 것을 인정하고, 용기를 북돋워 주는 것이 교사의 역할입니다. 정말 학습이 어렵고 접근할 엄두가 나지 않아서 무기력한 행동으로 나타날 때는 해당 과제를 작은 단계(baby step)로 쪼개서 학습량과 수준을 맞추어 제시해 줄 필요가 있습니다. 차근차근 작은 성취를 경험하다 보면 점차 좋아집니다.
하지만 반대로 본인이 원하는 대로 살아 보지 못해서 삶의 의욕을 상실하여 무기력한 학생들도 있습니다. 특히 가정에서 부담을 많이 주거나 강압적인 방법으로 훈육하고, 학생의 행동 하나하나를 지적하

는 환경에서 자란 학생이 무기력한 모습을 보이는 경우가 꽤 많았습니다. 이 경우는 가정과 소통하여 학생 스스로 자신의 삶을 결정할 수 있도록 선택권을 부여하고, 학생의 욕구와 쉴 권리를 존중하여 자기 삶에 대한 의욕과 자발성이 살아날 수 있도록 도와주어야 합니다.

냉정한 은갈치 : 제가 만난 무기력한 학생들은 대개 수학 포기자이거나 영어 포기자처럼 학습 부진인 경우가 많았습니다. 지속적인 실패를 경험하면서 자신을 세상에서 쓸모없는 존재라 생각했고, 장래희망을 물어보면 자신은 꿈이 없으니 그런 건 묻지 말라고 말하기도 했습니다. 그런 학생에게는 자신만의 장점을 찾도록 도와주고 격려해 줘야 합니다. 그리고 무리한 학습 과제보다는 수준에 맞는 과제를 내줘야 합니다. 예를 들어, 영어 역할극을 할 때 영어는 조금 못해도 연기력을 칭찬해 주고, 연출을 잘했으면 아이디어를 칭찬해 주는 겁니다. 작은 격려가 학생의 자존감 형성에 큰 도움이 됩니다.

왕국어 왕사부 : 건강이 안 좋아서 무기력하다면 보건교사나 학부모와 함께 건강 상담을 받고 관리하도록 애쓸 수 있고, 가정환경이나 심리적 문제가 있다면 상담교사의 도움을 받을 수 있습니다. 그리고 관심을 갖고 학생의 작은 가능성이나 강점을 발견해서 그것을 실마리로 학생을 격려하고, 수업에 참여하도록 이끌면 큰 효과를 볼 수 있습니다. 예를 들어, 게임 중독에 빠진 학생에게 교과서 내용을 게임으로

구현케 한다거나, 교사에게 필요한 수업용 영상 편집을 맡기는 거죠. 노래를 좋아하는 학생에게는 수업 내용을 노래로 만들어 보게 하고, 그림을 좋아하는 학생에게는 교과서 내용이나 핵심 개념을 그림으로 그려 오게 하는 등의 방법을 사용하면, 수업이 훨씬 풍요로워지면서 많은 학생이 수업에 참여하도록 도울 수 있습니다.

생활교육 알파고 : 교사가 인내심을 갖고 기다려 주는 것도 하나의 방법입니다. 무기력한 학생은 자존감이 낮고, 자신이 하는 것들이 만족스럽지 못해 아예 안 하는 게 최선이라고 생각하고는 무기력한 행동으로 자신을 표현합니다. 그래서 뭔가 하라고 강요하기보다는 따뜻한 말을 건네면서 어느 정도 기다려 주는 것이 좋습니다. 무기력한 학생도 어느 순간 활달한 때가 있는데, 이때 적절한 칭찬과 격려를 해 주면 과제 해결의 부담감을 떨치고 조금씩 시도할 수 있습니다. 조급해 하지 않고 학생의 속도에 맞춰 가정과 연계하여 문제를 해결하는 것이 좋습니다.

정리 및 Tip

악마 너구리 : 학생은 언제든 긍정적인 변화가 가능하다는 믿음을 갖고, 변화를 가져올 수 있는 기회를 마련해 주는 역할을 해야 함.

키다리 아줌마 : 학생과 나를 분리하여 교사로서의 과제를 생각하고, 학생에게 교사의 생각을 건강하게 전달해야 함.

왕국어 왕사부 : 학생이 잘하는 것을 복돋워 주면서, 교사가 문제를 완전히 해결하겠다는 강박에서 벗어나야 함.

생활교육 알파고 : 교사의 마음을 먼저 돌아보고, 학생이 성장 과정임을 인식하고 기다려 주는 것이 필요함.

냉정한 은갈치 : 학생마다 차이가 있다는 것을 이해하고, 존중을 기반으로 학생 스스로 절제할 수 있도록 도울 필요가 있음.

4
젊은 친구,
신사답게 행동해

– 학교폭력 해결과 예방

　매년 학년 초가 되면 교사는 학생들과 학급 규칙이나 가이드라인 등 일 년을 원활하게 보내기 위한 다양한 약속을 만듭니다. 학습, 소통, 민주적인 교실 문화, 문제없는 교실 등 다양한 가치가 있지만, 교사와 학생이 모두 행복한 학교생활을 위해 무엇보다 선행되어야 하는 것은 서로를 배려하고 언어적·신체적 폭력이 없는 신체적 안전과 심리적 안정입니다. 평화가 깨진 학급은 교사와 학생 모두에게 불안하고, 가고 싶지 않은 공간이 될 테니까요.

학교폭력의 범주

교사와 학생들은 학교폭력에 대해서 얼마나 알고 있을까요? 매년 학교폭력 예방교육을 하고, 종종 변호사를 초빙해 학생들에게 교육하지만, 의외로 많은 학생들이 학교폭력에 관해서 정확하게 알고 있지 못합니다. 학교폭력과 관련해서 가장 많이 들었던 질문은 "때리지만 않으면 되는 것 아니에요?"였습니다. 그런데 실제로 교실에서 가장 많이 일어나는 건 신체 폭력이 아닌, 상대방의 약점을 공격하고, 부모님을 욕하는 등 말로 상대방에게 상처 주는 언어 폭력입니다. 그렇다면 학교폭력의 범주는 어디까지일까요?

학교폭력은 학교 내외에서 학생을 대상으로 발생한 상해, 폭행, 감금, 협박, 약취·유인, 명예훼손·모욕, 공갈, 강요·강제적인 심부름 및 성폭력, 따돌림, 사이버 따돌림, 정보통신망을 이용한 음란·폭력, 정보 등에 의하여 신체·정신 또는 재산상의 피해를 수반하는 행위를 말합니다. 「학교폭력예방법(학교폭력예방 및 대책에 관한 법률)」 제2조에는 어른이 학생을 대상으로 폭력 행위를 해도 학교폭력에 해당한다고 나와 있습니다. 「형법」에서 정의하는 폭력보다 범위가 더 넓습니다. 예를 들어, 따돌림의 경우도 모욕이나 협박 등 추가적인 잘못이 없으면 「형법」으로는 죄가 안 되지만, 「학교폭력예방법」에 따르면 학교폭력이 됩니다.

학교폭력의 원인

학교생활 전반에 학교폭력이 도사리고 있을 정도로, 생각보다 광범위한 학교폭력의 범주가 교사를 짓누릅니다. 교실의 평화를 깨는 학교폭력의 원인은 무엇일까요?

냉정한 은갈치 : 저는 학교폭력의 원인을 힘의 논리로 봅니다. 학교폭력 사안을 접하다 보면 "힘이 센 학생이 때렸는데 약한 학생이 반항의 의미로 때리면 쌍방이잖아요?"라는 질문을 받을 때도 있어요. 그리고 극단적으로 어떤 학생은 친구가 실수로 밀치기만 해도 기다렸다는 듯이 사정없이 때리는 일도 있었어요. 그래서 힘의 논리로 강한 학생이 약한 학생에게 가하는 폭력이 학교폭력의 원인이라고 생각합니다.

또 다른 원인으로는 관계의 권력을 들 수 있습니다. 소위 인간관계가 넓은, 잘나간다고 말하는 학생이 안 좋은 마음을 먹고 카톡 등으로 집단 따돌림을 주도하고, 마음에 안 드는 학생을 철저히 소외시켜서 고립감을 느끼게 하는 것을 본 적 있습니다. 그렇다 보니 요즘 학생들은 친구 생일에 초대받지 못하는 것을 친구에게 맞는 것보다 더 두려워합니다.

키다리 아줌마 : 겉으로 드러나는 힘만이 힘은 아니고, 신체적 폭력이 없더라도 힘의 불균형이 있다면 그것 자체가 문제입니다. 서로 동

등한 관계여야 친구인데, 동등하지 않은 언행을 보이는 것은 학교폭력의 원인이 됩니다. 학생 사이에 마음이 안 맞아서 서로 티격태격하는 정도는 인간관계를 풀어 가는 법을 배우는 기회가 될 수 있지만, 어느 한쪽이 힘의 우위로 관계를 좌지우지하고 있다면 교사의 적절한 지도와 개입이 필요합니다.

학교폭력 사안 처리 절차

힘의 불균형과 서로 다름을 존중하지 않는 것으로 인해 생길 수 있는 학교폭력을 갑작스럽게 맞닥뜨리면 교사도 당황합니다. 생활지도를 담당하는 부장교사뿐만 아니라 담임교사도 학교폭력이 발생했을 때 어떤 절차로 처리가 이루어지는지 정확히 알고 있어야 합니다.

일반적으로 학교폭력이 신고되면 학교폭력 신고대장에 기록하고, 학교장과 교육청에 보고하고, 보호자에게도 알립니다. 그리고 학교폭력 전담기구에서 역할을 나누어 조사하여 학교폭력의 유무와 정도를 파악하고, 피해학생 보호가 필요할 경우 보호조치를 하고, 폭력의 정도나 재발 위험이 높은 경우는 가해학생에 대한 긴급조치를 취하기도 합니다.

2020년 3월 1일부터는 기존에 있던 학교 안의 학교폭력대책자치위원회가 폐지되고, 교육지원청에 학교폭력대책심의위원회가 신설되었습니다. 대신 학교에는 학교장 자체해결 권한과 관계회복 프로그램 운영이 가능해졌습니다.

학교장 자체해결은 2주 이상의 진단서를 발급받지 않고, 재산상의 피해가 없거나 즉시 복구된 경우, 지속적 폭력이 아닌 경우, 보복폭행이 아닌 경우에 피해학생과 학부모가 심의위원회를 열지 않는 것에 동의하고, 이에 대해 전담기구의 협의로 학교장 자체해결을 결정하면 학교 자체적으로 해결이 가능합니다. 그런데 위 조건 중 한 가지라도 어긋나면 해당 사안을 교육지원청의 학교폭력대책심의위원회에 회부하여야 합니다. 학교폭력대책심의위원회에서 피해학생과 가해학생에 대한 조치가 내려지면 학교에서는 이를 이행하고, 만약 관련 학생의 학부모가 이에 불복하면 행정심판을 요구할 수 있습니다.

「학교폭력예방법」에서의 학생이란 「초·중등교육법」 제2조에 따른 초등학교·중학교·고등학교·특수학교 및 각종 학교에 소속되어 교육받는 사람입니다. 그래서 피해자가 학생일 때를 기준으로 적용되는 법이고, 학교 밖 청소년이 피해자이면 경찰에 신고해서 성인과 유사한 절차를 통해 보호받을 수 있습니다. 하지만 기본적으로 피해학생과 가해학생에 대한 조치가 학교 내에서 이뤄지는 것이 많아, 재학 중이 아니면 크게 의미가 없는 것이 현실입니다. 그래서 가해자나 피해자가 학생이 아니면 성인처럼 경찰에 신고하는 등의 절차를 밟으면 됩니다. 만약 가해자가 학생이고 학교에서 계속 관리를 해 줘서 개선의 가능성이 크다고 여겨지면, 재판에 가도 수위가 낮아지는 경향이 있습니다.

[표 2-1] 학교장 자체해결 사안 처리 흐름도

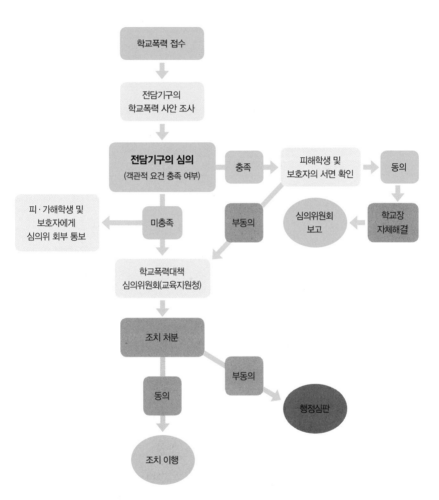

※ 학교장 자체해결 이후에는 동일 사안에 대하여 자치위원회 소집을 요청할 수 없다. 다만, 가해학생 측에서 재산상 피해 복구 약속을 이행하지 않거나 전담기구의 사안 조사 과정에서 확인되지 않았던 사실이 드러나는 특별한 경우, 피해학생 및 그 보호자는 자치위원회 소집을 요청할 수 있다.
※ 사안 처리 전 과정에서 필요시 학교는 관계회복 프로그램을 운영할 수 있다.

학교폭력 사안 발생 시 담임의 역할

학교폭력 사안이 발생했을 때 사안 처리는 전담기구에서 하지만, 가장 당황스러운 것은 직접 관련 학생과 만나고 있는 담임교사입니다. 학교폭력 사안이 발생했을 때 담임교사는 어떤 역할을 해야 할까요?

냉정한 은갈치 : 최근에는 피해학생, 가해학생으로 표현하지 않고, '관련 학생'이라는 용어를 씁니다. 무리하게 개입해서 화해를 종용하거나 어느 한 편을 들어서 학부모로부터 역으로 공격받는 경우가 많으니 담임교사는 중립을 지켜야 합니다. 결과적으로 학교폭력자치위원회에서 징계 조치가 나올지라도 담임교사는 관련 학생들의 회복에 집중해야 합니다.

왕국어 왕사부 : 학교폭력 사안 처리 가이드북을 참고하고, 생활지도 부장이나 학교폭력 책임교사에게 문의하면 됩니다. 담임교사가 노련하게 관련 학생들을 화해시킬 수 있으면 좋지만, 자칫하면 사건을 은폐하거나 축소한다고 오해받아 커다란 민원이 될 수도 있으니 절차에 따라 진행하는 것이 가장 좋습니다. 긴급한 상황이라면 최우선으로 관련 학생들의 접촉을 막기 위해 떨어뜨려 놓아야 합니다.

생활교육 알파고 : 2차 피해를 막기 위해 필요 시 관련 학생들을 분리

하는 것도 고려해 봐야 합니다. 그런데 한편으로는 피해학생이 회복하고 주변 사람들의 지지를 얻고, 가해학생도 자신의 행동이 어떤 부정적인 영향을 끼치는지 깨달을 수 있도록 '회복적 서클'로 피해학생의 치유와 가해학생의 교육적 변화를 꾀해 볼 수 있습니다. 원칙적으로 학교폭력 사안으로 다루더라도 회복적 생활교육을 통해서 학교폭력 문제를 해결하는 사례가 점차 증가하고 있으니, 주변에 회복적 서클 운영 경험이 풍부한 교사나 푸른나무 청예단, 회복적 생활교육센터 등의 도움을 받으면 좋습니다.

악마 너구리 : 저도 이런 사례를 겪어 봤는데, 한 공간에서 생활하는 관련 학생들의 슬픔과 상처를 함께 보듬어 줄 수 없어서 심한 상실감과 좌절감을 느꼈습니다. 그래서 안타깝게도 관련 학생이 모두 우리 반이라면, 피해학생과 가해학생을 구분하지 않고 상담을 통해 관련 학생들의 마음을 회복시켜 주고 건설적인 방향으로 나아갈 수 있도록 도와줘야 합니다.

학교폭력 예방 노하우

이미 일어난 학교폭력 사안을 해결하는 노하우도 필요하지만, 가장 중요한 것은 학교폭력 사안이 일어나지 않도록 예방하는 것입니다. 나만의 예방 노하우는 어떤 것이 있으신가요?

키다리 아줌마 : 힘을 쓰고 과시하는 학생이나, 교사나 다른 친구들
이 자기를 보호하고 챙겨 주기만을 바라는 약하고 의존적인 학생 모
두 적절한 지도와 도움이 필요한 학생입니다. 여기서 도움을 준다는
것은 학생이 독립된 주체로 건강하게 설 수 있도록 해 주는 것이어야
지, 뭐든지 다 챙겨 주고 보살펴 주고 책임져 주는 것을 의미하지 않
습니다. 학생이 자신의 기질과 성향을 이해하고, 행동과 감정을 모두
에게 유익한 방향으로 선택하고 결정할 수 있도록 도와주고 가르쳐
야 합니다. 또한 학생이 있는 그대로의 자신을 사랑하고, 자신의 힘을
타인을 해치는 데 쓰는 것이 아니라 도와주고 기여하는 데 사용할 수
있도록 이끌어 주어야 합니다.

평소 자신의 감정을 헤아리고 타인의 감정도 확인할 수 있는 감정 체
크인(출석부)을 활용하여 감정 표현과 공감의 창을 마련하고, 자신의
욕구를 파악하고 표현해 보는 시간을 가지면 좋습니다. 그리고 기분
나빴거나 불편했던 점을 상대방에게 건강하게 표현하는 의사소통법
을 배우고 연습해 보는 것도 중요합니다. 마지막으로 학생끼리 사소
한 문제가 생겼을 때 교사가 즉각 나서서 재판관 역할을 해 주기보다,
당사자들끼리 해결하거나, 교사와 학생들이 함께 해결책을 찾아보면
서 문제 상황을 배움의 기회로 삼아야 합니다. 마음이 편안해야 남을
배려할 수 있는 것처럼, 학생 스스로 본인의 감정을 조절하고 건강한

자존감을 지닌다면 문제가 심화되는 것을 막을 수 있습니다.

왕국어 왕사부 : 가장 중요한 건 교사가 항상 평온한 마음 상태를 유지하며 비폭력적인 학급 분위기를 만들어 가는 것입니다. 학교폭력을 예방한다고 교사가 엄격하게 화를 내고 혼내면 학생들은 스트레스가 쌓이고, 쌓인 스트레스를 주위 친구들에게 풀게 되는 어처구니없는 결과가 발생할 수 있습니다. 그래서 교사가 항상 친절하고 평온한 마음을 유지하되, 방심하지 않고 학교폭력을 예방하고 있다는 인식을 심어 주면 학생들도 조심할 것입니다.

유형별 학교폭력 사안 해결

일반적으로 상대방을 신체적으로 공격하는 것이 학교폭력이라고 생각하고 있지만, 실제로는 신체에 가해는 없지만 학생들에게 많은 상처를 남기는 학교폭력 사안들이 있습니다. 그중에서 가장 빈번하게 일어나는 성적인 욕설, SNS를 통한 사이버 폭력, 그리고 집단 따돌림을 해결하는 방법에 관해서 이야기해 보도록 하겠습니다.

성적인 욕설

성적인 농담과 욕설은 학급 분위기를 흐트려 놓을 뿐만 아니라, 그런 말을 멈추게 하지 못한다고 학생과 학부모의 민원까지 연결될 수 있는 민감한 사안입니다. 성적인 농담이나 욕설을 멈추게 하는 선생님만의 노하우는 무엇인가요?

왕국어 왕사부 : 우선 학생들이 그런 단어에 대한 정확한 인식이 없습니다. 그리고 국어 교육과정을 보면 '공감적 듣기', '배려하는 말하기'처럼 이와 관련하여 교육할 수 있는 단원이 있음에도 수업에서 제대로 다뤄지지 않아요. 살아가는 데는 사실 그런 능력이 훨씬 중요한데, 중고등학교에서는 이런 내용으로 시험 문제를 어렵게 낼 수 없으니까 잘 다루지 않는 것이 현실입니다. 최소한 교육과정에 포함된 부분이라도 제대로 수업이 이루어졌으면 합니다.

키다리 아줌마 : 학생들이 좋아하는 유튜버나 1인 방송 등에서 이런 욕설을 무분별하게 접하고, 또 '인싸'로 보이고 싶어서 유행하는 단어나 문장을 아무 개념 없이 내뱉는 것이 원인입니다. 따라 해 보면 재미있고, 어른들은 모르는 자신들만의 세계를 공유하고 있다는 생각에 흥미를 더 느끼지요. 학생들의 또래문화를 존중해 주어야 하지만, 도덕적으로 옳지 않은 문화라면 학교에서 단호하게 교육할 필요가 있습니다. 연예인 중에도 그런 일로 물의를 빚고 큰 타격을 입는 경우를 반면교사로 알려 주며, 이렇게 거친 말과 표현에 익숙해지고 사회화된다면 어른이 되어서도 올바르지 않은 문화에 쉽게 휩쓸리거나 그런

문화를 만들어 가는 장본인이 될 수 있다는 것을 알려 줘야 합니다.

냉정한 은갈치 : 분명히 좋지 않은 문장인데, 학생들이 아무렇지도 않게 말하는 것이 또래문화의 하나라는 것을 알게 되면서 굉장히 불편했습니다. 그래서 학생들이 사용하는 '앙 기모찌'라는 말의 형성 배경을 안내하고, 왜 이런 성적인 욕설을 사용하면 안 되는지 차분하게 설명했습니다.

악마 너구리 : 욕에 관해서 설명하고, 욕을 했을 때 일어날 일에 대해서 질문하고, 활동을 통해 욕을 들었을 때의 감정을 나누는 등 다양한 해결 방법이 있지만, 무엇보다 필요한 것은 교사와 친구들의 감정이 불편함을 알려 주는 것입니다. 그래서 교사가 적극적으로 나서서 성적인 욕설은 잘못된 것이고, 이로 인해 교실 안의 구성원이 감정적으로 불편함을 지속해서 안내하여 지켜야 할 약속을 만들어야 합니다.

SNS를 통한 사이버 폭력

어느 날 "아이들끼리 단톡방을 만들어서 한 아이를 따돌리고 있는 걸 알고 계시나요?"라는 전화가 걸려 오면 벌써 등에서 식은땀이 흐릅니다. SNS상에서 벌어진 일이 교실에도 영향을 미치기 때문입니다. 이를 해결하려면 학생들의 메신저 대화 목록이나 SNS 등 개인정보를 확인해야 하는데, 현실적으로 많은 어려움이 있습니다. 학교폭력의 원인이 되는 사이버 폭력, 어떻게 하면 현명하게 해결할 수 있을까요?

악마 너구리 : 개인 SNS가 발달하면서 학생들이 만든 단톡방을 교사가 일일이 파악하고, 빠르게 대응하기가 어려워지고 있습니다. 사이버상에서 벌어지다 보니 증거가 비교적 잘 남아 있지만, 대화의 흐름과 폭력의 형태를 정확하게 파악하기 위해서는 흡사 사이버수사대에 버금갈 수사력으로 학생 간의 대화 목록을 상호 대조해야 문제의 실마리를 이해할 수 있습니다. 저도 메신저에서 시작된 따돌림을 조사하는 과정에서 학생 간 폭력, 주택 무단 침입, 기물 파손 등 감히 상상할 수 없는 일들이 드러나 해결에 곤욕을 치렀던 기억이 납니다. 그일이 있고 난 뒤에는 학년 초에 꼭 '단체 메신저방 만들지 말기' 교육을 필수로 하고, SNS를 통해서 친구를 따돌리는 것도 학교폭력임을 전달하고 있습니다.

냉정한 은갈치 : 일단 카톡으로 욕을 하거나 비방하고, 카톡 강제 초대나 카톡 집단 따돌림도 학교폭력이라는 것을 철저히 교육해야 합니다. 그리고 카톡으로 인한 피해를 입었을 때는 화면 캡처로 증거를 확보하고, 피해를 최소화하기 위해 담임교사에게 즉시 알려 달라고 안내합니다. 그리고 카톡을 통해서 성 관련 용어를 쓰는 것도 심각한 성범죄라는 것을 아이들이 인식할 수 있도록 안내해야 합니다.

생활교육 알파고 : SNS와 단체 채팅방에서 문제가 되는 뒷담화나 심한 욕설, 따돌림의 이면에 있는 학생들의 심리를 교사가 먼저 이해할 필요가 있습니다. SNS와 단체 채팅방의 욕설로 인해 상처를 받아 관계가 악화되면 서로 지내기 불편해질 수 있다는 점과, 사이버 폭력이 학교폭력 사안으로 처벌받을 수 있음을 교육해야 합니다. 그리고 관련 학생들의 회복을 위해 학급 안에서 자연스럽게 자기 속마음을 얘기하고 서로를 이해할 수 있는 자리를 마련하는 것도 좋습니다.

집단 따돌림

사이버 폭력은 증거가 확실하여 문제 해결이 쉬운 편이지만, 실제 교실에서 이루어지는 집단 따돌림은 증거도 찾기 어렵고, 눈으로 드러나는 피해가 거의 없어서 해결하기 어려운 문제 중 하나입니다. 정도가 심해져 겉으로 드러날 때는 교사가 눈치챌 수 있지만, 문제가 겉으로 드러나지 않고 은근히 따돌리면 교사도 쉽게 알아차리기 어려울 뿐만 아니라, 해결 또한 어렵습니다. 집단 따돌림 문제, 어떻게 하면 현명하게 해결할 수 있을까요?

냉정한 은갈치 : 신규교사 시절 은따를 당하는 학생이 있었는데, 해결 방법을 몰라서 결국에는 전학을 가 교사로서 자괴감이 들었던 기억이 납니다. 이 문제를 겪고 다시 담임이 되었을 때 집단 따돌림 문제가 발생했습니다. 다섯 명이 친하게 지냈는데, 한 아이의 주도로 이

루어진 일이었죠. 지금도 사색이 되어서 도움을 청하던 그 학생의 표정이 기억납니다. 과거의 실패를 되풀이하지 않기 위해 주도한 학생을 따로 불러 적극적으로 개입해서 해결할 수 있었습니다. 상담 과정에서 친구를 따돌린 이유가 단순히 마음이 안 든다는 것이었음을 알고, 주도한 학생에게 "너도 같은 이유로 따돌림을 당하면 마음이 어떨까?"라고 물었더니 자신도 무척 힘들 것 같다고 말하여 문제가 비교적 쉽게 해결됐던 기억이 납니다.

생활교육 알파고 : 종종 서로 친하다가 집단 따돌림이 시작되는 예가 있습니다. 친구를 싫어하는 것은 자유지만, 그렇다고 수업 시간 모둠 활동할 때 싫은 티를 과도하게 드러내거나, 다른 친구들에게도 그 친구를 멀리하도록 유도하는 것은 학교폭력이 될 수 있고, 「학교폭력예방법」에 따라 불이익을 당할 수 있다고 안내합니다. 다만 "쟤도 전에 나한테 그랬어요.", "쟤가 눈치도 없고 제멋대로고, 약속도 자주 어겨요." 등 따돌리는 학생이 억울해 하는 경우에는 그 학생의 억울하고 속상한 마음도 공감해 줘서 감정의 앙금이 남아 나중에 복수하지 않고 회복할 수 있도록 돕습니다. 한편으로는 따돌림당하는 학생을 충분히 위로하고 격려해 줍니다. 가장 좋은 것은 교사가 적극적으로 판단하고 해결하는 것보다, I-메시지로 서로 허심탄회하게 이야기할 수 있는 자리를 마련하여 학생들이 스스로 문제를 해결할 수 있도록 도와주는 것입니다.

키다리 아줌마 : 집단 따돌림 문제는 오랜 시간 누적된 사안인 경우가 많아서 해결이 어렵습니다. 학생들의 삶과 역동을 잘 들여다봐야 보이는 거라 교사가 먼저 학생들과 친밀한 관계를 갖는 것이 중요합니다. 대놓고 잘잘못을 따지거나, 그러면 되겠냐식의 뻔한 훈육을 하면 오히려 반발감을 느끼고 교사와 멀어질 수 있습니다.

그래서 저는 장기적으로는 협력적이고 긍정적인 학급 문화를 만들려고 노력하면서, 따돌림이 생길 조짐이 보이면 학생 한 명 한 명과 만나는 각개전투를 시도합니다. 학생들과 개인적으로 이야기를 나누다 보면 집단의 행위에 휩쓸리지 않고 더 현명하게 판단하도록 이끌어 줄 수 있어요. 대화 중에 집단 따돌림을 당하는 학생의 입장을 헤아리고 공감할 수 있게 필요한 정보나 그 학생의 감정을 공유합니다. 그리고 싫을 수 있는 마음은 공감해 주되, 만약 내가 그 친구라면 어떨지 생각해 볼 수 있는 시간도 갖습니다. 그리고 어려움을 겪는 학생의 부모님과도 연락해서 학교에서 노력하고 있는 점들을 알리고, 더불어 가정에서도 노력했으면 하는 점들을 제안해서 팀워크를 형성하여 다양한 방향으로 문제를 해결하려고 노력합니다.

💡 정리 및 Tip

악마 너구리 : 학생들의 행복한 학교생활을 위해 가장 필요한 것은 안전이므로, 폭력 없는 반이 되기 위해 학급 문화가 협력적일 수 있도록 장기적인 관점에서 노력해야 함.

키다리 아줌마 : 신체적인 폭력이 없더라도 아이들 사이에 힘의 불균형이 생기면 문제가 발생할 수 있음을 감지하여, 교사가 적절한 지도와 개입을 해야 함.

왕국어 왕사부 : 학교폭력이 발생했을 때 생활안전 부장이나 학교폭력 담당교사 및 관리자에게 도움을 요청한 뒤, 문제를 해결할 필요가 있음.

생활교육 알파고 : 처벌보다 관련 학생들을 보호하고 교육하는 측면을 강화할 필요가 있음.

냉정한 은갈치 : 학교폭력은 징계가 아닌 회복에 초점을 두어, 관련 학생들의 회복과 성장에 초점을 맞춰야 함.

5
선 넘은 자유

– 학생 선도 규정과 학생선도위원회

"선생님 지난 주말에 ○○이 골목에서 담배 피는 걸 봤어요."

"선생님 ○○은 맨날 지각하는데도 왜 그냥 놔둬요?"

교사나 주변 학생들에게 피해를 주는 문제행동인데 학교폭력위원회 사안으로 처리하기 힘든 것들이 있습니다. 그럴 때를 대비해 학교에서는 학생 선도 규정을 만들어 학생의 긍정적인 발전을 돕고, 학교 자체적으로 해결할 수 있도록 학생선도위원회를 구성하고 있습니다. 그런데 선도 규정이 제대로 안내되지 않고, 문제가 있어도 학생선도위원회를 열지 않고 넘어가려는 경향이 강해 존재 자체도 모르는 경우가 많습니다. 문서상으로는 실재하지만, 실제로 보기 힘든 선도 규정과 학생선도위원회의 실체는 무엇일까요?

학생 선도 규정과 학생선도위원회

학생 선도 규정

「초·중등교육법」 제18조와 「초·중등교육법 시행령」 제31조에 따라 학교의 규정 제·개정 절차에 따라 만들어진 규정입니다. 선도 원칙으로 학생의 인격을 존중하고, 처벌보다는 예방에 중점을 두고, 징계는 단계적으로 적용하여 학생 스스로가 반성하고 잘못된 행동을 고칠 수 있도록 기회를 주고, 학칙에 따라 교육적인 방법(훈계, 학부모 상담, 교내 봉사, 사회 봉사, 특별교육, 출석 정지, 고등학교는 퇴학)으로 해야 합니다.

학생선도위원회

외부 위원이 포함된 학교폭력위원회에 비해 교사로 구성되어 있어 위원 구성에 어려움이 적습니다. 학교 규칙, 학생선도위원회 규정, 학생 생활 규정 등 3가지 규정을 정비해서 학교폭력 사안을 제외한 선도 사항(교사의 정당한 지시에 대한 고의적인 불이행, 수업 방해 행동, 학생으로서 하지 말아야 할 비행 행동)에 해당할 경우에 다루게 됩니다.

실제로 접하기 어려운 이유

교실에서 일어나는 모든 상황을 학생선도위원회에서 처리할 경우 엄청나게 많은 업무량으로 인해 오히려 교육의 본질이 훼손될 수 있고, 심각해도 안 여는 경우가 있어 문제를 키우기도 합니다. 그리고 중등은 학생선도위원회를 개최하면 어느 정도 해결이 가능하지만, 초등은 열기만 해도 학부모가 학교를 상대로 민원을 걸까 봐 두려워 열지 않는 일이 많습니다. 그래서 학생의 심각한 문제행동을 조치하지 않고 내버려 둬 학급이 붕괴되거나 더 큰 문제가 발생해서 학급운영이 더 어려워지는 경우도 있습니다. 사안이 생겼다고 무조건 학생선도위원회를 여는 것보다, 담임교사의 교육적 조치와 훈계, 개인 상담, 학부모 상담 등으로도 문제행동이 멈추지 않았을 때 보충적으로 활용해야 효과가 더 좋습니다.

원활한 학생선도위원회 진행을 위해 교사가 노력할 점

문제가 생겼다고 갑작스럽게 학생선도위원회를 개최하기보다, 학생의 학교생활 적응과 균형 있는 성장을 위한 충분한 노력이 선행되어야 합니다. 그런데도 나아지지 않으면 학부모 상담을 통해 협조를 구하고, 그 뒤에도 문제행동이 달라지지 않는다면 학부모에게 교사의 교육권과 다른 학생들의 수업권 보장, 해당 학생의 학교생활 적응과 긍정적인 변화를 위해서 학생선도위원회 개최를 예고하는 것이 좋습니다.

결과적으로 학교에서 충분히 노력하고 학생선도위원회 개최를 예고했음에도 학생의 행동이 나아지지 않은 경우에 학생선도위원회를 개최하니까 학부모가 불만을 갖는 경우가 적었고, 불복해서 행정심판을 제기하지 않았습니다. 그리고 학생도 자신의 행동에 대해서 책임을 지고, 잘못에 따른 불이익을 경험한 만큼 이후 자신의 행동에 대해 주의하는 모습을 보였습니다.

학생선도위원회에 관한 구체적인 예

○○초등학교 5학년 흡연 예방 교육 시간에 보건교사의 지시에 불응하고, 책상 위에 올라가 점프를 해서 학습지를 천정에 붙이려 하고, 수업 시간에 돌아다니면서 친구에게 말을 걸고 장난을 한 학생이 있었습니다. 이로 인해 보건교사는 의도한 수업 내용을 다 가르칠 수 없었고, 다른 학생들에게도 피해를 준 사건이었죠. 보건교사가 이 사실을 생활인성부장과 교감에게 알렸고, 생활인성부장이 자세히 알아보니 4학년 2학기 때부터 한 학생의 수업 방해 행동이 가끔 있었고, 5학년이 되어서는 그 학생을 포함하여 3~4명의 학생들이 담임교사 수업 시간은 물론 전담수업 시간까지 수업을 방해하는 등 수업 방해의 횟수와 강도가 커졌다는 것을 알게 되었습니다.

이에 학교 규정대로 선도위원장인 교감과 선도위원인 생활인성부장, 각 학년 부장이 회의를 했고, 학생선도위원회 개최를 결정하여 학부모에게 이 사실을 통보한 뒤 학생선도위원회를 개최하였습니다. 학생에게 한 번 더 기회를 주는 것이 어떨까 고민했지만, 그간 수업 방해 행동이 크고, 담임교사가 학부모의 협조를 구했음에도 잘 해결되지 않았기 때문에 사안의 심각성을 고려하여 학생선도위원회를 열었습니다.

학생선도위원회 사안 처리 노하우

처벌보다 예방에 중점을 두고 있는 학생선도위원회, 알고 열지 않는 것과 몰라서 열지 못하는 것은 다릅니다. 교사와 학생이 지속해서 문제 해결을 위해 노력했지만, 해결이 어려운 사안이 있다면 학생선도위원회의 힘을 빌려 보는 것은 어떨까요?

지속적인 지각과 무단결석

2015년 12월 어린이 학대 사건으로 인해서 장기결석 학생 전수조사 후 2016년 1월에 밝혀진, 2012년부터 장기결석한 학생이 사망하는 사건은 교사에게도 큰 충격을 주었고, 장기결석 및 상습적인 지각에 관해서 경각심을 갖게 되었습니다. 그렇다면 의도하지 않게 지각을 자주 하거나 아무 말 없이 학교를 오지 않는 학생이 있다면 어떻게 지도하는 것이 좋을까요?

생활교육 알파고 : 원칙적으로 3일 이상 결석하면 따로 보고하고 가정 방문을 하게 되어 있으니, 교사의 안전을 확보하면서 확인하는 것이 필요합니다. 지각이나 무단결석이 잦은 학생의 태도를 하루아침에 고칠 수는 없으므로, 그 원인을 다각도로 찾아야 합니다. 학생이 일찍 왔을 때 반겨 주고, 1교시에 학생이 좋아하는 활동을 하는 등의 다양한 방법을 활용하여 그 학생에게 학교가 긍정적인 공간이 될 수

있도록 노력하는 것도 한 방법입니다.

냉정한 은갈치 : 가정에서 늦게 준비해 주거나, 학생이 일부러 학교에 늦게 들어가려고 배회하는 문제가 있다면 가정과 소통하여 문제를 해결해야 합니다. 무단결석이 잦은 학생은 반드시 학부모와 전화 통화로 확인해야 하고, 결석하는 이유를 찾아내서 상담교사, 복지교사, 교감, 교장과 상의하여 합리적인 방안을 찾아야 합니다.

왕국어 왕사부 : 법규에 따라 수업 일수 3분의 2 이상 출석하지 못하면 학년 진급이 안 됩니다. 교사가 학생의 진급을 위해 출석부를 조작하는 것은 성적 조작에 해당하는 징계 사유일 뿐만 아니라, 지속해서 문제를 일으킬 가능성이 큽니다. 그래서 학생선도위원회를 열어서 원칙적으로 처리해야 합니다.

키다리 아줌마 : 분명 학생 나름의 이유가 있을 것이기에 학생과 개인적인 대화를 하고, 보호자와도 상담해야 합니다. 자주 지각하면 법적으로 어떤 처벌이 내려진다고 안내하는 것보다, 학교에 다녀야 하는 이유와 시간을 정확히 지켜야 하는 이유를 알고 내면화할 수 있도록 본질적인 해결책을 찾는 것이 중요합니다.

단순히 시간 관리 등의 문제로 잦은 지각과 결석이 이루어진다면, 행동 자체를 비난하지 않고 건강한 생활 습관을 형성하는 방법을 함께 모색할 수 있겠지요. 선생님이 본인의 성장과 변화를 위해서 함께 고민하고 도와준다고 느끼고, 약속을 지키는 것이 자신에게 좋다는 것을 알게 되면 차츰 변화가 시작될 것입니다. 더불어 해결 과정에서 학급 친구들에게 아이디어를 얻고 현실적인 도움을 구할 수 있다면, 학생은 소속감을 느끼고 변화에 가속도가 붙을 수도 있겠죠?

한편으로 고등 교육과정 자체가 힘든 학생은 출석 자체가 곤혹스러울 수 있습니다. 그래서 고교학점제와 같은 방식으로 자신의 진로와 적성에 맞는 다양한 배움의 방식이 반영되어야 한다고 생각합니다.

악마 너구리 : 지각하는 학생의 숨겨진 내면을 들여다봐야 합니다. 지각이나 결석이 가정의 영향일 수도 있고, 학교의 영향일 수도 있지만, 가장 중요한 것은 학교가 즐거운 공간이라는 생각이 들 수 있도록 도와줘야 합니다. 학교가 재미있고 즐거운 공간이라면 자연스레 학생은 그 공간에 소속되기 위한 노력을 보이고, 그 노력을 교사가 인정해 주고 격려한다면 학교가 오고 싶은 공간이 되지 않을까요?

흡연과 음주

중·고등학교만의 문제라고 생각하던 흡연과 음주가 최근에는 초등학교 고학년에서도 심심치 않게 나타나곤 합니다. 한 번 담배에 중독되어 버리면 교사도 특별하게 해결 방법을 찾기 어렵고, 주위 친구들에게도 영향을 줄 수 있어 손 놓고 있기 어려운 것도 현실입니다. 완벽하게 해결하기 어렵다고 포기할 수도 없는 학생의 흡연과 음주 문제, 어떻게 해결할 수 있을까요?

키다리 아줌마 : 호기심에서 모든 문제가 시작되죠. 또 호기심에 그랬다고 둘러대면 학생들은 용서받을 수 있다고 생각합니다. 6학년을 담임할 때, 남학생 한 명이 담배를 피운다는 이야기가 제게 전해졌는데, 혼내지 않고 가볍게 그 주제로 질문을 던지며 대화를 시도했어요. "호기심에 담배 좀 물어 본 거야? 담배 맛은 어땠어?" 그랬더니 의외로 술술 이야기를 시작했습니다. "그냥 겉으로 가볍게 흡입하는 게 있고, 깊게 들이마시는 게 있어요. 저는 가볍게만 해 봤어요." 담배는 어디서 났냐고 물어보니 누가 떨어뜨린 걸 주워 피워 봤다고 그러더군요. 그래서 "계속 피울 계획이야? 피워 보니 좋은 거 같아?"라고 물었더니 아이는 호기심에 그랬다고 말했습니다.

"담배를 피우기 시작하는 건 너의 자유야. 그리고 너의 선택이지. 그런데 끊는 것은 자유롭게 안 되더라. 자기가 담배에 얽매이고 노예가 되는 거지. 분명 자기 의지와 자유대로 선택해서 피웠는데, 이제 그 물건이 나를 자유롭지 못하게 하고, 그게 없으면 힘들어지게 돼. 몸에 해로운 그것에 사로잡혀서 말이야. 그런 걸 바로 중독이라고 해. 누구나 처음부터 자신이 이것에 중독될 거라고 생각하고 시작하는 사람은 없어. 선생님은 네가 어떤 것이든 자유롭기를 바라고, 네가 건강하게 자기 삶을 이끌어 가기를 바라!"

이렇게 이야기를 마무리했고, 그 뒤로 담배 피운다는 이야기는 안 돌더라고요. 니코틴, 알코올, 게임이 문제가 되는 이유는 모두 중독되고, 건강을 해치고, 결국에는 자신의 시간과 돈, 몸을 갉아먹기 때문입니다. 이를 교육적으로 해결하기 위해서는 지금 당장의 문제행동에 집중하기보다, 좀 더 멀리 내다보는 지혜를 논하는 지점으로 삼아야 합니다.

악마 너구리 : 저는 담배를 피우는 학생의 어머니에게 상담을 신청하여, 그 학생의 상황을 알려 드리고 가정에서 협조를 바란다고 부탁 드렸습니다. 그리고 학생과 지속적으로 개인 상담을 진행하고, 상호 동의하에 약속을 정하고, 그 약속을 지킬 수 있도록 지원해 주고 믿음을 보여 줬습니다. 학생과 잘 맞아서 그런지 초등학교 6학년 일 년 동안은 어느 정도 흡연 문제를 가라앉힐 수 있었지만, 근본적인 해결은 어려웠던 기억이 납니다.

냉정한 은갈치 : 저는 마트 직원의 눈을 피해 담배를 훔쳐서 학교 옥상에 올라가서 나눠 피운 학생을 경험했습니다. 담배를 훔쳤기 때문에 학생선도위원회에서 징계를 받아 교내 봉사를 했고, 학부모와 연계하여 훈육해서 학생 스스로도 죄책감을 느껴 다시는 담배를 훔치지 않았습니다. 학생들은 호기심이나 잘못된 우월감을 흡연으로 푸는 경우가 많습니다. 그래서 흡연 문제가 발생하면 학생선도위원회

를 열어 조치를 취하고, 학생들의 건강 상태를 확인하여 담배에 중독이 되었다면 적절한 치료를 받을 수 있도록 학부모에게 안내해 줘야합니다.

왕국어 왕사부 : 중독에 대해서 다양한 치유의 관점으로 접근하되, 술을 마시고 사고를 치거나, 금연구역에서 흡연하다가 신고당하거나 과태료를 물 수도 있으니 그로 인해 발생하는 사고는 가정과 본인이 책임지도록 안내해야 합니다. 그런데 미성년자에게 술과 담배를 파는 건 불법이지만, 술과 담배를 사는 미성년자 본인에 대해서는 처벌이 이루어지지 않으므로 흡연과 음주는 지도의 대상이지 법적 처벌의 대상이 아님을 유의해야 합니다.

절도

학급 내에 상습적으로 친구의 물건에 손대는 일이 생기면 정말 해결하기 어렵습니다. 학생 인권 침해 때문에 가방 검사도 힘들고, 설사 범인을 찾아도 그 학생이 반 친구들에게 낙인찍히는 것이 안쓰럽고, 그렇다고 찾지 않기도 힘든 절도 문제를 어떻게 해결할 수 있을까요?

생활교육 알파고 : 학생들과 학기 초에 도난 사건에 대한 고민을 미리 나누고, 비싼 물건이나 큰돈은 갖고 오지 않기로 약속합니다. 또 친구 함부로 의심하지 않기, 잃어버렸을 때는 함께 찾아주기 위해 노

력하기, 잃어버린 친구 위로하기 등 다양한 약속을 합니다. 절도는 보통 학부모에게 필요한 부분의 용돈을 적절히 주도록 안내하면 해결이 되지만, 그 이유가 무엇인지는 다각도로 살피는 것이 필요합니다. 될 수 있는 한 학생이 물건을 훔칠 만한 상황(교사와 학부모의 귀중품 보관에 유의, 교실 잠금장치)을 만들지 말아야 합니다. 만약 그 원인이 애정결핍이라면 가정과 학교에서 충분히 관심을 주고, 소유 개념이 불명확해서 생기는 일이라면 소유 개념에 대해서 가르치고, 필요하다면 교사와 학부모 이외에 외부 기관과 연계하여 상담의 기회를 마련해 주어야 합니다.

냉정한 은갈치 : 제가 만난 학생은 경제적으로 큰 어려움이 없는 가정이었는데, 아빠가 영어 문장을 외워야 용돈을 주는 것에 스트레스를 받아 상습적으로 친구의 돈을 훔쳐 친구들에게 맛있는 것을 사 주면서 인기를 얻었습니다. 저는 주위 학생의 진술로 도벽이 있다는 것을 알아낸 뒤 그 소식을 학부모에게 안내했는데, 아빠가 학생을 매몰차게 혼냈다는 것을 듣게 됐습니다. 그리고 도벽이 있다는 소식이 친구들에게 퍼져 의기소침하게 지내게 됐는데, 그때 교사로서 충분한 위로를 해 주지 못했던 게 아쉬움으로 남습니다. 학생의 잘못된 행동은 짚어 주되, 위로하고 회복할 수 있는 따뜻한 말을 함께 해 주었다면 힘을 얻어 좀 더 자신감 있게 생활할 수 있었을 거라는 생각이 듭니다.

키다리 아줌마 : 도벽 같은 사안은 그 일로 인해 학생이 낙인찍히지 않도록 하는 것이 중요합니다. 그래서 범인을 잡아내기 위해 누군가를 의심하고, 잘못을 추궁하는 방식은 썩 바람직하지 않고 예방적이지도 않습니다. 누가 그랬는지 찾아내기보다, 물건을 훔친 학생이 제일 나은 선택을 할 수 있는 분위기를 만들어 주면 가만히 물건을 되돌려 놓기도 합니다. 그리고 앞으로 이런 일이 생기지 않으려면 어떤 노력을 해야 할지, 반 전체가 예방 및 해결책을 나누는 시간을 가지면 좋겠지요.

악마 너구리 : 저도 교육 여행 가서 비슷한 일이 있었습니다. 초등학생에게 10만 원은 엄청 큰돈인데, 한 학생이 친구의 돈을 훔쳐서 다른 친구들에게 먹을 것을 사 줬다는 첩보를 접하고 부모님과 통화를 통해 사건이 생겼음을 알게 되었습니다. 그 학생이 훔쳤다는 것을 어느 정도 확신했지만, 이미 다른 아이들도 그 학생이 범인이라는 것을 짐작하고 있어서 바로 다그친다면 낙인찍힐 수도 있는 상황이었습니다. 6학년이 끝나려면 아직 한참 남았고, 같은 중학교로 진학해야 하는 상황에서 그 학생에게 씻을 수 없는 상처가 될 것을 알았기에 숙소 직원이 잃어버린 돈을 찾아왔다고 얼버무리는 어설픈 연기를 통해서 상황을 해결한 적이 있습니다. 돈을 잃어버린 학생이 돈을 찾았다는 안도감에 의심을 거둬들여서 다행이었지, 십년감수하는 상황이었습니다. 교육 여행 일정을 마무리하고 학교로 돌아온 뒤 부모님과 이야기

하는 과정에서 학생은 자신의 잘못을 고백했고, 부모님과 그 아이, 저만 아는 사건으로 만들었던 기억이 납니다. 다행히 소문은 퍼지지 않았고, 학생의 회복을 위해 상담교사와 연결하여 마무리하였습니다.

왕국어 왕사부 : 교사의 의무는 도난 예방 교육과 재발 방지 교육이지 범인을 잡는 것이 아니므로 너무 조급해할 필요는 없습니다. 실제로 교사에게 피해보상을 요구하기도 어렵고, 범인의 꼬리가 길면 결국 잡히게 되어 있습니다. 오히려 걱정스러운 건 공개적으로 잡혀서 친구들에게 알려지면 지도가 더 어렵다는 점입니다. 게다가 자녀에게 징계가 들어오면, 자녀가 잘못했다는 걸 알면서도 학교와 교사를 공격하는 것이 부모의 도리라는 잘못된 신념으로 악성 민원을 제기하기도 합니다. 그래서 학생을 감정적으로는 지지해 주되 원칙을 지켜 선도 처분하고, 회복을 위한 전문 상담으로 연계해야 합니다. 만약 도벽의 정도가 심하면 경찰에 신고하거나 법원에 통고해서 재판을 받게 할 수 있는데, 대개는 소년보호재판이라서 실형이 선고되기는 쉽지 않고, 오히려 번거로워질 수도 있습니다. 하지만 학교에서 지도 불가능한 수준이라면 방치하는 것도 교사의 의무가 아니니 법원에 맡기는 것도 필요합니다.

그리고 한 가지 팁을 드리면, 다른 사람 돈을 가져갈 때 몰래 가져갔다면 절도라서 학생선도위원회에서 다루지만, 강제로 빼앗았다면 갈취로 판단해서 학교폭력위원회에서 해결해야 합니다. 돈을 가져가는 의도가 중요하다는 것이죠. 몰래 가져가서 훔치려는 의도라면 학생 선도위원회, 상대방을 협박해서 강제로 가져가려고 했다면 학교폭력위원회에서 다뤄야 한다는 것, 꼭 기억하세요.

 정리 및 Tip

악마 너구리 : 학생이 학교가 재미있는 공간이라고 생각할 수 있도록 관계를 형성하여, 제 시간에 등교할 수 있는 동기를 만들어 줄 필요가 있음.

키다리 아줌마 : 문제행동을 다룬다고 갑자기 학생선도위원회를 개최했을 경우 민원이나 반발의 소지가 되므로, 학생과 함께 해결책을 찾아보려는 노력이 필요함.

왕국어 왕사부 : 흡연의 경우 물론 담배를 빨리 끊게 하는 것이 좋지만, 학생이 조절할 수 있도록 지도할 필요가 있음.

생활교육 알파고 : 학생 인격을 존중하고, 예방에 중점을 두어 학생 스스로 잘못된 행동을 고칠 기회를 주는 것이 우선임. 하지만 때로는 법에서 정하는 징계(교내 봉사, 사회봉사, 특별교육, 1회 1일 이내의 출석 정지, 연 30일 이하의 출석 정지)를 통해 단호하게 조치함으로써 상황이 악화되는 것을 막을 수 있음.

냉정한 은갈치 : 도벽 사안이 있었을 때 학생이 낙인찍히지 않도록 유의하고, 처벌이 아닌 회복에 목적을 둠.

6
너와 내가 통하는 시간

– 학생 개인 상담 팁

문제를 해결하는 데 가장 좋은 방법은 학생과 개인적으로 상담하는 것입니다. 하지만 해결하려는 문제에 관해서 제대로 준비하지 못하고 상담에 들어가면 역으로 문제를 키울 수 있고, 교사가 곤란해질 수도 있는 것이 개인 상담입니다. 교사와 학생 모두 원하는 바를 얻고, 효과적인 개인 상담을 하기 위해서는 어떤 준비가 필요할까요?

악마 너구리 : 저는 개인 상담에서는 상담의 내용도 중요하지만, 학생이 자신의 상태를 거짓 없이 말할 수 있는 분위기를 만드는 것이 먼저라고 생각합니다. 그래서 겨울에는 핫초코, 여름에는 시원한 음료를 준비하거나, 간단한 과자를 준비해서 같이 먹으면서 상담했을 때

효과적으로 진행됐습니다. 저와 친해지기 어려워하는 남학생과는 학교 앞 가게에 가서 아이스크림을 사와 운동장 스탠드에서 상담을 했는데, 학생에게도 저에게도 굉장히 이색적인 시간이었습니다. 그 이후 그 학생과 저는 좀 더 친해질 수 있었고, 남은 시간 동안 별 문제없이 마무리 지을 수 있었습니다.

생활교육 알파고 : 저는 평소에 학생에 대해서 적어 두었던 관찰일지와 학부모 상담 주간에 부모님이 이야기한 것을 따로 적어 두었다가 개인 상담할 때 활용합니다. 아이들에게 미리 교우관계 조사서를 받아 두면 더욱 풍성해집니다. 때에 따라 과자 같은 간식과 음료도 마음을 여는 데 도움이 되었습니다.

왕국어 왕사부 : 사람 마음을 열고 기분 좋아지게 하는 데 필요한 건 역시 맛있는 음식입니다. 학교 예산으로 간단한 음식을 준비하면 선생님과의 만남 자체가 즐겁다는 분위기를 조성하여, 다른 문제로 상담할 때도 편한 마음을 갖게 할 수 있습니다.

냉정한 은갈치 : 상담 시 좋은 질문을 해야 한다고 생각합니다. 학생마다 좋아하는 것과 관심사가 다르고, 문제를 바라보는 시각이 다름을 인정하고, 그 학생의 성향에 맞는 질문을 준비합니다.

키다리 아줌마 : 사람을 바라보는 따뜻한 마음, 불쌍히 여기는 마음, 어여삐 여기는 마음 등 결국 교사의 마음 준비가 가장 중요하지 않을까요? 선생님도 완벽하지 않고, 빈틈 많은 사람이라는 것을 솔직하게 보여 줄 수 있는 용기도 조금 챙기고요. 인간 대 인간으로 만나면 지위, 연령, 성별을 불문하고 진술한 대화가 가능해집니다.

상담 시 피해야 할 것

작은 말실수에 '아차!' 했지만 점점 굳어지는 학생의 얼굴을 보면서 진땀 흘려 본 적 한 번쯤은 있을 겁니다. 이미 뱉은 말이라서 지울 수도 없고, 수습하기 위해 쓸데없는 말을 하면서 겨우 상담을 마무리했던 기억이 떠오릅니다. 이런 시행착오를 줄이기 위해 개인 상담 시 피해야 할 것은 무엇일까요?

왕국어 왕사부 : 상담에서는 학생을 이해하려는 노력을 충분히 보여 주고 공감해 주어야 합니다. 간단한 기술로는 학생의 눈을 마주 보고, 학생의 표정을 따라 하면서 고개를 끄덕이고, 하고 싶은 말을 충분히 들어주면서 학생이 더 할 말이 없을 때 교사가 말을 하는 거죠. 그런데 이런 방법은 교사에게 상당한 심적 소모를 일으키므로, 상담에 앞서 학생이 하고 싶은 말이나 억울한 점 등을 충분히 글로 써 보게 하고

(기록하여 지도하면 나중에 증거 서류로도 사용 가능), 그 글을 보면서 하나씩 짚으며 이야기 나누는 방법도 유용합니다.

악마 너구리 : 저는 묻지도 따지지도 않고 학생의 잘못을 지적하는 것이라고 봅니다. 보통 문제가 생겼을 때만 개인 상담을 요청하는 일이 많다 보니, 학생들은 교사가 상담을 요청하거나 "잠깐 이야기 좀 할까?"라고만 말해도 "제가 뭘 잘못했나요?"라고 묻곤 합니다. 그런데 교사가 학생을 불러 놓고 일장 훈계를 한다면, 과연 그 말이 귀에 제대로 들어올까요? 그래서 학생과 개인 상담을 꼭 해야 하는 상황이라면, 먼저 문제에 대해 객관적인 사실을 학생과 공유한 뒤, 그 문제에 대해 학생 본인이 생각하는 점, 그로 인해서 어떻게 행동했는지를 잘 듣고 함께 문제를 해결하는 것이 좋습니다.

키다리 아줌마 : 아이의 말과 행동으로 단정 짓기, 섣불리 판단하기, 가르치려 들기, 추궁하기, 유도 심문하기 등은 모두 학생을 존중하지 않는 방식입니다. 교사가 어른이고, 학생들보다 경험이 많고, 더 분명한 기준이 있고 옳으니까 이렇게 말하고 가르치는 게 당연하고, 학생은 이를 잘 받아들여야 한다고 여기며 강요하고 밀어붙이면 '답정너'가 될 뿐입니다. 학생의 마음의 문이 닫히면 교사와 소통할 수 없게 됩니다.

냉정한 은갈치 : 너무 훈계만 하면 안 됩니다. 자신의 잘못을 지적받다 보면 학생은 죄책감을 느끼게 되고, 상담이 빨리 끝나기만 바랄 뿐입니다. 그래서 먼저 학생의 생각을 존중하고 믿어 주는 마음이 필요합니다. 교사가 자신의 말을 경청하고 신뢰하고 있다는 느낌이 들어야 좋은 상담이 될 수 있습니다.

개인 상담 노하우

모든 상담이 미리 준비한다고 자연스럽게 해결되지는 않습니다. 이상하게도 유난히 힘들었던 상담, 그럼에도 그 힘든 상담을 슬기롭게 헤쳐 나가 문제를 해결한 상담 노하우는 무엇이 있을까요?

생활교육 알파고 : 공감 능력이 부족하고 힘을 많이 쓰던 학생과의 상담이 쉽지 않았습니다. 상황을 왜곡해서 자기중심적으로 판단하고, 억울해 하는 게 많은 학생이었는데, 적어도 선생님이 너를 나쁘게 보지 않는다는 인식, 네가 잘되도록 돕고 있다는 것이 전해지도록 애썼습니다. 그 덕분인지 학생에게 여러 번 절친이 생길 기회가 있었는데, 이 학생의 공감 능력 부족과 친구에 대한 집착으로 다 잘되지 않았습니다. 학부모도 이 점 때문에 많이 힘들어하고, 자녀가 부족한 것을 알고 있었습니다. 그런데 그 학생이 학년 말에 학교에 잘 안 나오

려고 해서 학부모가 학교에 찾아와서 서로 피해를 주었던 친구에게 직접 훈계하려고 했습니다. 자녀가 적응을 못하니 학부모가 평정심을 잃고 교사를 비난하고, 생활지도 방식을 문제 삼을 수 있는 위기 상황이었습니다. 다행히 평소 학부모와의 관계가 원만하고, 제가 학생을 위해 어떻게 해 왔는지 알고 있었기에 비교적 부드럽게 넘어갔던 기억이 납니다.

냉정한 은갈치 : 운동은 정말 잘하지만 힘이 약한 아이를 괴롭히거나 입에 욕을 달고 사는 학생이 있었습니다. 아무리 타일러도 안 되고, 상담도 통하지 않는 학생이었습니다. 그래서 방과 후에 그 학생과 농구를 하면서 유대감을 만들기 위해 노력했는데, 그 이후 전보다는 욕하는 빈도가 줄어들었습니다. 힘을 잘못 사용하는 학생은 자신의 존재감을 표출하기 위해 욕을 하는 경우가 많습니다. 교사와 학생들이 그 욕으로 상처를 받다 보니 감정적으로는 쉽지 않겠지만, 그 힘을 긍정적인 방향으로 공헌할 수 있는 특별한 기회를 만들어서 문제를 해결하는 것도 좋은 방법입니다.

키다리 아줌마 : 학생과 정서적으로 연결되는 것이 중요하므로 상담 시 편안한 분위기를 조성하고 친밀하게 대하려고 애씁니다. 그리고 아이의 말을 경청하고, "네 입장에서는 그럴 수 있었겠다."라며 있는 그대로 수용하고자 노력합니다. 상담을 시작할 때는 요즘 힘든 일이

있는지, 마음에 어떤 불편함은 없는지 물어보고요.

상담의 핵심은 경청과 공감입니다. 진심을 담은 경청은 학생의 응어리진 마음을 풀어 주고, 격하게 공감해 주면 그 학생의 마음을 얻게 됩니다. 그 후 "어떻게 되기를 바라?", "원하는 대로 상황이 바뀌려면 너는 뭘 하면 좋을까?", "선생님은 어떻게 도와줄 수 있을까?" 등의 질문으로 해결 방법을 찾기 위해 생각을 나누다 보면 함께 성장하는 시간을 만들 수 있습니다.

왕국어 왕사부 : 문제행동이라고 부르긴 하지만, 대부분은 성장 과정에서 자연스럽게 나올 수 있는 행동입니다. 보편적인 행동의 범주에서 예측 가능한 것도 있지만, 교사가 예측하기 어려운 행동을 하기도 하는데, 저희 모임에서는 이를 '낯선 행동'이라고 합니다. 교육은 학생을 위한 것이고, 교사가 그 학생의 행동을 잘 이해하지 못한 것이지 학생 자체가 이상한 게 아니라는 관점이지요. 한편으로 새로운 행동을 통해 생명체는 진화하고 사회가 발전하므로, 바람직한 방향으로 이끌어 주는 것이 교사의 역할이라 생각하고, 학생을 이해하려는 태도로 상담에 임하는 게 기본이라고 생각합니다. 학생의 가능성을 발견해서 이끌어 준다면, 더 크게 이바지하게 될 수 있지 않을까요?

정리 및 Tip

악마 너구리 : 수업 시 문제행동을 보이는 학생에게 화를 내는 것보다는 침착하게 학생에게 다가가 질문을 하거나, 함께 걸으면서 회복할 시간을 갖는 것이 좋음.

키다리 아줌마 : 진심 어린 경청과 공감을 통해 학생과 마음이 통하면, 해결의 방향으로 차근차근 나아갈 수 있음.

왕국어 왕사부 : 상담 전 학생에 관한 기록을 참고하고, 상담할 내용을 말로 나누기 전 글로 쓰게 해서 그 글을 분석하며 대화를 나누면 에너지 소모도 줄이고 문제의 본질에 접근하기 쉬워짐.

생활교육 알파고 : 문제 원인에 대해 섣불리 진단하는 것은 위험하며, 하나의 문제를 여러 사안에 연결 짓는 행위 역시 지양해야 함.

냉정한 은갈치 : 평소 학생들과 유대감을 쌓고, 학생의 기호와 선호를 알면 상담 시 깊은 대화를 이어 갈 연결고리가 됨.

2장
마무리

동 학년 교사들이 만나서 이야기할 때, 어떤 이야기를 가장 많이 할까요? 업무 이야기도 많지만, 역시 대부분은 학생들에 대한 것이죠. 오랜 시간 함께해서 그만큼 많은 추억이 있으니까요. 선생님에게 학생은 어떤 존재인가요?

"나에게 학생이란?"

왕국어 왕사부 : '나를 살리는 존재.' 학생이 없으면 나는 실업자니까요. 학생들 덕분에 내가 먹고산다는 마음으로 그들을 존중해 주면 마음이 좀 더 가벼워지기도 합니다. 물론 너무 심한 진상 고객은 제재해야겠지만요.

생활교육 알파고 : '나 자신을 비춰 주는 거울이자, 나에게 문제를 내주는 스승'이다. 아이들을 대하면서 나에 대해 깊이 이해하게 됩니다. 또 아이들은 제게 답 없는 문제를 계속 제시하고, 저는 그 답을 찾기 위해 계속 고민하고 찾아보고 적용하며 성장하게 되거든요.

키다리 아줌마 : '교사인 나를 바라보며 배우고 자라는 존재'라고 생각합니다. 그래서 늘 학생들이 나를 바라보며 얼마나 닮게 될까 두렵기도 합니다. 나의 영향력이 부디 선한 영향력이기를 바라며, 나 자신을 매일 다듬어 가야죠.

냉정한 은갈치 : 교직이라는 직장을 떠나지 않는 한 함께해야 할 대상이니까, '내 삶의 동반자'라고 생각합니다.

악마 너구리 : 저는 '알다가도 모르는 사람'이라고 생각합니다. 이 학생을 잘 알고 있다고 생각했지만, 종종 예상치를 벗어나는 행동에 깜짝 놀란 적이 많기 때문입니다.

3장

저를
꼭
믿으셔야 합니다

"선생님께 여러 번 전화하려다가 참았어요."

전화기 너머로 들리는 학부모의 한마디에 교사 역시도 할 말은 많지만 할 수 없는 슬픔과 억울함이 올라옵니다.

"선생님 덕분에 아이가 학교 다니는 것이 좋대요."

반면에 교사의 사기를 올려 주는 한마디도 있습니다.

교사도 사람인지라 학부모의 말 한마디에 사기가 꺾이거나 용기를 얻습니다. 학생의 성장을 위해서는 교육의 주체인 학생과 교사, 학부모가 신뢰를 바탕으로 협력해야 하는데, 교사와 학부모가 서로를 믿지 못하고 문제를 해결하려는 노력 없이 남 탓만 하고 있다면 어떻게 될까요?

한 신문 기사에 의하면 교사의 사기를 떨어뜨리는 원인 중 하나가 학부모의 민원 및 관계 유지의 어려움이라고 합니다. 과거에는 교사가 3월 반을 배정받으면 특별한 이유가 없는 한 일 년 동안 담임을 맡았는데, 요즘은 학부모 민원 때문에 담임교사가 바뀌는 일도 잦아지고 있습니다. 대부분은 초등학교에서 벌어지는데, 어린 자녀가 학교생활에 적응하지 못하는 이유를 담임교사 탓으로 돌리는 일부 학부모가 있기 때문입니다.

학생을 둘러싼 교사와 학부모의 불협화음은 학생의 성장을 더디게 할 뿐, 문제 해결에 전혀 도움을 주지 않습니다. 오히려 문제를 키워 누구에게도 도움이 되지 않는 나쁜 결말로 치달을 뿐이죠. 반대로 교사와 학부모가 협력하여 문제를 해결해 나갈 때 학생은 긍정적인 방향으로 성장하고, 서로에게 힘이 되기도 합니다.

학생의 성장을 위해 힘을 모아야 하지만, 한없이 멀게만 느껴지는 교사와 학부모의 관계, 어떻게 하면 신뢰를 쌓고 협력할 수 있을까요?

1
그들의 변신은
무죄

– 학부모와 관계 맺기가 어려워지는 이유

교사가 직접 얼굴을 맞대고 생활하는 것은 학생들이지만, 학생을 통해 교사의 말이 학부모에게 전달되거나 그 반대인 경우도 있으므로 간접적으로는 학부모와도 매일 만나고 있습니다. 그래서 교사는 수업이나 상담 중, 학생과 대화할 때, 이 말이 학부모에게 어떻게 전달될지, 그것을 학부모는 어떻게 받아들이고 해석할지 고민하면서 말하기도 합니다. 학부모의 민원이 무서워 정작 해야 할 말을 정확하게 전달하지 못하고, 어떻게 돌려 말할까 고민하다가 제풀에 지칠 때도 있고요. 교사를 고민하게 만드는, 학부모와의 관계 맺기가 점점 어려워지는 이유는 무엇일까요?

교사를 둘러싼 갈등의 원인

SNS 활성화로 인해 정보 공유가 쉽고 빨라지다 보니 그 어느 시대보다 소통이 활발해졌습니다. 그런데 교사의 발전이나 학생들의 성장을 위한 소통보다는, 다른 학교나 타 교사와 비교하며 교사의 교육활동을 비난하거나 과도하게 참견하는 등의 상황이 더 많아지고 있는 것이 현실입니다. 교사의 정당한 교육활동을 방해하는 학부모의 민원과 갈등이 점점 늘어나는 원인은 무엇일까요?

냉정한 은갈치 : 우선 학부모가 자신의 학창 시절에 촌지를 받거나 체벌했던 교사에 관한 부정적인 기억을 갖고 있어 교사를 신뢰하고 있지 않습니다. 게다가 요즘 학생들은 형제가 하나이거나 외동인 경우가 많아서 학부모의 관심과 기대도 높고요. 내 아이가 학교에서 교사로부터 존중받길 원하다 보니 학교에서 일어나는 사소한 일로도 민원을 제기하여 교육 전반에 보신주의가 팽배해 있습니다.

왕국어 왕사부 : 맞벌이 가정이 늘면서 자녀와 소통할 시간이 줄어들어 문제가 커지고 있습니다. 과거에는 조부모와 부모, 형제가 함께 교육을 담당했는데, 요즘은 어린이집이나 학원에 맡기게 되다 보니 정서적인 교류의 부족은 물론이고, 기본적인 양육비와 사교육비 부담이 커져 부모의 정신적 여유가 줄어들고 있어요. 이런 이유로 학생 교

육의 책임이 부모가 아니라 학교에 있다는 인식이 늘어, 학교도 부모에게 양육 서비스를 제공해야 하는 기관의 연장선에 놓이게 되었습니다. 그래서 학교에서 문제가 생기면 일차적으로 부모의 교육에 문제가 있는 것이 아니라 학교에서 잘못했다고 따지게 되는 것이지요.

악마 너구리 : 저는 IT 기술력의 보급도 영향을 미쳤다고 생각합니다. 휴대전화가 없던 시절에는 학부모가 교사와 상담하기 위해서는 학교 내선 전화를 이용하거나, 학교로 직접 찾아오는 것이 최선이었습니다. 그런데 지금은 휴대전화, 문자, 카톡, SNS까지 교사에게 연락할 수 있는 수단이 많아져서, 그만큼 학부모와의 간접적 소통이 늘고 있는 것이 가장 큰 문제입니다. 서로 얼굴을 보지 않고 이루어지는 간접 소통은 때로는 서로의 감정이 온전히 전달되지 않아 오해를 불러일으키기도 하고, 언제든지 쉽게 교사에게 연락이 가능하다 보니 교사가 하루 종일 퇴근하지 못하는 상황도 생깁니다.

또 제 학창 시절에는 학교에서 선생님께 혼이 났다고 집에 가서 이야기하면 부모님께 더 심하게 혼났던 기억이 납니다. 제 어머니라고 불만이 없지 않으셨을 텐데도, 선생님의 판단을 믿으셨기에 그랬을 테지요. 그래서 저는 선생님 말씀을 더 잘 따르려고 노력했습니다. 하지만 요즘 학부모는 과거 본인이 학교에서 당했던 불합리한 문제들이 내 아이에게는 대물림되지 않기를 원하다 보니, 자녀를 대하는 교사의 말과 행동 하나하나에 신경을 세우고 있습니다.

생활교육 알파고 : 이웃 나라 일본에서는 학교에 상식을 벗어난 어처구니없는 요구나 행동을 하는 부모를 '몬스터 페어런츠'라고 부릅니다. 사회적으로 얼마나 심각했는지 2008년에는 몬스터 페어런츠를 소재로 한 드라마가 방송될 정도였습니다. 우리나라 역시 학부모의 악성 민원으로 교사가 어려움을 겪고 있습니다. 사안과 관련된 법적 지식으로 무장하고 자신의 요구를 관철하는 것이 우리 사회의 큰 흐름이 되고 있는데, 학부모도 자신들의 요구를 적극적으로 드러내고 있습니다. 변화하는 시대의 흐름이기는 하나, 교사의 교육적 권한을 무시하고 무리하게 요구하는 학부모가 늘고 있다는 점이 우려스럽습니다.

키다리 아줌마 : 교사를 바라보는 학부모의 시선이 이전과는 사뭇 달라졌습니다. 높아진 교육 수준에 따라 학교교육에 기대하는 바가 있는데 교사의 교육활동이 탐탁지 않을 수 있습니다. 또 맞벌이 가정이 늘고 학부모의 교육열이 높다 보니 아이들은 방과 후에 다양한 사교육을 접하는데, 학생 돌봄 및 뒷바라지를 학원에 의존하면서 공부는 학원과 집에서 챙길 테니, 학교에서는 친구들과 사회성 기르고 잘 어울려 놀면 된다고 말하는 학부모도 보았습니다.

교사를 교육자로 인정하지 않는 사회 분위기

정보통신 기기의 발달로 학부모와 교사의 소통 창구가 다양해져 교사의 사생활이 쉽게 드러나고, 공과 사의 경계가 모호해졌습니다. 소통 창구가 늘면서 학부모의 요구도 많아졌는데, 그중 교사의 교육활동을 비난하거나 과도하게 참견하는 상황이 늘고 있습니다. 이러한 배경에는 교사를 교육자로 인정하지 않는 사회 분위기도 포함되어 있다고 볼 수 있습니다. 이런 현상의 원인은 무엇일까요?

냉정한 은갈치 : 사람은 좋은 것보다는 나쁜 것을 더 잘 기억합니다. 현재 학부모 세대는 학교와 관련하여 좋은 기억보다는 나쁜 기억을 더 많이 갖고 있습니다. 저도 학창 시절을 생각하면 단체 기합이나 체벌을 받던 모습이 가장 먼저 떠오르니까요. 이런 이유로 많은 학부모가 학교와 교사에 대해 긍정적인 인식을 갖고 있지 않습니다. 더불어 고학력 학부모도 많아지면서 지식 전달자로서 교사의 전문성을 인정하지 않기도 하고요.

생활교육 알파고 : 물론 교사와 신뢰 관계를 맺고 학생의 발전을 돕는 학부모도 많습니다. 그런데 종종 들리는 악성 민원의 원인을 찾아본다면, 현재 우리 사회가 공공 서비스를 제공하는 기관에 대한 신뢰가 낮다는 거예요. 합리적으로 요구하면 쉽게 해결되지 않고, 오히려

강하게 이야기하거나 큰소리로 요구해야 들어준다는 생각이 형성되어 있어 학부모도 학교에 자신의 요구를 강하게 전달하고 있습니다. 그리고 맞벌이 가정이 늘면서 바빠서 무관심한 학부모와 자녀를 과잉보호하는 학부모로 양분되고 있는 것도 원인입니다. 무관심한 학부모는 아이가 학교에서 뭔가 피해를 보았다고 여기면 평소 관심을 주지 못했던 것에 대한 죄책감으로 강하게 요구하고, 과잉보호하는 학부모는 내가 자녀를 제대로 보호하지 못해서 문제가 생겼다고 생각해 강하게 요구하게 된다는 거죠.

키다리 아줌마 : 학부모의 학력이 예전과 달리 고학력이고, 교육 관련 자격증이나 학위를 가진 분도 있다 보니 교사의 교육활동을 전문적으로 생각하지 않기도 합니다. 특히 초등 교사에 대해서는 '초등학교에서 가르치는 내용이 별 거 있냐. 나라도 하겠다.'라고 생각하는 경우가 꽤 있어 정말 안타깝더라고요. 참관 수업에 오셔서 '선생님이 여러 학생들과 애쓰시고, 학생들에게 필요한 것은 이런 것이구나.' 하고 생각하며 이해를 하면 좋을 텐데, 자기 관점에서 수업의 수준을 평가하거나 잘못된 점을 집어내기도 합니다.

초등 교육은 통합적·융합적인 측면이 강하고, 아이들의 삶과 연결하는 가운데 기본적인 것들을 탄탄히 길러 가는 것이 중요함에도 그러한 점들을 충분히 공감하지 못하죠. 한 교사가 여러 교과목을 맡아 가르친다는 점에서 중등과는 다르고, 아동기 발달 과정을 촉진하는 측면에서 전문가라는 인식이 부족한 것도 아쉬운 점입니다. 그래서 학부모가 시기별 교육목표와 추구하는 방향 등을 이해하고 교사들과 같은 관점을 가질 수 있도록, 교육적인 철학과 내용을 공유하는 것도 교사인 우리가 좀 더 챙겨야 하는 부분이라고 생각합니다.

지속적으로 교육활동을 방해할 때

학교와 교사를 둘러싼 신뢰도는 갈수록 떨어지는데, 역설적으로 학교를 보육의 중심으로 만들기 위한 돌봄교실, 방과후학교 등에 대한 요구는 점점 커지고 있습니다. 학교 보안관, 돌봄전담사 등 외부 인력의 투입이 늘면서 학교 공간 자체에 대한 신뢰는 있지만, 그 안에서 근무하고 있는 교사에 관한 신뢰는 높지 않은 것이 현실입니다. 수업 중 교실 뒤에서 동영상 촬영을 한다거나, 지속적으로 민원을 넣어 일 년에 담임을 4번이나 바꾼 사례도 있다고 하니 학부모와 교사, 학교 간의 갈등이 점점 늘고 있습니다.

교사를 향한 과도한 민원은 학생의 학습권과 교사의 수업권을 침해하여 교실 구성원 모두에게 피해를 주는 결과를 초래합니다. 자신이 근무하는 곳에서 본인의 안전이 보장되지 않는다면 교육활동이 원활하게 이루어질 수 있을까요? 학부모가 지속해서 교육활동을 방해한다면 교사는 어떻게 해야 할까요?

키다리 아줌마 : 학부모는 자신의 행동이 교육활동을 방해할 수 있다고 생각하지 못하고, 단지 자기 권리를 주장하는 정도라고 생각하는 경향이 강합니다. 그래서 학부모가 선을 넘었다고 판단되었을 경우에는 이러이러한 점이 불편하고, 이 부분은 교육활동을 책임지는 교사로서 존중받지 못한 듯하여 아쉽다고 분명하고 정중하게 이야기할 필요가 있습니다. 용기가 좀 필요한 일이긴 한데, 학부모가 본인이 한 행동이 정당한 권리 주장이라 생각했을지라도 교사의 말을 듣고 나면 '아, 내가 선생님 또는 상황을 지켜보고 있는 학생, 다른 이들에게 불편함을 끼쳤고, 내 행동이 정당하지 못할 수도 있구나.' 하고 불현듯 깨닫기도 합니다. 자신의 행동을 객관적으로 보게 되어 사과하거나, 좀 더 예의를 갖추려고 노력하는 학부모도 있었습니다.

자녀의 바른 교육을 위해서라면 교사와 교사의 교육관을 존중하는 것이 기본인데, 학부모도 사람인지라 자신의 감정이나 판단이 앞서다 보면 이런 기본을 놓치기도 합니다. 안타깝게도 교사도 과도한 민원이 생겼을 때 자신을 먼저 탓하다 보니, 교사로서 자신이 뭔가 능력이 부족하다고 생각하여 정당한 대처를 못 하기도 합니다. 이런 일로 교사는 상처를 받고, 심한 경우 정신적으로 트라우마를 가져 장기적인 교직생활에 악영향을 미칩니다. 이럴 때는 교사 혼자 감당할 것이 아니라, 옆 반 선생님 그리고 관리자에게 도움을 요청하여 확실하게 대처해야 합니다.

생활교육 알파고 : 다른 면으로는 '그 학부모는 왜 그런 행동을 할까?' 하고 이유를 알아보는 것도 중요합니다. 학부모가 정말 바라는 것이 있는데 관철이 안 되니까, 본인 나름의 합리적인 방어이자 정당한 요구라고 생각해서 그렇게 행동하는 것일 수도 있습니다. 그래서 '이 정도면 내가 감당하기에는 너무 과하고 심각하다.'는 생각이 들면, 혼자서 끙끙 앓지 말고 주변 동료 교사와 관리자에게 도움을 요청하고, 교육청의 교육활동 보호 변호사의 자문을 받아 어떻게 대응할 수 있는지 좀 더 알아보면 좋겠습니다.

왕국어 왕사부 : 이런 일들이 너무나 심각해서 임계점에 다다라 「교원지위법」 강화로 이어졌습니다. 그리고 학부모의 교육활동 방해가 공무집행 방해, 협박죄, 모욕죄, 명예훼손, 폭행, 손괴 등으로까지 일어날 수 있습니다. 법적인 면을 정확하게 알고 증거 수집하는 방법부터 익혀 두면 좀 더 의연하게 대처할 수 있습니다.

냉정한 은갈치 : 대화로 풀 수 없을 정도로 학부모에 의해 교권이 심각하게 침해당했을 때는 교권보호위원회를 요청해야 합니다. 행정적으로 교권보호위원회가 왜 필요한지 보험 회사에 확인해 보니 교권 보험의 혜택을 받기 위해서는 교권보호위원회를 열었는지 여부가 쟁점이었습니다. 그리고 교권 침해 특별휴가 5일과 공무상 병가 180일을 사용할 수 있습니다. 일반 질병 휴직은 1년, 최대 2년이지만, 공무

상 질병 휴직은 3년까지 가능하므로 교권보호위원회를 열어서 교권
침해를 인정받았는지가 상당히 중요한 사항이 됩니다.

학부모와 교사의 관계 개선을 위한 솔루션

사람 간 관계에서 가장 중요한 것은 소통이며, 학생의 성장을 위해
학부모와 교사가 협력하기 위해서라도 소통은 가장 중요합니다. 그리
고 학부모와 교사의 관계 개선을 위한 솔루션이 필요합니다. 학부모와
교사의 관계를 회복하려면 어떻게 해야 할까요?

키다리 아줌마 : 학교와 가정에서 일관성 있는 교육이 이루어질 수
있도록 학부모와 꾸준히 소통하며 신뢰를 쌓아 나갈 필요가 있습니
다. 얼마나 잘 가르치나 판단하며 공격하거나, 또 이에 대해 방어적으
로 반응하기보다, 학생의 성장을 위해 가정과 학교가 협력하는 파트
너가 되어야죠.
또 안 좋은 일이 생겼을 때만 연락하면 교사의 연락에 부정적 인식이
생길 수 있으므로, 평소 학생에게 있었던 일들을 학부모도 알 수 있도
록 평소에도 자연스러운 소통을 할 필요가 있습니다. 그리고 문제가
생겼을 때 학부모에게 "학생을 혼내는 것보다 긍정적인 방향으로 나
아가기 위해 함께 노력해 주셔야 한다."고 요청하고 구체적인 방법을

제시하는 것도 좋습니다. 지속적인 소통과 대화 속에서 교사만의 전문성을 드러낼 때, 비로소 학부모도 교사를 인정하고 협력할 수 있습니다. 이 과정에서 내 자녀를 위해 교사가 세심히 살피고 노력한다고 느낀다면 저절로 존중해 줄 거라고 봅니다.

생활교육 알파고 : 교사와 학부모는 아이의 성장과 발달을 위한 한 팀이며, 교사는 한 학급을 운영하는 교육 전문가, 학부모는 한 아이의 양육 전문가로 서로 존중하며 협동심을 발휘해야 합니다. 교사와 학부모가 서로에게 필요한 정보를 공유하면 학생을 이해할 수 있는 폭이 넓어지고, 그만큼 학생은 학교생활에 잘 적응합니다.

다음으로 교사만의 전문적인 지식과 구체적인 해결책이 필요합니다. 예를 들어, 학부모가 "우리 아이가 12월에 태어나서 발달이 좀 늦어 걱정된다."라고 얘기하면 걱정하는 학부모의 마음에 우선 공감하고 '월령 효과'에 대해서 구체적으로 설명해 줍니다. 그리고 교사로서 바라본 학생의 장점을 이야기해 주고, 좀 늦는 부분은 학교와 가정에서 어떻게 이해하고 도와줄 것인지 의견을 나누면 좋겠지요. 교사는 교육 전문가임을 잊지 말아야 합니다.

왕국어 왕사부 : 선진국에서는 학부모가 교사를 직접 만날 수가 없습니다. 학생이 결석하거나 문제가 생겨도 교사에게 직접 연락할 필요 없이 행정적인 것은 행정 인력이 담당하고, 상담이 필요하다고 해도

일정 절차를 거쳐야지 담임교사나 수업 교사에게 직접 연락하는 일은 거의 없습니다. 최근 서울시교육청에서 교사에게 업무용 휴대전화를 지급한다고 했는데, 이보다는 학부모가 교사에게 직접 연락해서 영향을 끼칠 수 없는 체제를 만드는 것이 더 중요합니다.

 정리 및 Tip

악마 너구리 : 다양한 SNS가 활성화하면서 학부모가 교사의 사생활을 자주 볼 수 있고, 학부모와 교사 사이의 경계가 무너지고 있음.

키다리 아줌마 : 요즘 학부모는 고학력인 경우가 많고, 자녀의 학습은 사교육에 의존하고 학교는 아이의 사회성을 기르고 어울려 노는 곳이라는 인식을 가짐.

왕국어 왕사부 : 학부모가 자신의 학창 시절을 통해 교사에 대한 부정적인 경험을 갖고 있어 교사를 불신함.

생활교육 알파고 : 사회가 급변하다 보니 학부모도 두려움이 크고, 자신의 자녀를 위해 학교에 막무가내로 요구하는 몬스터 페어런츠가 되어 감.

냉정한 은갈치 : 학부모가 교사에 대해 나쁜 인식을 갖고 있고, 자신의 의견을 자유롭게 개진하는 사회 분위기에 따라 학교에 대한 학부모의 요구도 늘고 있음.

2
위치만
다를 뿐인데

– 학부모와 교사는 왜 서로를 불편하게 생각할까?

교사를 바라보는 사회와 학부모의 시선 변화는 학교 현장에 큰 영향을 미쳤습니다. 교직을 학생에게 교육 서비스를 제공하는 종사자로 생각하는 경향이 짙어졌습니다. 그래서 자신이 원하는 것을 거침없이 요구하고, 불편한 점을 성토하는 대상으로 생각해 학부모와 교사 간 갑을관계를 형성하는 현상으로도 나타나고 있습니다.

교사에 대한 학부모의 인식 변화와 함께 교사에게도 많은 변화가 있었습니다. 학부모의 민원이 증가하면서 학부모를 자신의 교육활동을 방해하는 대상으로 인식하고 멀어지게 만드는 결과를 초래한 것이죠. 학생의 성장이라는 같은 목표를 갖고 있는 학부모와 교사는 왜 서로 불편해 하는 걸까요?

키다리 아줌마 : 어느 정도 서로가 부담스러운 관계입니다. 학부모는 자식을 맡겨 놓은 입장에서 교사에게 흠 잡히기 싫고, 내 자식이 학교에서 충분히 인정받고 사랑받았으면 하는 마음이 크죠. 아이가 좀 더 잘하고 돋보였으면 하는 게 부모 마음인지라, 그 안에 늘 욕심과 불안이 작용하고요. 그러다 보니 내 아이가 친구들과 잘 못 지내거나 공부를 못했을 때 이를 학교나 교사의 탓으로 돌리며 지나친 요구를 하기도 합니다. 하지만 많은 학생을 맡은 교사는 학급 전체를 책임져야 하는 상황이기에 그런 학부모의 기대와 요구가 부담스러울 수밖에 없습니다. 또 학교나 교사가 바라보는 교육의 가치와 방향이 학부모가 추구하는 방향과 달라 부딪히는 경우도 있습니다.

왕국어 왕사부 : 학부모도 교사를 대하는 것이 어렵겠지만, 솔직히 이제는 교사가 학부모를 대하는 것이 무서워진 시대입니다. 학부모의 간섭이 단지 기분 나쁜 수준을 넘어서 민원이나 소송으로 이어져 징계를 받거나, 심하면 교사를 못 하게도 될 수 있다고 인식하여 상당한 스트레스를 받고 있습니다. 오죽하면, '내가 선생님은 될 수 없지만, 선생님을 그만두게는 할 수 있다.'고 말하는 학부모도 있습니다. 대부분의 학부모는 교사가 내 아이에게 끼치는 영향이 크다 보니 될 수 있으면 좋은 관계를 유지하고 싶어 하지만, 자신이 교사를 위협해야 내 아이에게 함부로 하지 않고 잘할 것이라는 비합리적인 신념을 가진 소수의 학부모도 있어서 교사는 힘이 듭니다.

생활교육 알파고 : 학부모 중에 전인교육을 중심으로 하는 공교육보다 사교육을 더 신뢰해. 학교에서는 집단생활의 사회성을 기르고 공부는 학원에서 한다는 인식을 가진 분들이 있습니다. 또 학부모는 학교에서 친구들과 어울리는 모습이 집에서와 비슷할 것으로 생각하는데 일치하지 않는 경우가 많습니다. 그래서 학생의 학교생활에 관해서 얘기하면 "우리 아이는 집에서는 안 그래요."라고 말하며 당황스러워하죠.

학부모와 교사의 불협화음

교육이 원활하게 이루어지기 위해서는 학생과 교사, 학부모가 유기적으로 도움을 주고받는 관계를 유지해야 하는데, 교사와 학부모가 서로를 부담스러워하면서 협력이 이루어지지 않는다는 이야기가 주위에서 종종 들립니다. 학부모 상담 주간만 되면 교사는 학부모에게 어떤 이야기를 할지, 학부모는 교사에게서 어떤 이야기를 들을지 불편해 하면서 효과적인 상담보다 방어적인 상담이 이루어지는 것이 현실입니다. 서로에게 책잡히기 싫다는 것이 가장 큰 원인이겠지요. 그렇다면 학부모와 교사가 서로를 불편하게 생각하는 이유는 무엇일까요?

학부모를 어려워하는 교사들

키다리 아줌마 : 학부모가 바라보는 시선이 '판단'과 '지적'이라 생각될 때 많이 부담스럽고 어렵습니다. 교사는 기대치 높은 학부모에게 책잡히지 않으려고 애쓰면서도 언제 들어올지 모르는 공격에 대해 방어적인 태세를 갖기도 합니다. 교사 역시 공감과 이해의 대상으로 바라봐 주면 좋은데 현실은 그렇지 않으니까요. 지지의 시선보다 평가의 관점으로 바라본다면 누구라도 부담스럽겠지요. "선생님이 이 정도는 해 주셔야죠.", "누구 반 선생님은 좀 그렇더라." 등 마치 교육 서비스를 맡긴 수요자 입장을 견지하다 보면 이런 어려운 관계는 풀리지 않습니다.

그리고 교사가 공무원으로서 누리는 혜택과 지위가 부러움과 질시의 대상이 되기도 합니다. 때로는 교사의 의상이나 머리 스타일 등 외적인 것들에 대한 품평, 배우자 직업 등 개인적인 부분까지도 구설수에 오르기도 합니다. 과도한 사생활 언급과 관심은 정말 감당하기 힘듭니다. 학교 행사 시 학부모들이 모여 수군대면서 바라보는 시선에 흡사 동물원 원숭이가 된 듯한 느낌을 받은 적도 있습니다.

악마 너구리 : 저는 학교라는 직장이 갖는 특수성 때문이라고 생각합니다. 교사도 직장인이다 보니 퇴근 후 집에 돌아가면 또 다른 세상이 펼쳐집니다. 학교에서는 교사이지만, 퇴근하면 한 가정의 부모이거나 누군가의 배우자, 아니면 자신만의 시간이 필요한 지친 직장인의

모습인 것이죠. 그런데 갑자기 8시 전후에 전화벨이 울린다면 어떨까요? 심지어 카톡으로 수시로 연락하는 분들도 있다고 하니, 그 교사의 고충에 공감이 됩니다.

교사도 사람이고, 직장인입니다. 자신만의 영역이 있고, 본인만의 가치관이 있죠. 그런데 학생은 여러 명이고, 학부모까지 합하면 더욱 많은 사람을 혼자서 감당해야 합니다. 학부모의 숫자만큼 다양한 요구와 바람을 수용하고 있다고 볼 수 있죠. 그래서 교사는 더욱 자신만의 교육철학과 가치관을 정립하고, 그것을 기반으로 교실을 이끌어 나가는 것이 중요하다고 생각합니다.

왕국어 왕사부 : 일제 강점기나 군사 정권 시대의 교사는 상부의 지시를 국민에게 전달하는 역할이었기 때문에 정권의 권력을 위임받은 역할을 했습니다. 그런데 민주화가 진행되고 정부 각층의 권력형 부조리가 비판받고 개선되면서 학교도 그 대상이 되었죠. 특히 대표적인 공무원 조직으로 여기기 때문에 언급하기도 쉽고, 민원이나 소송의 대상이 되기도 쉬운 면이 있습니다. 이런 이유로 교사의 징계를 요구하거나 손해배상청구, 민형사상 책임 등을 묻기도 점점 쉬워지고 있습니다. 따라서 자신의 지위에 위협을 가하는 학부모는 교사에게 두려움의 대상이 될 수밖에 없게 된 것입니다.

생활교육 알파고 : 여러 가지 이유가 있겠으나, 교사가 다양한 사람

들을 만나 보지 못해서 그런 이유도 큽니다. 특히 교대의 경우 균질한 교사 집단만 상대하고, 점점 교사인 친구만 만나는 경향이 있습니다. 다양한 사람들을 만나고 갈등 국면을 겪게 되면 인간에 대한 이해의 폭이 넓어져서 학부모 대하기가 좀 나을 텐데, 교사의 대인관계 경험상 그렇지 못하지요.

그리고 기본적으로 교사는 학부모 만나는 것이 어렵습니다. 그런데 교사는 일 년마다 새로운 학부모를 만나야 하니 낯설고 힘든 것이 정상이지요. 신뢰 관계가 형성되기도 전에는 어색하고 때로는 사소한 갈등을 겪을 수도 있습니다. '저 학부모 이상하네. 왜 그러지?' 하고 생각하거나 '내가 무슨 실수를 했을까?' 하고 자책하지 말고 서로 불편한 게 정상이라고 생각하면 도움이 됩니다. 학부모 상담 주간에는 교사나 학부모 모두 스트레스를 받습니다. 간혹 상담 결과가 원치 않는 방향으로 흘러가면 부정적인 인식을 하게 됩니다. 특히 전화 상담을 할 때는 서로 얼굴을 보지 않기 때문에 교사나 학부모가 원하는 방향으로 진행되지 않기도 해서 관계가 나빠지기도 합니다.

냉정한 은갈치 : 일단 학부모와 의사소통할 기회가 많지 않습니다. 일 년에 학부모를 만나는 경우는 교육과정 설명회가 있는 날이나 상담 주간, 학부모 공개 수업 외에는 흔치 않습니다. 학부모 입장에서도 자녀를 통해서 듣는 이야기 말고는 교사와 유대 관계가 없습니다. 이러한 상태에서 자녀가 교사에게 부당한 대우를 받았다고 판단되거

나, 학급에서 친구 관계에 문제가 발생했을 때 비난의 화살은 담임교사에게 향합니다. 요즘 학부모는 자녀의 일을 자신의 일로 받아들이는 경향이 짙습니다. 그래서 더 크게 분노하고 학부모 민원으로 이어지기도 합니다.

학부모가 교사를 어려워하는 이유

키다리 아줌마 : 초등에서는 저학년 학부모의 경우 더 어렵고 조심스러운 마음을 갖는 편입니다. 아이가 아직 어리기 때문에 담임선생님이 아이에게 미치는 영향력이 크거든요. 내 아이를 좀 더 좋게 봐 주고 예뻐해 주었으면, 칭찬해 주었으면 하고 바라는데, 아이가 조금이라도 혼나거나 기가 죽을 일이 생기면 너무 속상한 거죠. 인정 욕구가 부모부터 강하게 작용하고, 그것에 의존하다 보니 아이가 인정받지 못한다고 생각하면 교사에 대한 신뢰도가 떨어지기도 하고요.

또 교사는 학생에 대한 평가권을 갖고 있다 보니 잘못 보였을 때 내 아이에게 불이익이 있지 않을까 염려해서 조심스러워하는 경향도 있는 듯합니다. 초등이야 그런 부분을 별로 개의치 않지만, 중고등학교의 경우에는 내신 반영과 관련되어 있어 조심스러운 거죠.

생활교육 알파고 : 인간의 뇌 구조상 어머니의 쾌락 중추를 살펴보면, 자녀가 잘하면 본인이 잘한 것처럼 동일시하는 경향이 있습니다. 그런데 문제는 자녀가 잘못해도 자신이 잘못한 것처럼 동일시한다는

것입니다. 한마디로 아이가 잘못한 것인데, 자신이 잘못해서 혼난 것처럼 느끼고 교사에게 부정적인 감정을 갖게 됩니다.

교사 입장에서는 고심 끝에 겨우 한 전화이지만, 학부모 입장에서는 정말로 피하고 싶은 전화일 수 있습니다. 본능적으로 아이한테 무슨 문제가 있어서 학교에서 전화가 왔나 하고 놀라게 되지요. 교사가 아이의 잘못을 이야기하면 자신이 지적당한 걸로 느끼고 공격과 회피가 동시에 나올 수 있습니다. "우리 애가 그러는데 선생님이 자기를 미워한대요.", "우리 애가 작년에는 안 그랬는데…….", "선생님이 아직 애를 안 낳아 보셔서 모르시는 것 같은데……."식으로 교사를 비난하면서 담임교사의 연락을 계속 안 받으려 합니다. 교사 입장에서는 학부모에게 아이의 상황을 전할 수밖에 없는데, 그렇다고 말하면 학부모가 교사를 공격하거나 회피하니 참 난감한 상황이지요.

냉정한 은갈치 : 생활교육 알파고 선생님 의견에 동의합니다. 학부모는 자녀가 자신의 거울이라고 생각합니다. 그래서 자녀가 교사에게 비난받으면 자신이 비난받는 기분이고, 자녀가 친구 관계가 틀어지면 동일시되어 가슴이 찢어집니다. 그렇기 때문에 교사가 비난보다는 격려해 주길 바라고, 교우 관계가 틀어졌을 때는 교사가 적극적으로 개입해서 해결해 주길 바랍니다.

악마 너구리 : 교사가 학부모를 어려워하는 이유와 마찬가지로, 학부

모도 교사를 어려워합니다. "우리 아이가 제 말은 안 듣는데 선생님 말은 잘 들어요."처럼 아이에게 긍정적이든 부정적이든 큰 영향을 미치는 것도 있고, "왜 저희 아이한테만 그렇게 하시죠?"처럼 자녀와 자신을 동일시하여 교사의 꾸지람을 본인에게 한 것으로 이해하기도 합니다. 그리고 자녀에 관한 이야기에 본인의 감정을 이입하여 반응하기도 합니다. 자녀의 문제로 자신이 학교로 가야 한다는 불편함도 교사를 어렵게 생각하는 원인이라고 봅니다.

교사와 학부모의 관계 재정립하기

학생과 교사 사이에 안전거리 혹은 적정 거리가 존재해야 하듯이 교사와 학부모 간에도 적절한 거리가 필요합니다. 그런데 사람마다 타인과의 관계에서 필요하다고 생각하는 적정 거리가 다릅니다. 효과적인 협력을 위한 교사와 학부모 간 적정 거리는 어느 정도일까요?

생활교육 알파고 : 교사마다 다르겠지만, 적어도 꼭 필요할 때 소통은 해야 한다고 봅니다. 예를 들어, 학생이 계속 지각하는데 학부모에게 연락을 안 하거나, 학교에서 친구들에게 계속 피해를 주는데 전화해 봐야 학부모가 싫어할 것 같으니 연락을 안 하면 나중에 더 큰일이 터져서 쉽게 해결하기 어려워집니다. 그래서 저는 두 달에 한 번 정도

는 학부모와 2~3분 정도 통화하거나, 문자 메시지를 보냅니다. 평소에 조금씩 소통해 두면 나중에 힘든 일이 생겨도 비교적 쉽게 풀어낼 수 있고, 교사도 학생에 대한 정보를 얻어서 보다 객관적으로 이해할 수 있어서 생활지도하는 데 도움이 됩니다.

쉽지 않지만 교사가 학부모를 적절하게 교육할 필요도 있습니다. 학부모는 교육의 주체이기도 하면서, 동시에 교육의 대상입니다. 단, 저도 학부모 상담을 하고 부모 교육을 하면서 배우고 성장하기에, 때로는 학부모가 제 스승이 되기도 합니다. 교사와 학부모는 동반 성장의 관계이자 한 팀인 것이죠.

왕국어 왕사부 : 민주사회이므로 학부모가 궁금한 것을 학교에 묻고, 필요한 의견을 개진할 수 있습니다. 다만 그것이 너무 심하다 보니 교육활동에 지장을 줄 정도가 된 것이죠. 그래서 학교 차원에서 민원 전담 창구를 만들어 해결하는 정책적인 뒷받침이 필요하다고 생각합니다. 예를 들어, 호주나 캐나다는 결석 일수 세고, 서류 정리하고, 나이스 입력하는 일은 행정 인력이 전담합니다. 이렇게 서로 불편한 일은 담임교사 말고 행정 인력을 통해 연락하는 것이 학부모 입장에서도 부담이 덜하리라 봅니다.

키다리 아줌마 : 학생의 성장을 위한 협력 관계를 만들기 위해 너무 멀지도, 또 너무 가깝지도 않은 관계를 유지하는 것이 필요하다고 생

각합니다. 문자나 카톡 등을 활용하여 학생의 긍정적인 면에 대해 피드백하는 등 학생의 생활을 공유하면 서로 도움이 되지요. 자칫 교사와의 소통이 너무 편안해지면 선을 넘어 교사가 지칠 수도 있으니, 연락 가능한 시간이나 횟수 등에 대한 가이드라인을 정해서 미리 학부모에게 인지시키는 것도 필요합니다.

냉정한 은갈치 : 교사와 학부모는 학생이 필요한 지식과 삶에 필요한 덕목을 갖춘 사람으로 성장할 수 있도록 조력하는, 공동의 목표를 가진 동반자적 관계를 유지해야 합니다. 학생이 성장하기 위해서는 사다리가 필요합니다. 사다리의 왼쪽은 부모, 오른쪽에는 교사가 있고, 부모와 교사를 연결해 주는 것이 학생입니다. 교사는 학교라는 공간에서 학습과 사회적 기술을 가르치는 존재이고, 부모는 가정에서 아이를 보육하며 사회적 기술을 가르치는 존재라는 것을 서로 인정해 주고 지지해 줘야 합니다.

악마 너구리 : 서로의 역할에 대한 존중도 필요합니다. 학생의 발전을 위해 부모가 할 수 있는 일이 있고, 교사가 할 수 있는 일이 있는 것처럼 서로의 영역을 존중한다면 더욱 건강한 관계로 발전하지 않을까요?

정리 및 Tip

악마 너구리 : 교사는 자신을 교육 서비스를 제공하는 사람으로 보는 학부모가 불편하고, 학부모는 자신의 자녀를 바꾸려 하는 교사가 불편할 수 있으므로 학부모와 교사가 관계를 잘 유지하기 위해서는 서로 노력해야 함.

키다리 아줌마 : 교사는 다수의 학생을 상대하고 있는데 그러한 특수성을 학부모가 놓치기 쉬움. 학부모와 교사는 학생의 성장을 위해서 협력하는 관계가 되어야 함.

왕국어 왕사부 : 학부모의 요구가 지나쳐 교사를 곤란하게 만들기도 하고, 교사가 학교생활기록부를 쓰기 때문에 학부모 입장에서는 어렵게 느끼기도 함. 교사는 학생에 대한 긍정적인 면을 관찰하고, 학부모에게 자녀에 대한 긍정적인 피드백을 전해 줘야 관계가 부드러워짐.

생활교육 알파고 : 학생에게 문제가 있다고 이야기하면 학부모는 자신의 문제로 여기고, 교사가 전화를 하면 좋은 일이 아닐 확률이 높기 때문에 불편해 함. 따라서 학부모와 교사는 예방적인 상담을 할 필요가 있음.

냉정한 은갈치 : 학부모와 교사는 수평적 관계를 유지하면서 학생이 학습뿐 아니라 사회적 기술을 갖춘 어른으로 성장할 수 있도록 도와주는 관계가 되어야 함.

3
너와 나의 연결고리

– 관계의 시작은 공감

발령 초 학생의 문제행동을 이해하지 못하고 있을 때 한 선배 교사가 아이를 낳아 보면 학생들을 좀 더 이해할 수 있을 거라고 이야기한 적이 있습니다. 그 당시에는 크게 공감하지 못했는데, 부모가 되어 보니 어떤 의미였는지 조금씩 이해되더군요. 학생들이 왜 그런 행동을 하고, 상식적이라고 생각하는 것도 왜 이해하지 못하는지, 사소한 것도 왜 도와줘야 하는지 그제야 알게 된 거죠. 또 학부모가 되어 보니 그 당시 학부모가 왜 그렇게 행동할 수밖에 없었는지, 교사의 말과 행동을 자녀를 통해 듣고 어떻게 생각했을지 역시 이해되었습니다.

교사와 학부모의 관계는 학생의 성장을 위해 교육한다는 점에서 공통점을 갖고 있습니다. 같은 목표를 가진 교사와 학부모가 원활한 관계를 맺기 위해서는 서로의 역할을 이해하고 공감할 필요가 있습니다. 공감에서 시작되는 교사와 학부모의 관계를 만들기 위해서 어떤 노력을 해야 할까요?

냉정한 은갈치 : 교사는 학부모의 악성 민원을 두려워하고, 학부모는 교사가 자녀에게 나쁜 영향을 미칠까 봐 두려워합니다. 어떻게 보면 각자의 방식으로 의사소통하는 셈인데, 문제는 서로의 의사소통 방식을 두려워하고 있는 것입니다. 그만큼 의사소통에 대한 경험이 부족하다는 것이므로, 교사와 학부모의 관계 형성을 위해서 가장 노력해야 할 점은 서로를 배려한 의사소통입니다.

키다리 아줌마 : 서로 존중해 주어야 합니다. 교사는 지금까지 아이를 양육해 온 부모에 대해 존경하는 마음을 갖고, 학부모 역시 교사의 역할과 영향력을 생각하며 아이가 잘 배워 갈 수 있도록 교사를 존중해 줘야 합니다. 서로가 아이에게 중요한 역할을 하는 존재라는 것을 공감하면 대화와 소통도 쉬워집니다.
또한 학부모와의 소통이 교사의 중요한 임무이므로, 교사가 그것을 감당할 수 있는 여유를 가질 수 있게 학교의 지원과 장치가 필요합니다. 교육의 첫 단추를 끼우는 상담 주간에는 다른 일정을 잡지 않고 교사들이 시간적 여유와 에너지를 유지하도록 배려해야 합니다.

왕국어 왕사부 : 학부모와 적극적으로 소통한다고 이것저것 너무 많은 서비스를 제공하면 나중에는 교사가 지칠 수 있습니다. 학기 초나 수학여행, 수련회 등 특별한 이벤트가 있을 때, 학생들이 안전하게 잘 있고 즐겁게 활동하는 모습을 사진 찍어 학급 카페 등에 전송해 주는 것 같은 작은 배려만으로도 학부모와 공감할 수 있는 효율적인 매개체가 될 수 있습니다.

생활교육 알파고 : 원활한 소통을 위해 학급 커뮤니티를 운영하고, 학생이 몸이 아파 늦거나 결석한다는 문자 메시지가 올 때 위로와 쾌유를 기원하는 답변을 보내는 등의 작은 실천을 합니다. 그리고 학기 초에 학교 홈페이지에 있는 자료가 아닌, 저만의 교육철학과 학급운영 계획을 담은 편지를 가정으로 보내면 담임교사에 대한 학부모의 신뢰를 높일 수 있습니다.

악마 너구리 : 교사가 학교에서 할 수 있는 교육과 학부모가 가정에서 할 수 있는 교육을 구분하여 서로의 영역을 존중하고, 과제를 분리하려는 노력이 필요합니다. 또 교사나 학부모가 서로를 바꾸려 하지 말고, 현실적인 범위 안에서 할 수 있는 최대한의 노력을 기울일 수 있도록 공감하고 귀 기울이는 여유가 필요합니다.

공감으로 문제를 해결한 사례

학생과 학부모와의 관계는 작은 공감만으로도 긍정적인 관계로 나아갈 수 있습니다. 해결하기 어려워 보였던 갈등이 공감을 통해 해결된 경험이 있나요?

생활교육 알파고 : 학교에서 장애인용 엘리베이터를 탄 뒤 아파서 그랬다고 거짓말한 학생이 있어서 계단으로 걸어 내려가도록 지도했더니, 어머니가 전화해서 화를 내며 교장을 만나겠다고 소리치고 전화를 끊었던 경험이 있습니다. 이 문제로 교감선생님과 언쟁하다가 다른 갈등으로 번지기도 했죠. 그런데 통화 중 병원에 급히 가려 했다는 것이 기억나서 '오늘 매우 바쁘셨겠다.', '아이가 내려오지 않아서 마음이 급하셨겠다.'고 공감의 메시지를 보내고, '따로 뵙고 이야기 나누면 좋겠다. 제가 찾아가 뵐 수 있다.'고 메시지를 보내자, 죄송하다는 메시지와 함께 본인이 순간 울컥한 것 같다면서 자녀를 잘 지도하겠다는 메시지를 보내 줘서 잘 마무리되었던 기억이 납니다.

키다리 아줌마 : 장애가 있는 자녀로 인해 늘 염려가 많고 예민한 학부모가 계셨습니다. 학년 초부터 수시로 통화하곤 했는데, 어느 날 퇴근 후 아이의 자리 배치가 못마땅하다고 전화를 하셨어요. 예전에 아이가 ○○을 안 좋아하고 불편해 하니 짝꿍은 피해 달라고 요청한 적

이 있었는데, 제가 같은 모둠으로 배치했다면서 "어떻게 자기가 사정한 것을 무시하고 그렇게 배치할 수 있느냐"며 따지셨죠. 제가 처음부터 속상하셨을 학부모의 마음에 공감했으면 문제가 커지지 않았을 텐데, 제 주장을 하다가 3시간이나 통화하게 되었어요. 문득 문제 해결을 위해서는 그 마음에 공감을 해야겠다는 생각이 들어서 "아이가 ○○이랑 모둠이 되어서 상처받거나 잘못 지낼까 봐 염려되신 건데, 제가 그 맘을 몰랐네요."라고 말씀 드렸더니 감정이 정리되었던 기억이 납니다. 공감의 중요성을 크게 느낀 사례였습니다.

악마 너구리 : 작년에 담임했던 학생이 학교폭력 가해자로 지목된 뒤, 학생의 어머니가 본인과 학생이 부당하게 공격받고 있고, 누군가의 도움이 필요하다고 생각해 제게 전화하셨습니다. 자녀를 지키고 싶은 마음은 이해하지만 감싼다고 문제가 해결되는 것이 아님을 안내하기 위해 "어머님이 ○○의 상황이 걱정되고, 공격받고 있다고 느끼는 것은 공감합니다. 작년 담임으로서 저도 매우 당황스럽고 안타깝습니다. 하지만 현재 ○○의 문제는 이미 피해 사실이 확실하고, 피해자의 생각에 따라서 학교폭력위원회에서 다뤄질 수 있어요. 지금은 학교폭력위원회를 열지 못하도록 ○○을 감싸고 문제를 덮는 것보다, 학교폭력위원회의 징계를 수용하고, 현재 ○○의 마음속에 있는 문제를 해결하는 것이 가장 중요해요. 학교 상담교사를 통해서 개인 상담을 받고, 필요하다면 더 전문적인 상담으로 연계하여 이번 기

회에 문제를 궁극적으로 해결해야 해요. 저와 어머님 모두 ○○을 믿으니까 ○○의 긍정적인 발전을 위해 같이 노력해야 해요."라고 전달했습니다. 이후 학교폭력위원회의 결정을 받아들이고, 그 학생의 회복을 위해 노력하고 있다고 하시더라고요.

왕국어 왕사부 : 다른 교과 선생님과 학생 사이에 불화가 생길 경우 "○○이 장점이 많은 아이이고 저도 참 예뻐했는데, 제가 할 수 있는 한 올바로 성장할 수 있도록 돕겠습니다."처럼 담임교사가 자신의 편이라고 생각하도록 말하는 것도 필요합니다. 이렇게 공감해 주면 적어도 담임을 적으로 생각하지 않아, 궁극적으로는 문제 해결에 도움이 되기 때문입니다. 논리적으로 잘잘못을 가리는 것보다, 교사가 돕고 싶다고 말하면 '아, 이 선생님은 우리 아이를 공격하지 않는구나.'라고 인식해 대화를 이어 나가기 편해집니다.

공감이 어려울 때는 어떻게?

공감은 감정의 영역이기 때문에, 매번 모든 문제에 서로 공감하고 문제를 해결하기는 어렵습니다. 이상하게도 공감이 어려울 때는 어떻게 해야 할까요?

왕국어 왕사부 : 모든 사람의 생각은 서로 다를 수밖에 없음을 인정해야 합니다. 학교와 담임이 해 줄 수 있는 한계를 알려 주고, 다음 단계는 학부모가 선택하고 책임지게 하는 것도 방법이 되겠죠.

"저희 아이가 학교 가기 싫어해요. 며칠 쉬어도 될까요?"

"안타깝네요. 학교 오는 걸 좋아하도록 제가 어떻게 도와줄 수 있을까요? 그런데 학교에 오지 않으면 기본적으로 미인정 결석 처리되며, 질병 등을 증빙할 수 있는 서류를 내야지 질병 결석으로 처리해 줄 수 있습니다."

이처럼 선택에 따른 결과를 미리 안내하는 '결과 안내 중심 훈육법'을 사용하여 본인의 행동으로 어떤 결과가 일어날지 자세히 알려 준 뒤, 행동이 고쳐지지 않으면 예고한 대로 규칙을 적용하는 겁니다. 그러면 교사의 지도나 예고를 더 신뢰하게 되고, 사안 발생 이후에 처리도 깔끔하고 쉬워집니다.

키다리 아줌마 : 공감과 동의는 다르다는 것을 이해할 필요가 있습니다. 생각이 달라 상대의 의견에 동의는 힘들더라도, 그 사람의 감정은 공감해 줄 수 있다는 것이죠. 처한 상황에 따라 다르게 느낄 수 있다는 것을 인정하지만, 상대에게 함부로 말하고 행동해서 공격적인 반응을 보인다면 오히려 방어적으로 변할 수밖에 없습니다. 서로의 감정이 충돌할 때는 이성적인 대화가 어려우므로 잠시 한 발 물러선 후에 다시 대화를 시작하는 것이 좋습니다. 문제에서 잠시 물러날 용기

를 갖고, 존중하는 방식으로 다시 대화를 나눌 수 있을 때 공감이 가능해집니다.

악마 너구리 : 공감이 힘들다는 것은 서로의 시선이 달라서 공통점을 찾기가 어려운 거라고 생각합니다. 그래서 저는 학부모와 저의 공통점인 학생에 더욱 집중합니다. 서로가 알고 있는 학생의 행동이나 관심사를 공유하고, 그 안에서 공통점을 찾기 위해서 노력하다 보면 작은 것에서부터 공감이 시작될 수 있습니다.

생활교육 알파고 : 공감이 안 된다고 중간에 말을 자르면 대화 자체가 힘들어집니다. 그럴 때일수록 상대의 말을 끊지 않고, 옳고 그름을 판단하려 들지 말고 듣는 것에 집중해야 합니다. 예를 들어, 학교폭력 문제로 학부모가 격앙되어 상대 부모의 전화번호를 알려 달라고 하면 부모의 속상한 마음에는 공감하지만, 개인정보라서 전화번호를 알려 줄 수 없는 상황을 말합니다.

갈등이 생기면 대화가 불편할 수도 있지만, 적어도 서로의 노력을 인정해 주고, 힘든 상황에서도 희망의 메시지를 줘야 한 걸음 앞으로 나아갈 수 있습니다. 대화가 과도하게 부정적인 방향으로 흐르면 학부모 입장에서는 '교사가 나를 믿지 않고, 부모로서 나를 나쁘게 보고 비난한다.'고 느낄 수 있어 대화를 피하거나 교사를 공격할 수도 있기 때문입니다.

냉정한 은갈치 : 우선 교사와 학부모가 다른 관점을 갖고 있다는 것을 인정해야 합니다. 학교폭력 사안에서 피해학생의 부모는 피해학생이 당한 만큼 찢어질 듯한 아픔을 느끼기 때문에, 교사의 업무 처리 과정에 예민하게 반응합니다. 가해학생의 부모 역시 필사적으로 자신의 아이를 변호하기 때문에, 교사의 업무 처리에 예민하게 반응합니다. 그래서 학생과 학부모의 마음에는 공감하지만, 공정한 업무 처리를 위해서 최선을 다해야 합니다.

학부모와 공감대를 형성하는 노하우

학부모 총회, 상담, 공개수업 등 학년 초는 교사에게 힘든 기간입니다. 새로운 학생들과 관계를 맺고 학급 세우기에도 벅찬데, 학부모와의 긍정적인 관계까지 신경 써야 하기 때문입니다. 학부모와 공감대를 형성하여 신뢰 관계로 이어지는 선생님만의 노하우는 무엇인가요?

키다리 아줌마 : 3월 첫날 제 사진도 작게 하나 넣어서 학생 편에 편지를 보냅니다. 그리고 마인드맵으로 소개한 선생님을 학부모에게도 그대로 소개하고, 그에 대한 부모님 소감을 적어 오는 과제를 내줍니다. 교사에 대한 궁금증이 해소되면 쓸데없는 상상이 줄어들겠지요. 학교생활과 수업 내용을 온라인 커뮤니티를 통해서 공유하며 소통하

고, 중요한 사항은 문자로도 재차 안내하고 있습니다. 평소 자주 웃으며 행복한 교실을 만들면, 교사의 긍정 에너지가 학생을 통해 가정으로 전달되면서 교사에 대한 긍정적인 이미지가 생깁니다. 학생의 입에서 "학교생활 즐겁다.", "선생님이 좋다."는 말이 나오면 학부모는 걱정을 내려놓으니까요. 그래서 학생의 마음을 얻는 게 먼저입니다.

악마 너구리 : 학생이 아프거나 일정에 변동 사항이 있을 때 학부모가 가장 우려하는 상황은 본인이 정보를 알지 못해 자녀가 소외되거나 문제가 생기는 것입니다. 그래서 학부모의 문의가 있을 때는 제가 아는 것과 모르는 것을 정확하게 구분해서, 모르는 것이라면 정확하게 알아보고 다시 연락 드리려고 노력합니다. 예를 들어, 숙박형 활동때 몸 상태가 좋지 않은 학생이 있다면 학부모에게 상황을 객관적으로 전달하고, 어떤 조치를 취했고, 다음에 어떻게 처리할지 상세하게 안내합니다. 제가 알고 있는 정보와 알지 못하지만 협의를 통해서 안내할 수 있는 것을 구분하여 정확한 정보를 전달함으로써 신뢰를 쌓는 것이 저만의 노하우입니다.

생활교육 알파고 : 저는 온라인 커뮤니티를 통해 학생과 있었던 감동적인 에피소드, 교사의 교육관과 부모 교육 내용 등을 부드럽게 글로 올립니다. 그리고 평소에는 학생이 아플 때 문자 메시지 보내기, 상담때 따뜻하게 대하기, 학생의 단점은 한 가지만 얘기하고 칭찬은 구체

적인 일화로 이야기하기 등의 방법을 사용합니다. 때때로 자녀 사진
이 적다고 서운해 하면 온라인 커뮤니티에 그 학생의 좋은 모습을 담
은 개인 사진을 올리는 서비스도 합니다.

학부모에게 인사 잘하는 것도 중요합니다. 약간 번거로울 수 있지만,
인사만 잘해도 학부모가 교사를 긍정적으로 생각하고 친근해 하면서
조금씩 신뢰를 쌓아 갈 수 있습니다.

왕국어 왕사부 : 학부모와 연락하게 될 일이 있을 때 한두 마디 덧붙
이는 것이 저의 노하우입니다. 예를 들어, 학부모가 "○○이 아파서
지각하게 되었어요."라고 연락해 오면 "병원 다녀온 영수증 같은 증
빙서류 갖고 오라고 해 주세요."라는 말 앞에 "우리 ○○이 평소에 참
성실한데, 얼마나 힘들었으면 지각까지 할까요." 같은 말을 덧붙입니
다. 학생 잘못으로 학생선도위원회가 열리게 되었을 때도 "○○이 재
주도 많고 착한 면도 많은데 부주의했던 게 쌓여서 학생선도위원회
가 열리게 되었어요."라고 몇 마디 덧붙입니다. 이런 짧은 한마디가
학부모에게는 공감하려는 노력으로 여겨져서, 적어도 담임에 대한
비난은 줄어들어 문제 해결을 원활하게 합니다.

냉정한 은갈치 : 수업을 충실히 하고, 학생들과의 관계를 잘 유지하
며, 학생 간 문제가 발생했을 때 적절하게 개입해서 해결해 주면 학
부모와의 관계는 돈독해집니다. 공개수업 때 자녀가 영어 역할극을

제대로 하지 못해서 화가 많이 난 학부모가 있었는데, 전화해서 평소에는 잘하는데 그날따라 못해서 아쉬웠다고 위로해 주었더니 문제가 잘 해결됐던 경험이 있습니다.

 정리 및 Tip

악마 너구리 : 교사와 학부모는 학생이 잘 성장하길 바라고, 이를 위해 서로의 역할이 있음을 인정해 줘야 함.

키다리 아줌마 : 교사와 학부모는 서로를 존중하려는 노력이 필요함. 교사는 학부모에게 긍정적인 첫인상을 심어 주고, 학생들과의 긍정적인 교류를 통해 그 마음이 학부모에게 전달될 수 있도록 해야 함.

왕국어 왕사부 : 학부모와 교사는 학생이 행복하게 성장하길 바라는 서로를 이해하려고 노력해야 함. 학생에 대한 긍정적인 피드백을 통해 학부모와도 긍정적인 관계를 만들어 놓아야 함.

생활교육 알파고 : 학부모와 교사는 협력이 필요한 존재임. 따라서 다양한 소통 창구가 필요하며, 학생의 행동에 예상되는 결과를 충분히 안내해 줘야 함.

냉정한 은갈치 : 학부모와 교사는 서로가 학생의 삶에 영향을 미치는 중요한 존재임을 인정하고, 원활한 의사소통을 위해 노력해야 함.

4
신뢰란
믿어 주는 것에서 시작된다

– 학부모와 교사 사이에 신뢰가 중요한 이유

    어느 날 두 학생이 다투더니 서로 상대방 잘못이라고 말하는 경우를 본 적 있을 겁니다. 교사는 당연히 중립을 지켜야 한다고 배웠지만, 교사도 사람인지라 평소 교사 말을 잘 듣고 신뢰가 가는 학생의 말에 좀 더 믿음이 가는 것은 어쩔 수 없습니다. 교사와 학부모와의 관계에서도 역시 신뢰가 중요합니다. 일례로 친구와 다툰 것을 부모에게 이야기했을 때 평소에 교사와 학부모 간 신뢰가 형성되어 있다면 '선생님이 잘 해결하셨을 거야. 우리 아이도 잘못이 있겠지.'라고 생각해서 큰 문제가 되지 않기도 합니다. 그래서 학생을 긍정적인 방향으로 교육하기 위해서는 학부모와의 신뢰 관계가 매우 중요합니다.

    아들러는 신뢰란 '믿어 주는 것'에서 시작된다고 말했습니다. 즉 서로를 신뢰해서 믿는 것이 아니라, 믿어 주는 것에서 신뢰가 시작된다는 것입니다. 신뢰는 서로 거짓 없이 소통하는 과정에서 깊게 공감하고, 그 사람의 생각을 믿어 주는 과정에서 생깁니다. 학부모와 교사 사이에 신뢰가 중요한 이유는 무엇일까요?

왕국어 왕사부 : 같은 사안도 신뢰 여부에 따라 학부모의 반응이 다릅니다. 신뢰가 형성되면 자녀가 선생님에 대해 불평할 때 교사에게도 그만한 이유가 있을 것으로 생각하여 크게 문제 삼지 않습니다. 반면 신뢰가 형성되어 있지 않다면, 선생님이 이상하고 우리 아이를 미워한다고 생각해서 작은 일도 큰 문제로 만들기도 합니다.

생활교육 알파고 : 학부모 상담의 목적은 학부모와 교사 간 신뢰 형성, 정보 공유, 아이의 학교생활 적응과 균형 있는 성장을 위한 협력 등으로 볼 수 있는데, 학부모가 교사를 신뢰하지 않으면 아이에 대한 어떤 정보도 얻을 수 없고, 아이의 적응과 성장도 기대할 수 없습니다. 그래서 학부모의 신뢰를 얻는 것이야말로 관계의 시작이자 끝입니다. 학부모 상담 때 어떻게 학부모의 신뢰를 얻을 수 있을까에 초점을 맞추면 부담스러운 상담도 쉽게 풀립니다.

냉정한 은갈치 : 학부모가 교사를 불신하기 시작하면 정상적인 교육활동을 하기 어렵습니다. 교사의 교육활동에 트집을 잡고, 믿지 못하

는 교사를 거치지 않고 바로 학교장이나 교육청에 민원을 제기하기도 합니다. 교사 입장에서는 가만히 있다가 청천벽력 같은 소식을 접할 수도 있죠. 하지만 신뢰 관계가 형성되어 있다면, 교사 선에서 문제를 풀 수 있기 때문에 더 빠르고 쉽게 해결할 수 있습니다.

키다리 아줌마 : 교육은 가정과 학교의 협력이 필요한 일입니다. 상호 보완적 관계라서 긴밀하게 소통하여 교육 내용과 방법이 일관성 있게 적용될 때 효과를 발휘합니다. 그런데 학부모가 학교와 교사의 교육활동을 신뢰하지 못하거나 불만이 있으면, 초기 비협조적인 반응부터 강력한 민원 대응에 이르기까지 안타까운 모습을 보이곤 합니다. 이것이 자녀의 성장과 학교교육 전반에 부정적인 영향을 주는 데도 말이죠. 교사는 터진 문제를 해결하느라 정작 가장 에너지를 써야 할 교육활동에는 몸도 마음도 쓸 여력이 없어져 버리거든요. 결국 가장 큰 피해자는 학생입니다. 자녀를 위해 벌인 문제 제기와 갈등 상황이 오히려 자녀에게 독이 될 수 있다는 것을 학부모가 꼭 아셔야 합니다.

신뢰가 형성되지 못해 힘들었던 사례

교사도 사람인지라 노력해도 잘 안 맞는 학부모가 있고, 사소한 오해로 갈등의 골이 깊어져 관계가 깨지는 학부모가 있습니다. 잘해 보려고 할수록 꼬여 가는 실타래처럼 신뢰가 형성되지 못해 힘들었던 사례가 있었나요?

냉정한 은갈치 : 친구들이 괴롭히지는 않았지만 같이 놀지도 않는 학생이 있었는데, 해결 방법을 몰라서 제대로 대처하지 못하여 안타깝게도 일 년이 끝나기 전에 전학 간 사례가 있습니다. 교사로서 자괴감을 느꼈고, 지금도 전학 간 학생에게 미안한 마음을 갖고 있습니다. 그 일을 겪고 나서 따돌림당하는 학생들과 대화를 많이 하려고 노력했고, 따돌림이라는 것이 한 사람의 인생을 괴롭게 할 수 있는 일이라는 것을 학생들에게도 항상 교육했습니다. 지금은 학급에 비슷한 일이 발생하면 적극적으로 개입해서 해결하려고 노력합니다.

키다리 아줌마 : 집단 따돌림을 당하고 친구 관계가 원활하지 못했던 학생이 기억납니다. 학생의 어머니는 아이가 이런 어려움을 겪는데도 교사가 해 준 게 하나도 없다는 생각이 들었는지 상담할 때 "선생님이 뭐하시는 건지 실망스럽고 화가 난다."고 공격적으로 말했습니다. 학생이 집에 가서도 "선생님도 딱히 나를 위해 주거나 도와주지 않았다."고 말해서 더 그렇게 반응했다는 것을 알게 되었죠.
학부모는 자녀의 말에 더 귀 기울이다 보니, 학생이 전한 말로 신뢰 관계가 깨질 수 있다는 것을 깨달았습니다. 그래서 오해를 풀고 다시 신뢰를 회복하기 위해서는 객관적인 상황 전달과 그간의 대처 과정,

지도 내용을 안내하고, 가정에서 협조하고 지원할 사항을 제안하는 것이 필요합니다. 결과적으로 학부모의 불안을 이해하고, 공감하고, 함께 적극적으로 솔루션을 찾아가는 노력을 보이는 것이 신뢰를 회복하는 길이라고 봅니다.

생활교육 알파고 : 평소에 신뢰 관계를 맺고 있다고 생각했던 학부모가 퇴근 후에 자녀가 학교폭력을 당했다고 전화했던 적이 있습니다. 평소 짓궂은 장난을 많이 하는 학생이라서 제가 적극적으로 공감을 표현하지 못했는지, 통화 중 학부모가 버럭 화를 내면서 비교적 경미한 사안인데도 학교폭력위원회 개최를 요구했습니다. 나중에 학부모와 이야기하다가 학생에게 지병이 있어 정기적으로 병원에 다녔는데, 자신의 문자 메시지에도 교사가 이렇다 할 답변이 없어서 자녀에게 관심이 없다고 생각하고 있다는 걸 알게 되었죠. 평소 신뢰가 약하면 경미한 사안도 크게 와 닿을 수 있다는 것을 알게 되었습니다.

왕국어 왕사부 : 수련회 갔을 때 전체적으로 휴대전화를 수거했는데, 한 학생이 안 내고 몰래 쓰다가 사감 선생님께 적발되었습니다. 근무하던 학교가 과학 중점 학교라서 과학에 특별한 관심이 있고, 과학 분야 진학을 목적으로 생각하는 학생들이 오는 곳이었습니다. 그런데 그 학생은 과학에는 아무런 관심이 없었는데, 부모의 강권에 의해 그냥 원서를 써서 온 경우로 학교생활에 흥미가 없었죠. 해당 학생은 원

래 수련회도 오고 싶어 하지 않았습니다. 이렇듯 여러 가지 면에서 학교 프로그램에 계속 적응하지 못하여 그 기회에 학교를 옮길 수 있도록 도와주려고 했지요. 그런데 학생이 공부 잘하는 아이는 봐주면서 자기는 휴대전화 적발된 것을 빌미로 학교에서 쫓아내려 한다고 왜곡해서 학부모에게 전달했던 겁니다. 그랬더니 자녀를 무시한다고 생각한 학생의 아버지가 학교를 엎어 버리겠다며 찾아왔어요. 일단 아버지의 말을 충분히 들어주고 진정시킨 다음에, 그 학생이 몰래 휴대전화를 사용하고 거짓말했던 사실을 설명했습니다. 자초지종을 알고 나니 나중에는 오해해서 죄송하다고 돌아갔던 일이 있습니다.

악마 너구리 : 수학여행 때 방 배치 문제로 여학생 간 갈등이 있었습니다. 제가 먼저 파악하고 문제를 해결하겠다고 안내를 하였지만, 한 학부모가 저를 믿지 못하고 자신이 문제를 해결하려다가 오히려 일이 커진 경우가 있었습니다. 자녀에게 "엄마가 책임질 테니 원하는 대로 문제를 해결하라."고 말하는 바람에 친구에게 폭력을 행사했던 것이죠. 평소라면 담임인 제가 교실에 있어야 했는데, 하필이면 그날 메르스로 인해 체열 검사를 하느라 잠시 자리를 비웠을 때 사건이 일어났습니다. 학생들과 먼저 이야기해 보겠다는 제 말을 믿지 못하고 잘못된 해결 방법을 사용하다가 오히려 본인 자녀에게 씻을 수 없는 상처를 주고, 교사인 저에게도 큰 아픔으로 남은 경험이었습니다.

신뢰가 형성되어 문제를 원활하게 해결한 사례

서로를 신뢰하지 못해 경미한 문제를 크게 키운 예도 있지만, 공감으로 만들어진 신뢰를 기반으로 어려운 문제도 쉽게 해결한 사례도 있습니다. 학부모와의 협력을 통해 문제를 해결할 때 교사로서 보람을 느끼고, 자존감도 올라갑니다. 신뢰를 통해 문제를 해결한 미담 사례를 이야기해 주세요.

키다리 아줌마 : 학생이 학업에 어려움을 겪고 있을 때, 가정에서 할 역할을 짚어 드리고 학교에서도 함께 조력해서 학습 부진을 빠르게 구제한 경험이 있습니다. 또 친구 간 다툼이 있어서 학부모가 개입하려고 했을 때, "학생들은 이런 일을 통해서 배우고 성장합니다. 아이들끼리 해결하도록 잠깐 물러서서 기다려 주죠."라고 요청하자 믿고 따라 주어서 무난하게 풀린 경험도 있습니다. 또 자주 수업 방해 행동을 하는 학생에 대해 학부모에게 이야기하는 것이 주저되었지만, 기본적인 신뢰가 형성되어 있었기에 학부모가 오해하지 않고 문제를 공감하고, 문제 해결의 주체로 저를 인정해 주어 반복되던 수업 방해 행동을 고친 경험이 있습니다.

냉정한 은갈치 : 6학년을 담임할 때 평소 규범적이고 착한 학생이 어느 날부터 얼굴빛이 어두워서 물어봤더니 친했던 친구들에게 절교를

당해서 소외당하고 있었습니다. 우선 그 학생의 이야기를 충분히 들어주고 공감해 준 다음에, 절교를 주도했던 학생에게 잘못된 행동임을 교육해 자신의 잘못을 인정하고 따돌림을 해결했습니다. 학부모와 신뢰가 있었기에 학생과 학부모 모두 차분히 기다려 주어 문제 해결이 쉬웠습니다.

생활교육 알파고 : 다른 학부모가 자신의 자녀에 대해서 나쁜 소문을 퍼뜨린다고 하소연하는 어머니 얘기를 몇 번 들어드렸습니다. 의심스러운 부분이 있었지만, 어머니의 심정에 공감하고 그런 학생이 아닐 거라고 믿어 드린 적이 있습니다. 일 년 뒤 그 학생이 특수교육 대상자가 되었는데, 다들 그 어머니는 자녀를 특수학급에 입급시키지 않을 거라 했죠. 그런데 그 어머니께서 흔쾌히 동의해 주셨습니다. 학교에서 자녀를 위해서 애써 주신 걸 잘 안다면서 오히려 감사하다고 말씀해 주셨습니다. 작은 공감이 큰 신뢰를 불러와 행복했던 적이 있습니다.

왕국어 왕사부 : 학교폭력 사안이 발생했을 때, 절차대로 피해학생을 보호하겠다고 하니 학부모가 안심하고 믿어 주어서 학교폭력위원회를 열지 않고 중재했던 적이 있습니다. 평소 학부모와 신뢰 관계가 형성되어 있었고, 워낙에 성실했던 학생도 저에 대한 신뢰를 부모님에게 전달했는지 문제가 쉽게 해결됐던 기억이 납니다.

악마 너구리 : 담임을 맡았던 학생이 문제행동을 보일 때 "제가 학생에게 하는 말과 행동에는 다 이유가 있으니 저를 믿고 기다려 달라."는 제 말을 믿고 지지해 준 학부모가 있었습니다. 제가 학생과 하는 약속과 실천이 헛되지 않도록 가정에서도 지지해 주셔서 학생과 저 모두 행복한 일 년을 보낼 수 있었죠. 다음 학년이 되어서도 큰 문제 없이 지내는 것을 보고, 신뢰로 다져진 교사와 학부모의 관계가 학생의 변화에 얼마나 큰 영향을 미치는지 알게 되었습니다.

학부모와 신뢰를 쌓는 노하우

학부모와 신뢰를 쌓기 위해서는 학부모의 입장을 고려하고, 학생의 문제에 공정성을 갖고 적극적으로 개입하는 등 다양한 노력이 필요합니다. 학부모와 신뢰를 쌓는 노하우는 무엇이 있을까요?

왕국어 왕사부 : 학급 온라인 커뮤니티를 운영해서 평소 학생들이 즐겁게 참여하는 수업 활동 모습을 전하는 것도 좋은 방법입니다. 또 교사가 학생들을 긍정적으로 바라보고 있다는 것을 지속해서 안내하고, 학생들에게도 그렇게 느낄 수 있도록 대하는 것이 필요합니다.

냉정한 은갈치 : 저는 학부모와 전화나 문자를 통해서 소통해야 한다

고 생각합니다. 예를 들어, 학생이 학급에서 학부모가 알아야 할 특별한 행동을 한다면 최대한 긍정적으로 학부모에게 전달하는 것이 필요합니다. 학부모는 본능적으로 자신과 아이를 동일시하기 때문에, 학부모에게 자녀의 행동을 다짜고짜 이야기하면 본인이 교사에게 야단맞는다는 기분이 들어서 역효과가 날 수도 있습니다. 상담 시간이 부족해서 문자로 남기는 경우도 있지만, 문자 메시지는 감정을 충분히 전달해 주지 못하기 때문에 시간이 충분하다면 전화로 하는 것이 더 좋습니다.

악마 너구리 : 저는 "○○이 최근에 학교생활이 더 행복해진 것 같아요. 얼마 전에는 저에게 이런 도움을 줘서 얼마나 고마운지 모릅니다."처럼 학생이 학급과 교사를 위해서 어떤 도움을 주고 있는지 먼저 말하고 대화를 시작합니다. 이 한마디로 인해 학부모는 교사가 학생에게 관심이 있고, 학생의 공헌에 감사하고 있다고 생각해 대화를 부드럽게 시작할 수 있습니다. 그리고 "○○이 좀 더 행복한 학교생활을 하려면 부모님께서 저와 함께 이런 노력을 해 주셔야 할 것 같습니다. 제가 ○○과 이런 약속을 했는데, 가정에서도 연계될 수 있도록 도와주실 수 있으신가요?"처럼 질문을 통해서 학부모의 동의를 끌어내려고 노력하고 있습니다. 질문은 교사가 학부모를 가르치려 든다는 생각을 미연에 방지케 하고, 학부모가 본인 의지로 교사와 함께한다는 느낌을 줄 수 있어서 더 효과적입니다.

키다리 아줌마 : 다양한 소통 창구를 마련하고 활용하면 좋겠지요. 교육 내용, 친구 관계 중재, 생활교육, 교사의 교육철학을 함께 나누고, 학부모의 고충을 함께 공유할 수 있는 간담회 자리나 개인 상담 시간을 적극적으로 활용합니다. 이런 자리를 통해서 서로가 학생의 교육을 위해 협력하는 관계라는 것을 재인식하고, 각자의 역할을 확인하는 시간을 갖는 것이지요. 교사와 학부모의 교육철학에 차이가 있을 수 있지만, 분명 겹치는 부분도 있을 것이고, 입장을 공유하는 과정을 거치며 생각의 차이를 좁혀 갈 수도 있습니다. 이렇게 서로에 대한 존중과 이해의 과정을 만든다면 학생 교육에 큰 도움이 될 것입니다. 그리고 학생들의 일상과 학교 안내 사항을 전달할 수 있는 온라인 커뮤니티를 운영하여, 교실 속 상호작용과 배움의 과정들을 지속적으로 나누는 것도 도움이 됩니다.

생활교육 알파고 : 학기 초부터 학부모와의 신뢰 형성 종합 계획을 짜 놓으면 좋습니다. 교사의 교육철학과 학생들에 대한 마음을 담은 학기 초 가정 안내장, 학부모 상담 주간 전에 학생의 긍정적인 면을 담은 칭찬 메시지, 학생이 질병으로 지각이나 결석한다는 연락이 왔을 때 쾌유를 비는 메시지 발송 등 언제나 학생을 생각하고, 더불어 학부모와도 소통하려고 노력하는 교사의 마음을 전하면 좋겠죠. 개인적으로 자녀에 대한 걱정이 과한 학부모(학교폭력 피해학생, 지병이 있는 학생, 그 외에 부모가 걱정할 만한 특별한 이유가 있는 학생의

학부모)에게는 조금 더 관심을 기울이는 모습을 보였더니, 제가 관심을 준 것 이상으로 학부모가 저를 신뢰했던 경험이 있습니다. 그래서 학부모가 특히 민감하게 생각하는 부분을 잘 기억했다가, 지속해서 관심을 두고 있는 모습을 보여 주는 것만으로도 신뢰 관계를 형성할 수 있습니다.

 정리 및 Tip

키다리 아줌마 : 교사가 학생의 문제 해결을 위해 적극적으로 고민하는 모습을 보여 줌으로써 신뢰를 형성할 수 있음.

생활교육 알파고 : 평소 학생의 문제에 공감하고, 함께 해결할 수 있다는 믿음을 보여 주는 노력이 필요함.

왕국어 왕사부 : 학생의 문제에 관심을 갖고, 지속적인 상담과 기록을 통해 학부모에게 신뢰를 주는 것이 필요함.

냉정한 은갈치 : 긴급한 사안이면 교사의 적극적인 개입으로 문제를 해결하는 것이 좋음.

악마 너구리 : 학부모와 공감대를 형성한 뒤, 학생의 성장을 위한 도움을 요청해야 함. 이때 질문 화법을 통해 학부모에게 선택권을 주면 더욱 적극적인 도움을 받을 수 있음.

5
우리는 한편

— 학부모 상담 원리

    학년 초 교사가 가장 긴장하는 때는 학부모 상담 주간입니다. 학생을 만난 후 한 달 정도밖에 안 된 시점인 데다, 일대일로 만나 서로 첫인상을 결정짓다 보니 더욱 긴장됩니다. 학부모 상담 노하우를 통해 상담에 실패하지 않는 방법을 배워 보겠습니다. 먼저 학부모 상담 전 교사가 가져야 하는 마음가짐에는 어떤 것이 있을까요?

    왕국어 왕사부 : 학부모의 말을 경청하고 공감해 주는 것입니다. 그리고 학부모가 원하는 정보를 제공하고, 법령에 저촉되거나 크게 무리가 있지 않은 한 원하는 바가 이루어질 수 있도록 돕는 것이지요.

냉정한 은갈치 : 학부모는 학생에 대해 교사보다 더 잘 알고 있고, 교사가 자신의 자녀에게 관심을 가져 주길 바라기 때문에 많이 들어주고 공감해야 합니다. 또 학생의 문제행동에 대해서는 함께 해결하는 방향으로 설정하고 의견을 나누어야 합니다. 더불어 교사가 솔루션을 미리 제시할 필요 없이, 학부모가 깨닫고 이야기할 수 있도록 기다려 주는 것도 필요하겠죠.

키다리 아줌마 : 상담의 목적을 함께 확인하고 시작하는 것이 좋습니다. 아이의 바른 성장과 즐거운 학교생활, 건강한 교우 관계, 학업 성취를 돕기 위한 것이 목적임을 안내하고, 이를 위해 교사와 학부모의 역할을 찾는 시간이 되어야 합니다. 또한 서로를 존중하는 의사소통 기술을 갖추고, 공감과 경청을 통해 상대에 대한 존중을 보이며 대화를 이끌어야 합니다. 이때 교사가 상담을 이끄는 입장에서 모델링이 되어 주면 좋아요. 진심으로 학생에 대해 궁금해 하고, 고민을 나누고 대안과 해결책을 찾는 방향으로 대화의 흐름을 유도해야 합니다. 그리고 서로 듣고 말하는 분량이 비슷하도록 교사가 조절할 필요도 있습니다. 마음을 열고 이야기를 나누면서도 약속된 시간을 존중하며 지키는 것도 꽤 중요한 요소입니다.

악마 너구리 : 상담은 자신의 생각을 전달하는 것이 아니라, 하나의 목표를 위한 합의점을 찾는 것이라고 생각합니다. 물론 이 합의점 안

에는 학생의 긍정적 성장과 서로에 대한 존중이 들어 있어야겠죠. 이렇게 서로가 할 수 있는 일에 합의점을 찾다 보면, 그 안에서 실제로 실행할 수 있는 해결책이 나오지 않을까 생각합니다.

생활교육 알파고 : 교사와 학부모는 학생의 성장을 위한 한 팀이자 협력자라는 생각이 우선입니다. 대화할 때는 지나치게 문제 중심에 몰두하거나, 조언을 하기보다는 평등한 위치에서 대화를 나눈다는 인식이 필요합니다. 서로 답을 정하고 만나는 것이 아니라, 학생에 대한 정보를 공유하면서 깊게 이해하고, 이를 바탕으로 학생의 성장을 위해 함께 고민하고 방향을 찾아 나가는 것이 중요하다고 생각합니다. 그 과정에서 교사도 학부모도 아이와 함께 성장할 수 있다면 금상첨화가 되겠죠.

상담 전 준비 사항

교사가 학부모 상담을 부담스러워하는 것처럼 학부모도 긴장하며 학교를 찾아옵니다. '이번 상담에는 어떤 이야기를 들을까?', '우리 선생님은 어떤 분일까?' 등 많은 생각을 하면서 학교를 찾아옵니다. 학부모가 긴장을 풀고 원활하게 상담을 진행하기 위해 어떤 준비가 필요할까요?

생활교육 알파고 : 계절에 맞는 음료를 준비하면 상담 분위기가 부드러워집니다. 더불어 학생이 쓴 글(공책, 노트)과 교우 관계 조사서, 학기 초 제출한 학습 환경 조사서를 준비합니다. 학생이 쓴 글을 보면서 활동 내용과 이때 학생의 속마음이 어땠을지 함께 대화하다 보면 학생을 이해하는 시간을 가질 수 있습니다.

왕국어 왕사부 : 먼저 학생의 생활기록부를 살펴보고, 메모해 둔 것들도 다시 확인합니다. 그리고 상담날에는 조회 시간이나 쉬는 시간에 해당 학생을 불러 요즘 학교생활은 어떤지, 고민은 없는지, 부모님께 바라는 것은 있는지 등을 이야기 나눕니다. 그러면 상담 때 대화 소재가 생겨 학부모는 교사가 자녀에게 신경을 많이 쓰고 있다는 느낌을 받을 수 있습니다.

냉정한 은갈치 : 저는 학생의 관심 분야와 좋아하는 과목을 알아봅니다. 고학년의 경우에는 진로 검사지를 준비해 학생의 희망 진로와 흥미, 심리 상태를 상담 자료로 사용합니다. 학부모 중 몇몇은 자녀를 자신이 원하는 모습으로 끼워 맞추는 경향이 있어서, 부모님 비위 맞추느라 가정에서는 티를 내지 않는 학생도 있습니다. 그래서 학생의 심리 상태를 같이 나누면서 서로가 모르는 정보를 공유하며 학생의 성장을 도와주려고 노력합니다.

키다리 아줌마 : 먼저 학생에 관해 궁금한 점과 이야기 나눌 만한 자료를 준비합니다. 학기 초라면 학기 초 했던 활동 자료(문장 완성하기, 미술치료 결과물, 공책, 학생의 말과 행동을 적은 관찰 기록, 일대일 데이트 때 나눴던 이야기 등)를 준비합니다. 방문 상담일 때는 되도록 학생 자리에 앉아서 상담을 합니다. 학생 자리에는 학생이 그날 하교 전에 써둔 쪽지가 있고, 포스트잇을 드리면 자녀에게 답장을 남기고 가시기도 하죠. 답장을 받으면 학생들도 매우 좋아합니다.

무엇보다도 중요한 건 부모님을 향한 존경의 마음입니다. 그간의 양육 과정에 관심을 두고 경청하면 학생 교육 방향에 대한 힌트를 얻을 수 있습니다. 서로 신뢰감과 친밀감까지 생긴다면 더욱더 행복한 상담이 되고요. 또한 상담 신청을 받을 때, 부모님이 나누고 싶은 내용과 교사가 알고 싶은 내용(어린 시절, 가족관계, 주말에 하는 것, 특이한 성향, 방과 후 스케줄 등)을 적을 수 있는 상담 사전 기록지를 미리 받아두면 순조롭게 상담을 진행할 수 있습니다.

특히 주의해야 할 사항

만반의 준비를 해서 상담에 임했는데도 알 수 없는 이유로 분위기가 점점 안 좋은 방향으로만 흐르는 상담을 경험해 본 적 있을 겁니다. 수습하려 할수록 점점 이상해져 가는 분위기. 이런 상황을 미리 방지하기 위해 어떤 점에 주의해서 학부모 상담에 임해야 할까요?

냉정한 은갈치 : 학생의 잘못을 말하는 것보다는 잘하는 분야인 '탁월성'을 찾는 것에 집중해야 합니다. 다른 학생과 비교하지 않고, 순수하게 그 학생이 잘하는 분야를 함께 발견해 가는 과정이 상담입니다. 아직 발견하지 못했을 뿐 누구나 자기만의 색깔이 있다는 것을 알고, 자신의 탁월성을 실현해 가는 것이 진짜 행복이고, '수월성'과는 다른 개념인 거죠. 더불어 상담을 통해 문제를 꼭 해결하겠다는 강박관념에서 벗어나, 학생에 대한 이해를 넓히는 차원으로 생각하는 게 좋습니다. 관점이 달라 서로가 모르는 부분을 상담으로 넓혀 간다고 생각해야 합니다.

악마 너구리 : 학부모는 돈을 내고 고민을 해결하러 온 고객이 아니기 때문에, 고민 해결보다 학생에 대한 공감, 공통점 찾기, 정보를 공유하는 것이 중요합니다. 교사가 학생의 문제를 말하면 비난으로 인식할 수도 있기 때문에, 질문을 던져 문제의 원인을 학부모가 말할 수 있도록 분위기를 만드는 것도 좋습니다. 집에서의 행동과 학교에서의 행동을 서로 공유하고, 궁금한 점을 질문으로 나누다 보면 해결책을 쉽게 찾을 수 있습니다.

키다리 아줌마 : 저는 결코 하지 말아야 할 것은 '답정너 되기'라고

생각합니다. 잘 안다고 생각하는 것만큼 어리석은 것도 없으니까요. 교사가 섣부르게 넘겨짚어서 학생과 가정을 판단하면 상담이 불편해 질 수 있습니다. 또 교사가 장황하게 말하지 않도록 주의하고, 학부모 가 장황하게 말하려 하면 대화의 초점을 정리하며 흐름을 잡아 가는 기술도 필요합니다. 학부모마다 상담에서 얻고자 하는 바가 다르므 로 필요와 욕구를 고려하고, 교사 입장에서 학생에게 필요한 것을 찾 아 이야기를 풀어 가면 좋습니다.

왕국어 왕사부 : 교사가 해결하기 어려운 학생의 문제행동은 부모도 해결하기 힘든 경우가 많습니다. 그리고 학생의 나쁜 행동은 은연중 에 부모로부터 영향받았을 가능성이 커서, 부모가 할 수 있는 범위에 서 학생 지도를 위한 도움을 요청할 뿐입니다. 집안의 일은 집안에서 해결해야 하듯이, 학교의 일은 기본적으로 학교에서 교사가 해결해 야 할 문제입니다. 다만 집안의 문제 해결을 위해 교사의 도움을 구하 듯이, 학교의 문제 해결을 위해 학부모의 도움을 요청하는 것이지요.

학생의 성장을 돕기 위한 상담을 시작하는 법

상담에서 가장 어려운 것은 학생의 성장을 돕기 위해 학부모가 듣 기 싫은 말을 해야 하는 상황입니다. 문제 해결을 위해 함께 노력하자고 말을 꺼냈지만, 점점 안색이 어두워지면서 자녀를 비난한다고 생각해 방어하거나 거꾸로 교사를 공격하는 경우도 있기 때문입니다. 그래서 초등 저학년 때는 상담 신청이 많은데 학년이 올라갈수록 점점 줄어들어, 고학년 때가 되면 정말 상담이 필요한 학부모를 만나기 어렵게 됩니다. 학년이 거듭될수록 교사에게서 자녀에 관한 안 좋은 말을 듣다 보니 점점 상담이 부담스러워지는 것이 가장 큰 원인이겠지요. 자녀의 문제행동을 받아들이기 힘든 학부모와 상담할 때 어떤 방법을 사용해야 할까요?

생활교육 알파고 : 때때로 학부모는 문제행동이 심한 자녀에 대한 걱정과 지속된 교사의 연락에 지쳐 방어적으로 나오거나, 거꾸로 학교를 공격하기도 합니다. 이런 상황을 방지하기 위해서는 평소 교사가 학생을 사랑으로 대하고, 학생이 잘될 수 있도록 노력하고 있다는 사실을 은연중에 전합니다. 이런 노력을 통해 학부모의 마음에 여유가 생기고 교사에게 마음을 열었을 때 학생이 개선할 점을 부드럽게 전달하면, 학부모도 교사의 말을 긍정적으로 받아들일 수 있습니다.

그리고 대부분의 학부모가 자녀의 문제를 이미 알고 있지만, 단지 인정하고 받아들이는 것이 어렵다는 점을 교사도 알고 있어야 합니다. 자녀의 잘못을 인정하는 순간 자신 또한 못난 부모처럼 느껴지고, 앞으로 자녀를 어떻게 도울지 막막해지기 때문입니다. 그래서 학생의 문제행동을 부모와 공유할 때는 가랑비에 옷 젖듯이 서서히 다뤄야 할 필요가 있습니다.

학부모 상담을 수월하게 진행하기 위해서는 학생을 어떻게 도울지 구체적인 방향과 전략을 갖고 있어야 하고, 학부모의 역할을 제시할 수 있는 부모 교육 지식도 갖고 있어야 합니다. 문제행동 학생을 대하는 것 못지않게 문제행동 학부모를 대하는 것도 어렵기 때문입니다. 그래서 지속적인 연구와 교사 간 정보 공유, 개인 사례 연구가 축적되어야 어느 정도 효과도 보고, 교사도 자신감이 생겨서 학부모 상담을 통해 효과적인 학습 교육을 이룩할 수 있다고 생각합니다.

키다리 아줌마 : 저는 문제행동을 말할 때, 학생이 한 말과 행동을 객관적으로 묘사하며 '일화'처럼 전달해서 학부모가 자연스럽게 받아들일 수 있도록 노력합니다. 그리고 가정의 양육 방식에 따라 학교에서의 행동과 가정에서의 행동이 다를 수 있다는 점과, 특이한 일이 아니라 실제 그런 학생이 많다는 점도 안내합니다.

아무리 문제행동이 심한 학생이라도 강점과 장점을 찾아 격려의 마음을 전달하고 난 후, 문제를 해결하기 위해 협력이 필요하다고 말하면 대부분의 학부모는 마음을 열고 받아들입니다. 학생의 성장을 위해 함께 고민하는 것이 교사와 부모의 역할이라는 것만 인정한다면, 그다음은 쉽습니다. 특히 학교와 집에서의 행동이 다른 원인을 함께 찾기 위해 대화한 적이 있었는데, 대화 과정에서 행동의 원인을 이해할 수 있는 실마리를 함께 찾기도 했습니다.

악마 너구리 : 저는 "혹시 요즘 가정에서 학생의 행동 중 특별한 것이 있나요?"처럼 학부모가 관찰한 것을 풀어 보려고 먼저 질문을 합니다. 질문은 상대방이 자신의 행동을 스스로 선택한다는 느낌을 갖게 해 편안한 마음이 들게 합니다. 그리고 교사가 학부모는 미처 알지 못한 것을 자녀의 친구나 다른 사람에게서 들었다고 말하면, 많은 학부모는 교사가 없는 이야기를 지어내서 자신을 공격한다고 생각하므로 교사가 관찰한 것을 감정을 배제한 채 간단하게 전달하면 갈등을 줄일 수 있습니다.

왕국어 왕사부 : 학생이 교사에게 대들어서 문제가 된 경우에는 다음과 같은 방법을 사용해 볼 수 있습니다. 학부모에게 처음부터 학생의 문제를 이야기하기보다 "아이가 집에서는 어떻게 지내나요?", "어머니께서 아이 돌보느라 어떤 면에서 힘드신가요?" 등 학부모의 입장부터 헤아리고 난 후 학생의 문제행동으로 힘들다는 말을 할 때 "그런 행동을 제게도 하는데 어머니께선 얼마나 힘드실지 걱정되네요. 이 기회에 행동을 개선할 수 있을 듯한데 함께 도와주시겠어요?"라면서 공감을 유도하면 협조적인 분위기로 상담을 이끌 수 있습니다.

냉정한 은갈치 : 저는 학생의 문제행동을 기록해 두었다가 학부모와 함께 해결하자고 제안합니다. 학생의 잘못을 지적해서 학부모의 죄책감을 불러일으키기보다, 동반자적인 관점에서 같은 배에 탔다고

생각하면 유대감이 더 생깁니다. 그리고 현재 학생의 문제행동이 속상하겠지만 어긋난 행동이 배움의 좋은 기회가 될 수 있다고 말해 주면, 학부모도 교사에 대한 신뢰가 생겨 함께 문제를 해결해 나갈 수 있습니다.

 정리 및 Tip

악마 너구리 : 학생의 행동을 객관적인 시선으로 사실만 전달하려는 태도로 유지함. 학생의 성장을 위해 노력할 점을 함께 고민할 필요가 있음.

키다리 아줌마 : 방문 상담 때, 자녀의 책상에 앉아 자녀가 부모에게 쓴 쪽지를 읽게 하고 포스트잇을 준비해 부모가 이에 답장을 하게 하면 부드러운 분위기를 형성할 수 있음.

왕국어 왕사부 : 상담 전에 진로진학 정보를 준비하여 활용하고, 학부모 상담 시 학부모가 원하는 것이 무엇인지 알아내는 과정이 필요함.

생활교육 알파고 : 학부모와 교사가 가진 정보가 다를 수도 있음을 인식하여 상담 시 부정적인 평가를 줄이고 협력적인 분위기를 만들어야 함.

냉정한 은갈치 : 학부모 상담은 당장의 문제 해결보다는 학부모와 함께 학생을 이해하고, 정보를 나누고, 나아가 협력하여 문제를 해결하려는 태도를 보여야 함.

6
나에게로 떠나는 여행
– 교사로서 지친 나를 회복하는 법

건강한 몸에 건강한 정신이 깃들 듯, 건강한 학급을 만들기 위해서 가장 중요한 것은 교사의 건강입니다. 아직 미성숙한 학생들과 직접 대면하지 않아 성향을 정확하게 파악할 수 없는 학부모의 요구를 교사 혼자 감당해야 하는 우리의 학교 구조는 교사를 지치게 합니다. 보다 행복한 교육활동을 위해서 교사에게는 자신의 감정을 추스르고 되돌아볼 수 있는 힐링의 시간이 필요합니다. 나를 치유하는 시간, 나에게로 떠나는 여행을 시작해 볼까요?

고마웠던 학부모

학부모의 민원으로 교사가 힘들다는 말이 많지만, 교사와 협력해서 학생의 성장을 돕는 학부모가 더 많습니다. 다루기 힘들었던 학생이나 해결하기 힘들었던 문제를 교사와 협력하여 해결했거나, 학생 상담을 통해 교사의 성장을 도와준 학부모의 사연을 들어 보겠습니다.

냉정한 은갈치 : 지금도 기억에 남는 학부모는 "재혼 가정이라는 게 늘 마음에 걸렸는데 편견 없이 저희 아이를 대해 줘서 감사했다."고 졸업 후 전화 주셨던 학부모예요. 그리고 가정 형편이 어려운 자신의 아이를 위해 학교에서 제공하는 각종 교육복지 혜택을 받을 수 있도록 노력해 줘서 고마웠다고 전한 학부모도 있었어요. 교사 입장에서 당연히 해야 할 일이었는데, 학부모 입장에서는 교사의 작은 배려가 크게 와 닿았던 것 같아요.

키다리 아줌마 : 제 기억에 남는 분은 교사의 교육활동을 존중해 주고 지지해 주면서, 가정에서도 일관되게 지도하려고 노력했던 분입니다. "선생님을 만나 우리 아이가 정말 좋아졌어요. 가정에서 어떻게 할지 지도해 주신 덕분이에요."라는 말을 들었을 때는 정말 기쁘고 감사했습니다. 또 제가 보낸 문자 메시지나 편지에 진심이 담긴 답신을 보내 주셨을 때도 감동했고요.

왕국어 왕사부 : 저는 학교에 특별한 요구를 하지 않고, 아이들 지각 안 하게 잘 챙겨 보내 주시는 분들이 제일 고맙습니다. 학생이 성실하고 친구들 잘 도와주는 착한 성품이라면, 그건 가정교육 덕분이라는 것은 익히 알고 계실 것입니다. 그래서 학생이 학교에서 잘 생활한다면 그건 부모님 덕분이라 생각하고 항상 고마움을 느낍니다. 문제를 일으키는 학생과 학부모에 대한 반감보다는, 문제를 일으키지 않는 학생과 학부모에 대한 고마움을 잊지 말아야겠지요.

악마 너구리 : 초임교사 시절 첫 담임을 맡았는데, 방학 때 있었던 일로 2학기가 시작되자마자 평소 친했던 아이들 사이가 틀어지는 일이 있었습니다. 교사가 봐도 서로 공통점이 없는 친구들이었는데, 그중 ○○은 목소리도 크고 독단적이라 조금씩 쌓인 불화가 여름방학 때 폭발했던 것 같아요. 그래서 2학기가 되자마자 ○○은 외톨이가 되었고, 교사의 도움이 필요한 순간이었습니다. 쉽게 해결될 거로 생각했지만 뜻대로 되지 않아서 점점 지쳐 갈 무렵, 학부모의 전화를 받고 부담감을 내려놓고 더 객관적으로 바라볼 기회를 얻게 되었습니다. "선생님, 아이들은 잘 놀다가도 헤어지고 그래요. 제가 봤을 때는 저희 아이가 의견이 강한 것이 다른 아이들에게 부담으로 와 닿지 않았나 생각해요. 선생님도 애쓰고 계신 걸 알고 있는데, 너무 힘들게 노력하지 마세요. 저희 아이도 한 번 겪고 넘어가야 하는 일이고, 저도 큰일이라고 생각하지 않으니 이 아이가 성장하는 데 밑거름이 될 수

있도록 지속해서 지켜봐 주세요."

경험이 적은 교사에게 학부모의 격려는 큰 힘이 되었습니다. 학생의 성장을 위해서 같이 노력하자는 말씀에 다시 한 번 힘을 얻고, 그 아이들이 관계를 회복할 수 있도록 노력했던 기억이 납니다.

생활교육 알파고 : 저는 힘들 때 감사의 메시지나 응원 메시지를 보내 주신 학부모가 기억이 납니다. 학기 말이나 학년 말, 교사는 정신적으로나 육체적으로 소진되고, 과연 내가 잘하고 있나 의구심이 들죠. 그런 때 "선생님 덕분에 아이를 이해할 수 있게 되었고, 저와 아이 모두 성장했습니다."라는 말을 들었을 때 정말 기뻤습니다.

학부모와 같은 고민을 하는 교사

집에서 부모는 학부모이지만, 학교에서 학생들의 부모는 교사입니다. 교사도 현재 또는 잠재적으로 한 아이의 부모이기도 해서, 학부모의 마음을 가장 잘 이해하는 사람이기도 합니다. 어쩌면 학부모와 교사는 서로 같은 고민을 하고, 같은 노력을 하고 있을 수도 있습니다.

생활교육 알파고 : 아이가 어린이집에서 한 친구에게 괴롭힘을 당한다고 여러 번 말할 때 순간 제 마음속에 걱정과 분노가 일면서, 같은

상황에 있었을 학부모의 마음이 떠올랐습니다. 학부모의 끊임없는 요구에 힘이 들지만, 막상 저도 입학할 아이를 생각하면 걱정 많은 학부모의 입장에 놓이게 되더군요. 교사가 많은 학생을 돌보는 것이 쉽지 않음을 누구보다 잘 알면서도, 아이의 담임선생님이 내 아이를 좀 더 이해해 주고, 눈길 한 번 더 주길 바라는 마음을 갖고 있으니까요. 그래서 학부모 상담할 때는 자녀가 얼마나 잘하고 있는지를 이야기해서 학부모의 걱정스러운 마음을 덜어 드리려 합니다.

악마 너구리 : 저도 아이를 낳고 학부모의 마음을 더 이해할 수 있었습니다. 또 예전보다 학생의 실수를 잘 이해할 수 있었고, 자녀를 학교에 보낸 학부모의 마음이 어떤지도 알게 되었죠. 그런데 공감되는 만큼 한편으로는 '왜 자녀에게 이렇게밖에 해 주지 않을까?', '이런 방식은 아이를 올바르게 키우는 데 도움이 되지 않는데.' 등 안타까운 생각이 들 때도 있었습니다. 하지만 저도 아이 훈육이 생각처럼 되지 않음을 알기에 대체적으로는 학부모의 편에서 생각하려고 노력합니다. 그래서 예전과 비교하면 여유를 갖고 학부모와 대화하고, 좀 더 공감하고 이해할 수 있게 되었습니다.

왕국어 왕사부 : 자식은 부모에게 세상에서 제일 귀한 존재이고, 교실에는 그 귀한 아이들이 모여 있습니다. 그래서 학부모의 심정을 이해한다면 학생을 더 귀하게 대할 수 있을 것입니다. 학생으로 인해 스

트레스 받고 화날 때, '이 아이가 집에서는 얼마나 귀한 존재일까?'를 생각하면 좀 더 따뜻하게 대할 수 있지요.

키다리 아줌마 : 저는 교사가 되기 전에 먼저 부모가 된 지라, 자녀를 낳고 키운다는 것이 인생에 있어 얼마나 큰 의미인지 빨리 안 편입니다. 그래서 아이가 학교에 잘 적응하는지, 잘하고 있는지 염려하는 학부모의 마음과 입장이 쉽게 헤아려집니다. 한편으로 교사 역시 워킹맘이고, 학생들을 가르치는 것보다 더 어려운 게 내 자녀라는 것, 다른 학부모와 다를 바 없는 처지인 점도 나눌 필요가 있어요. 교사 자녀라고 더 잘한다는 보장도 없고, 오히려 더 신경 쓰이기도 하고 부담되기도 하지요. 부모로서 이런저런 일을 겪고 나니 당연하기도 하고, 별것 아닌 일로도 여겨지면서 학부모의 민원도 '그럴 수 있지.'라고 여유롭게 받아들이게 됩니다.

냉정한 은갈치 : 교사 학부모는 학교 시스템을 잘 알기 때문에 학교에 대해서 잘 알지 못하는 일반 학부모랑 입장이 조금 다를 수 있다고 생각합니다. 교사 학부모는 교사가 학교 시스템 속에서 얼마나 분주한 사람인지 알기에 교사의 마음을 조금은 이해해 주는 반면에, 학부모는 교사의 사정을 잘 모르니 기대치가 더 높은 면이 있고요. 그래서 교사가 내 아이에게 관심을 더 가져 주기를 바라다 보니 갈등이 생기는 것 같아요.

감정 알아차리기

교사는 학생들과 직접적으로 부딪치기에 감정의 동요를 자주 느낍니다. 학생들의 부정적인 감정이 교사에게 그대로 반영되기도 하고, 학부모의 민원 전화에 상한 감정이 학생들에게 전달되기도 하고요. 그런데 교실에서 학생을 교육해야 하는 교사의 감정이 불안하다면 어떻게 될까요? 학생과 교사 자신에게도 긍정적인 영향을 주기 어렵습니다. 상처받은 교사의 마음은 누구에게서 위로받을 수 있을까요?

키다리 아줌마 : 저는 동 학년 선생님 또는 함께 공부하는 선생님들과 감정과 고민, 해결책, 지혜를 많이 나눕니다. 근무하는 학교의 수석 선생님께 교직에 대한 고민, 인생 상담을 의뢰해서 정말 큰 위로와 조언을 얻은 적도 있어요. 제가 학교 일에 너무 지쳐 보이니까 제 이야기 다 쏟아낼 수 있도록 들어주시고, 그냥 꼭 안아주시더라고요. 정말 감사하고 의지가 되어서 펑펑 울었던 기억이 납니다. 그동안 나를 옥죄는 일이 많았고, 스스로를 너무 채근했다는 생각에 자신에게 미안해지더라고요. 이런 점들을 깨닫고 나니 마음이 평안해지고 용기가 생겨 한 걸음 앞으로 나아갈 수 있었습니다. 이런 분들이 주변에 있다는 건 축복입니다.

악마 너구리 : 저도 교사를 가장 잘 이해하는 것은 역시 같은 교사라

고 생각합니다. 그래서 동 학년 선생님들과 많은 정보를 공유하려고 노력하고, 저 또한 그분들의 고민을 경청하고 공감하려고 노력합니다. 또 문제행동을 보이는 학생에 관해서 고민하다 저보다 그 학생을 오래 지켜본 작년 담임교사와 소통하면서 공감과 조언을 얻은 경험도 있습니다. 학생에 대한 전반적인 정보도 얻고, 고민을 공유하면서 더욱 효과적인 방법을 찾아낼 수 있었습니다.

생활교육 알파고 : 저는 뜻 맞는 선생님께서 제 얘기를 끝까지 들어주고 공감해 주어서 답답한 마음이 좀 해소됩니다. 때로는 교내 Wee 클래스 상담사에게 하소연을 늘어놓고, 학부모 마음을 알고 싶을 때 조언을 받기도 합니다. 학부모의 민원에 시달리다 보면 아무래도 감정에 휩쓸려 보아야 할 것을 보지 못하는 경우가 있거든요. 문제 안에서 헤맬 때는 통찰력 있는 늦깎이 교대 동기와 얘기 나눌 때도 있고, 상담 전공한 선생님과 통화하면서 해결하기도 합니다. 더 전문적인 상담이 필요하다면 전문적인 상담사를 통해서 개인 상담이나 집단 상담에 참여하는 것이 효과적이고, 정신과 전문의의 진찰을 받는 것도 가능합니다. 의료 정보는 외부 유출도 되지 않고 교사에게 불이익이 없으므로 권해 드리고 싶습니다.

왕국어 왕사부 : 저도 문제를 일으킨 학생을 어떻게 대하는 것이 좋을지 자문받기 위해서 학교 Wee 클래스 상담사에게 상담을 요청했

는데, 상담 선생님께 교육적으로도 많이 배우고, 저도 많은 위로를 받았습니다. 학생의 문제가 심각한 경우 학부모와 연계해서 지도할 수밖에 없는데, 이미 학부모도 어려움을 겪고 있을 수도 있습니다. 그리고 학부모가 학교나 담임을 원망하며 공격할 수도 있으므로, 상담 선생님이나 다른 상담사, 기관을 소개해 주거나 연계해 주면 좋습니다.

냉정한 은갈치 : 저는 교사들의 연대가 중요하다고 생각합니다. 그래서 제가 속해 있는 교원단체 홈페이지에 고민을 올리는 교사가 있으면 제가 아는 부분은 적극적으로 댓글을 답니다. 많은 교사가 학부모의 민원에 어떻게 대응해야 할지 잘 모르는 경우가 많아서, 제가 아는 방법 내에서 해결책을 제시해 주기도 하죠. 저뿐만 아니라 전문가 선생님이 많아서 그 댓글 속에서도 서로 위로받고 새로운 지식을 쌓는 경우가 생깁니다.

나를 격려하는 방법

학생을 긍정적으로 변화시키기 위해 제일 좋은 방법은 무엇일까요? 바로 학생을 그 자체로 인정하고, 힘을 불어넣는 격려를 해 주는 것입니다. 선생님들을 평소 본인에게 어떤 격려를 해 주시나요?

키다리 아줌마 : 교사에게도 자기 격려가 중요합니다. 내가 나를 격려하지 않으면 어떻게 용기를 내어 살겠어요. 자책하는 것은 나를 향한 폭력일 수 있으니 그것을 멈추고, 나 자신을 '괜찮다. 충분했다. 애썼다'라고 격려해 주는 시간이 필요합니다. 저는 제게 여유 시간과 선물을 줍니다. 그리고 맛있는 것을 먹으면서 스트레스를 풀기도 합니다. 또 동료들에게 위로와 공감을 받으면 힘들었던 감정도 줄어드는 것 같아요. 대화 중 "나도 그럴 수 있어. 그 사람도 그럴 수 있어."라고 다독이다 보면 감정이 풀어지더라고요. 서로를 격려하며 살아도 모자란 인생인데, 지난 것을 탓하기보다 미래를 향해 걸어갈 수 있도록 에너지를 비축하는 것이 남는 장사라고 봅니다. 긍정적인 시선을 놓치지 않고 즐기며 버티자!

냉정한 은갈치 : 저는 교사도 실수할 수 있고, 잘못된 판단을 할 수 있으니 스스로 불완전한 존재임을 인정하는 게 필요하다고 생각합니다. 그리고 타인의 마음이 내 마음 같지 않다는 것을 인정하고, 예기치 않은 시련이 올 수 있다는 것을 늘 염두에 둡니다. 저는 단체협약 사항인 방학 중 일직을 폐지해 달라는 발언을 해서 업무 불이익도 받아 보고, 교사 모임에서 배제당해서 동료 교사에 대한 배신감도 컸어요. 이런 시간을 통해 타인의 마음은 내 마음 같지 않다는 것을 깨달았고, 모든 사람은 불완전한 존재라는 것을 알게 되었습니다.

왕국어 왕사부 : 최대 하루 8시간, 주 40시간 학교를 위해 고민하고 애썼으면 집에 가서는 학교 생각은 떨쳐야 하는 거죠. 그래야 건강하게 지속가능하게 가르칠 수 있습니다. 무한 희생과 야근, 주말까지 온통 학교 생각하는 건 스트레스를 가져옵니다. 본인에게 여유가 있는 만큼만 더 노력하면 되고, 나머지는 재충전을 위해 써야 합니다.

악마 너구리 : 제가 동료 선생님들께 종종 하는 말은 "저희 교사 하루이틀 할 것 아니잖아요. 우리 삶에 가장 중요한 사람은 바로 자신입니다. 우선 내가 바로 서야 주위를 돌아볼 수 있어요."입니다. 많은 교사가 학생과 학부모와의 관계에서 어려움을 호소하고 있는데, 그 스트레스 속에서 정작 자신은 어디에도 없어요. 본인의 삶에서 가장 중요한 것은 바로 자신인데 말이죠. 교사는 아파도 학교에서 아파야 하고, 심적으로 심한 고통과 스트레스에 시달려도 애써 밝은 표정을 유지해야 한다는 고정관념이 있는데, 교사도 엄연히 감정이 있는 사람이고, 특히 사람을 상대해야 하는 직업이기에 더욱 심신이 건강해야 합니다. 그래서 힘들면 힘들다고 말하고, 아프면 아프다고 말할 수 있는 용기를 가지고 표현해야 합니다.

생활교육 알파고 : 저는 '비폭력대화'를 통해서 자기 공감을 배웠는데, 나 자신부터 나를 위로하고 격려하는 것이 필요하더라고요. 예를 들어, 뭔가 실수해서 학부모가 교사의 행동을 비난하더라도 교사로

서 학생의 성장을 돕기 위해 노력했다는 것은 변함이 없습니다. 그래서 학부모가 내게 했던 것처럼 학부모를 비난하지도 않고, 내가 나를 다독이면서 앞으로 보완하길 다짐합니다.

또 게리 채프먼(Gary Chapman)의 '다섯 가지 사랑의 언어(인정하는 말, 함께하는 시간, 스킨십, 선물, 봉사)'로 나를 충전하기도 합니다. 다섯 가지 모두 소중하지만, 제 경우는 특히 인정하는 말이 힘이 될 때가 많습니다. 학부모와 상담 중 속상한 부분을 누군가에게 털어 놓았을 때 맞장구를 쳐 주면 위로가 되지만, 거기서 멈추면 안 되겠지요. 맞장구로 인해 내가 옳고 상대방은 틀렸다는 잘못된 확신이나 비합리적인 교육 신념이 강화될 수 있어, 교사로서 교육적 성숙으로 나아가지 못하고 같은 일로 부대껴서 고통을 겪을 수 있습니다. 위로받아 얻은 힘으로 다시금 나를 돌아보며 성장의 시간을 가져야지요.

나만의 셀프 격려 문장

가장 중요한 것은 나 자신입니다. 그래서 힘든 자신에게 줄 수 있는 가장 좋은 힐링은 잘하는 것은 격려하고, 어려워하는 부분은 더 잘할 수 있다고 용기를 줄 수 있는 셀프 격려입니다. 오늘 하루 고생한 나에게 수여하는 셀프 격려. 선생님들의 셀프 격려 문장은 무엇인가요?

생활교육 알파고 : 여기까지 잘 왔다.

왕국어 왕사부 : 할 만큼 했다.

키다리 아줌마 : 완벽하지 않아도 괜찮아.

냉정한 은갈치 : 슬픈 네 인생도 네 인생이니, 그 슬픔까지도 사랑하자!

악마 너구리 : 내 안의 나를 마주하고, 나를 돌아볼 용기를 가지고 오늘 하루도 '이 정도면 괜찮아.'라고 격려해 보세요.

정리 및 Tip

악마 너구리 : 완벽하지 않아도 괜찮다는 것을 인식하고, 오늘 하루도 "이 정도면 괜찮아."라고 스스로 격려할 필요가 있음.

키다리 아줌마 : 지난 것을 탓하기보다 미래를 향해 걸어갈 수 있도록 서로 격려하는 긍정적인 태도가 필요함.

왕국어 왕사부 : 다른 누구보다 먼저 자기 자신을 위로하고, 근무 시간 이외에는 책임감을 내려놓고 건강을 돌보며 재충전해야 함.

생활교육 알파고 : 위로와 공감, 전문적인 조언, 상담과 치료 등 나에게 맞는 치유 방법을 찾을 필요가 있음.

냉정한 은갈치 : 교사도 실수할 수 있고, 잘못된 판단을 할 수 있으니 스스로 불완전한 존재임을 인정하는 게 필요함.

3장
마무리

가까이하기에는 부담스럽고, 멀리하기에는 학생의 성장을 위해 협력해야 하는 존재인 학부모. 지속적인 민원으로 교사를 힘들게 하거나, 서로를 이해하지 못해서 평행선을 긋기도 하지만, 일 년을 돌아보면 아무 말 없이 묵묵히 믿어 주는 학부모가 더 많다는 것을 알게 됩니다. 선생님들에게 학부모는 어떤 존재인가요?

"나에게 학부모란?"

생활교육 알파고 : '양육 전문가'이다. 가까이하기에는 조금 부담스럽지만, 서로 소통하면 학생을 좀 더 이해할 수 있고, 학부모 덕분에 학생이 좋은 방향으로 성장할 수 있기 때문입니다.

키다리 아줌마 : '아이들에게 첫 번째 선생님. 그리고 아이들의 생명을 품고 키워 온 존경스러운 존재'입니다. 그렇기에 우리가 서로 존중하고 아이를 위해 협력해야죠.

냉정한 은갈치 : '학생의 성장을 돕는 동반자'이다. 교사는 학생의 사회적 기술과 학문적 성장을 위해 노력하고, 부모는 학생의 보육과 정서적 안정을 위해 노력해야 합니다.

왕국어 왕사부 : '내 학생에 대한 최고의 정보원'이다. 등잔 밑이 어두운 면은 있겠지만, 학생에 대해 가장 많이 알고 있는 건 역시 학부모입니다.

악마 너구리 : '나를 돌아보게 만드는 존재'다. 지속적인 소통으로 제 교육을 돌아보는 기회를 가져, 한 단계 성장할 수 있도록 도와주기 때문입니다.

4장

학교,
어디까지
가 봤니?

매년 업무분장과 학년 선택 시기만 되면 치열한 눈치 싸움과 수읽기가 시작됩니다. 현재 근무하는 학교에서 몇 년 있었고, 지난해 몇 학년을 맡았고, 어떤 업무를 맡았는지에 따라 서로 다른 선택지 안에서 내년 운명을 결정합니다. 점수와 개인적인 사정 등 다양한 것을 반영하다 보면 본인이 전혀 원하지 않는 학년과 업무를 받고 일 년을 고통스러워하기도 하죠. 같은 학교에서 함께 근무하며 힘든 일을 나누고, 서로를 격려하던 사이도 이 시기만 되면 이상하게도 어색한 사이가 되기도 합니다.

'세 다리 건너면 친구'라는 말이 있듯이 교직 사회는 서로 매우 밀접하고, 굳이 같은 학교에 근무하지 않아도 서로의 소식을 듣고, 학교를 옮기다 보면 인연이 맞닿아 있는 선생님을 만나기도 합니다. 그만큼 좁은 사회적 구조를 갖고 있다 보니, 그 안에서 개성을 갖고 살아가기가 매우 어렵고, 갈등을 피하고자 좋게 넘어가려는 성향이 강합니다. 그런데 교직 사회에도 사회적 요구와 외부의 개입이 많아지다 보니, 교사가 수용할 수 있는 한계치를 넘어 불편함과 짜증, 분노 등 부정적인 감정이 점점 늘어나고, 그 감정이 주위 동료 교사에게 번져 뜻하지 않은 갈등이 생기기도 합니다. 특히 성과급, 다면 평가, 승진제

등 누군가를 이기고 넘어야만 내가 좋은 평가를 받고 이득을 얻을 수 있는 구조에서 협력과 존중은 가치를 잃어 가고 있습니다.

학생에게 협력과 존중을 가르쳐야 하는 교사에게 내부 갈등을 촉발하는 현실은 연대의 가치를 훼손하고, 각자도생이라는 안타까운 결과를 초래합니다. 그렇다면 우리는 어떤 마음가짐으로 이 상황을 헤쳐 나가야 할까요?

1
학교는 만능입니다!

– 학교 사회의 변화

　강산도 십 년이 되어야 변한다는데, 최근 십 년 동안 학교는 하루하루가 다르게 변하고 있습니다. 휴직하고 돌아오니 달라진 업무 체계와 학교 분위기에 당황스러워하는 분도 있고, 다른 학교에 전입해 왔더니 기존 학교와 다른 문화로 인해 한동안 어려움을 겪는 교사도 있습니다. 이로 인해 '부적응 교사', '폭탄 교사' 등 적응하기 힘들어 하는 교사를 부르는 신조어까지 나타났을 정도입니다. 교사에게 학교는 학생을 교육하는 공간이면서, 자신의 꿈을 펼치는 공간인데, 학교가 교사에게 안전한 공간이 아니라는 것이 교사를 힘들게 합니다. 그렇다면 언제 학교의 변화를 느끼셨나요?

냉정한 은갈치 : 우리 사회가 학교를 마치 스마트폰인 양 기대하고 있다는 생각이 듭니다. 다양한 기능이 있는 스마트폰처럼 방과후학교, 돌봄교실, 심지어 저학년 3시 하교 정책까지 교육과 조금이라도 관계가 있으면 학교에 투입하여 다 해 주기를 바라고 있어요. 방과후학교는 학생과 강사 모집 및 반 편성, 강사료 정산, 수금, 지급 같은 업무를 교사가 하고 있습니다. 학급에 담당해야 할 학생들도 있고, 교육과정을 연구해야 할 시간에 방과후학교 업무로 인해 소진되고 있어, 고스란히 학생들에게 피해가 넘어가고 있습니다. 교사는 교육하는 사람이지 보육하는 사람이 아닌데, 돌봄교실과 3시 하교 정책은 학교에서 교육과 보육을 모두 책임지라는 무리한 요구입니다.

키다리 아줌마 : 저는 학교 간 격차가 가장 큰 변화라고 생각합니다. 과거에는 학교마다 교육과정 운영이나 업무가 대동소이했는데, 혁신적 가치를 추구하는 학교와 여전히 옛 학교의 모습을 고수하고 있는 학교와의 문화적 온도 차가 정말 큽니다.

그리고 학교에 학부모, 지역사회뿐 아니라 미디어의 영향까지 미치다 보니, 다양한 사람들과의 소통과 조율이 필요해져 어려움과 피로를 느끼는 교사가 늘고 있습니다. 학교의 변화가 학생들의 성장에 도움이 되고 유의미하므로, 교육의 3주체를 생각했을 때는 학부모의 학교 참여나 자치활동이 활성화되는 것도 긍정적인 변화입니다. 중요한 것은 서로 같은 목표를 생각하고, 학교 교사를 교육과정 전문가로 존중해 주면서 소통하고 조율하는 것, 또한 외부의 영향이 자연스럽고 익숙해질 때까지는 학교 구성원의 꾸준한 노력과 혁신학교의 선도적인 모습 등이 필요하다는 것입니다.

생활교육 알파고 : 학교폭력위원회를 여는 것이 아닐까 합니다. 예전에는 아이들 간 싸움으로 치부하고 화해케 하거나, 심한 경우는 경찰서에 신고하는 게 전부였는데, 지금은 피해학생을 보호하고 가해학생을 선도하기 위해 「학교폭력예방법」을 만들었고, 그에 따라 정해진 대응 절차를 학교가 이행해야 합니다. 그리고 아동 인권 보호를 위해 교사는 아동학대가 의심될 때 부모를 신고해야 하는 경우가 생기고, 반대로 교사가 학부모에게 신고당하기도 합니다. 학생을 대상으로 한 성폭력 문제가 발생하면 교사가 신고해야 하지요.

예전보다 학급운영에 대한 동료 교사의 간섭은 줄었지만, 반대로 교사들의 개인주의적 성향이 증가하여 동료 교사와의 협력적인 분위기는 약화된 점이 안타깝습니다. 하지만 고무적인 것은 일방적인 지시 명령을 강조하던 학교장의 리더십도 최근에는 점차 민주적인 리더십으로 바뀌고 있다는 점입니다. 그리고 초등의 경우 학생선도위원회를 열어야 할 정도로 힘들지는 않았는데, 지금은 한 학년에 1~2명 정도는 학생선도위원회를 열어야 할 정도로 문제행동과 교사의 정당한 지시에 대한 불이행이 늘고 있어 학생 생활지도 부담 역시 늘었다고 볼 수 있습니다.

왕국어 왕사부 : 체벌 금지를 규정하고 있는데, 그냥 옷만 잡아 끌어도 멱살을 잡았다, 목을 졸랐다는 상황을 만들어 버리기 때문에 이제 학생들하고 50센티미터 이내로 접근하지 않습니다. 거기다 정서 학대라는 게 또 생겨서 말하다가 목소리가 조금만 커져도 정서 학대 범법자가 됩니다. 학교폭력 담당하는 분들은 이걸 다 겪습니다. 지도 과정에서 윽박지르고 강요해서 강압 조사를 했다고 이의 제기를 당하지요. 그래서 교사들이 굉장히 조심하게 되다 보니 오히려 학생들이 더 보호받지 못하는 상황이 되고 있습니다.

악마 너구리 : 저는 과거에 비해 적극적으로 학부모나 학생과 소통하려는 움직임이 가장 큰 변화라고 생각합니다. SNS 등 다양한 소통 창구가 생기고 있고, 이를 적극적으로 활용하고 있기 때문입니다. 이런 변화는 수업 내용, 교사의 활동에 대해서 의구심을 갖고 있는 학부모의 의심을 조금이나마 줄일 수 있다는 점에서 긍정적인 변화입니다. 하지만 반대로 소통 창구가 다양해지다 보니 퇴근 후에도 상담이나 민원을 요구하는 경우가 많아졌다는 부정적인 면도 있습니다.

또 교사만의 색깔과 역량이 있음에도 불구하고, 스마트기기를 효과적으로 사용하는 교사와 그렇지 못한 교사를 비교하여 잘 사용하지 않는 교사는 뒤떨어진다고 생각합니다. 스마트기기 특유의 손쉬운 접근 방식으로 인해서 교사의 근무 시간이 존중받지 못하는 일도 심심치 않게 일어나고 있습니다.

학교의 변화가 교사에게 준 영향

갈등 해결이 건설적인 공동체 성장을 도와주듯 우리는 사회와 학교의 변화에 마음을 열고, 어떻게 하면 더 건강한 공동체를 만들 수 있을지, 어떻게 하면 모두가 동의할 수 있는 변화를 만들지 고민하는 것이 더 중요합니다.

하지만 학교의 변화는 교사에게 긍정적이든 부정적이든 많은 영향을 주고 있습니다. 점점 늘어나는 사회의 요구를 학교에서 수용하려다 보니 가치 혼란이 오고 있기 때문입니다. 그래서 교사가 생각하는 가치와 사회가 요구하는 가치 사이에서 혼란을 느껴 '흔들리는 교사'가 될 위기에 처해 있습니다. 그렇다면 학교의 변화는 교사에게 어떤 영향을 주었을까요?

냉정한 은갈치 : 이제 '사랑의 매'로는 학생을 통제할 수 없습니다. 그래서 강압적 방법이 아닌 학생의 인권을 존중하면서 할 수 있는 대안적인 방법을 연구함에 있어, 교사의 노력이 더 많이 필요해졌습니다. 자극에 대한 반응이 빠른 상과 처벌을 버리고 학생의 마음을 어루만져 주면서 천천히 변화하도록 가르치고, 지시가 아닌 도와주는 촉진자의 모습이 더욱 중요해진 것입니다. 그래서 최근에는 다양한 훈육법과 학급운영법을 실천하고 있는 교사들이 많아졌습니다. 자신에게 맞는 방법들을 통해 학생들의 긍정적인 변화를 촉진하는 것이죠.

키다리 아줌마 : 일단 교직의 가치가 과거보다 하락하다 보니, 앞으로 내 능력이나 노력과 상관없이 어떤 문제가 생길 수 있다는 생각이 들기도 합니다. 그동안 운이 좋았다는 생각도 들고요. 시대적 격변 가운데 적응 중인 학교는, 이제 교사라는 타이틀이 주는 권위만으로는 배움을 줄 수도, 존경받을 수도, 문제를 해결할 수 없다는 것을 말해 주고 있습니다. 학생들의 성장을 촉진하는 역할을 감당해 낼 인적 자원으로서 우리가 새로이 자리매김해야 하는 거죠.

왕국어 왕사부 : 좋은 강의 동영상이나 사설 인터넷 강의 사이트가 넘쳐나는 환경에서 지식 전달자로서 교사의 지위는 흔들리고 있습니다. 어떻게 보면 중세 이전 교육에서 인격의 스승 역할이 요즘 교사에게 다시 요구된다고 볼 수 있죠. 단순 지식의 전달보다는, 그 지식을 어떻게 활용할 수 있을지를 가르쳐야 하는 코칭의 개념이 더욱 강조된다는 점에서 교사의 역할을 재조정하는 과정이 필요합니다.

생활교육 알파고 : 학교의 변화 중 하나는 갈수록 잡다한 업무가 늘면서 줄어들 기미는 안 보인다는 것입니다. 사회가 복잡하게 변화하니까 교사의 할 일도 많아지는 것은 이해가 가지만, 정작 그로 인해 학생을 교육하고 상담하는 일보다 세세한 행정업무 처리에 더 매달리게 되는 것 같아서 안타깝습니다. 교사를 편하게 하려고 도입한 시스템이 오히려 더욱 많은 업무를 수행토록 만든 것이죠. 어떤 때는 제

가 교사인지 공문 처리자인지 헷갈릴 때가 있을 정도니까요. 그래서 학교 업무 정상화를 위해서 차츰 업무를 줄이려는 움직임이 필요합니다.

악마 너구리 : 저는 학교의 변화로 인해서 수업이 많은 영향을 받았다고 생각합니다. 왕국어 왕사부 선생님이 말씀하신 것처럼 지식 전달 위주의 수업에서 학생들이 스스로 활동하는 학생 활동 중심 수업으로의 변화가 일어난 것이죠. 이제는 지식을 어떻게 기억하느냐가 중요한 것이 아니라, 지식을 어떻게 활용하는지가 더 중요한 사회가 되었습니다. 유튜브 같은 영상을 자주 접하는 요즘 학생들은 수업 시간이 조금이라도 지루하면 금방 질려 하는 경향이 있어, 비주얼씽킹, 프로젝트 수업, 스마트 교육 등 다양한 도구를 이용해서 수업에 재미있게 참여할 수 있도록 교사의 노력이 필요합니다.

변화에 대처하는 방법

사회의 변화에 대한 적응과 더불어 학생들을 효과적으로 교육하기 위해서는 교사도 변화에 현명하게 대처해야 합니다. 현명하게 대처하는 방법은 무엇이 있을까요?

냉정한 은갈치 : 사회의 요구를 학교가 모두 수용할 수 없음을 설명해야 합니다. 그리고 많은 사람들이 교사는 누구나 할 수 있는 쉬운 직업으로 생각하는 경향이 있는데, 교사의 고충과 전문성에 대해서도 설명해야 합니다. 그래서 유튜브를 통해 교사가 전문성을 갖추기 위해 끊임없이 노력하고, 학교에서 어떤 고충을 겪고 있는지 이야기하고 싶습니다.

왕국어 왕사부 : 언론에서 보여지는 일부 모습만으로 학교를 판단하는 경우가 많다 보니, 학교에 대한 오해가 참 많습니다. 그래서 실제 교사의 삶이 어떠한지 여러 방면에서 입체적으로 조명하고 알려야 합니다. 그리고 이제는 지식을 전달하는 시대가 아니기에, 학생 한 명 한 명 따뜻하게 신경 쓰면서도 미래에 필요한 창의력, 비판적 사고력, 협업 능력, 소통 능력을 키워 줄 수 있는 교사가 되기 위해서는 행정 업무를 대폭 축소해야 하는 게 마땅하지요. 그와 관련하여 사회적 공감대를 불러일으킬 수 있도록, 교사의 모습을 일반인에게도 계속 알려야 하므로 과거의 모습대로는 학교가 유지될 수 없습니다.

생활교육 알파고 : 교사 중심의 교육 단체와 교원 노동조합에 가입해서 교육 현장을 어렵게 만드는 비교육적인 관행을 없애고, 현장과 동떨어진 교육정책에 제동을 걸고, 학생이 성장하고 교사가 행복한 교육정책이 수립될 수 있도록 적극적으로 목소리를 내야 합니다. 그리

고 교사 동아리와 교육연구회에 참여해서 교사로서 정서적인 지지를 얻고, 전문성을 더욱 신장하기 위해 자신에게 취약한 부분을 보완한 다면 교육적 자존감 향상은 물론, 근무하는 학교의 발전에도 기여할 수 있습니다. 더불어 교육과 관련된 법에 대해 깊이 이해하고, 교육 현장 개선과 학생의 전인적인 성장을 위해 법 개정 운동을 벌이는 것도 필요합니다.

키다리 아줌마 : 학생들과 소통하고, 서로 존중하려는 노력과 배움이 일어나도록 수업을 구성하고, 재미있고 의미 있는 수업을 위해 끊임 없이 고민하고 연구해야 합니다. 그런데 개인의 힘으로는 한계가 있 으니 많은 동료와 함께 배우고 나누고 소통하고 연대해야 합니다. 동 료 교사와 교류하고, 서로 돕고 의지하며 내공을 쌓다 보면, 교사로서 의 정체성이 단단해질 것입니다.

악마 너구리 : 사회가 변화한다고 학교가 그 변화에 발맞춰 나갈 필 요는 없지만, 그렇다고 변화하는 사회에 맞서 싸우는 것 또한 현명하 지 않습니다. 그래서 교사는 자신만의 장점을 만들고, 수업 및 학급운 영 등에 대한 이론적 근거나 노하우를 바탕으로 나만의 장기 계획을 만들어서 빠른 변화 속에서도 자신만의 교육철학을 갖고 대처해야 합니다.

정리 및 Tip

악마 너구리 : 학교에 대한 사회의 요구가 증가하고 있는 반면에 학교의 역할은 갈수록 많아져 교사가 힘들어지고 있음.

냉정한 은갈치 : 교육 현장에서 체벌이 사라지고, 교사도 학생을 존중하고 인격적으로 지도하는 방향으로 생활교육의 방향이 바뀌었음.

왕국어 왕사부 : 교사의 정당한 교육활동도 아동학대 시비에 휘말리거나 학생 성보호와 관련한 논란도 생겨, 교사의 교육활동이 위축되는 경향이 있음.

키다리 아줌마 : 동료성을 바탕으로 연대하며, 함께 문제를 해결하는 교사 공동체를 형성할 수 있도록 노력해야 함.

생활교육 알파고 : 학생과 학부모와의 관계에 대한 노하우를 서로 나누고, 교원 단체와 노조 가입을 통해 소통의 어려움을 극복해 나가야 함.

2
어서 와,
선생님은 처음이지?

– 신규교사 가이드

처음 발령을 받고, 임명장을 들고 학교로 찾아가는 신규교사의 마음은 떨림 반, 두려움 반으로 누구나 비슷합니다. 발령식에서 신규교사를 데리러 온 선생님들을 보면서 '누가 나를 데리고 갈까?'라고 생각하며 설레었던 것이 기억납니다. 그리고 경력 교사가 되어 신규교사를 만나러 갈 때는 '누가 우리 학교에 오실까?'라며 함께 긴장했던 기억도 나고요. 그만큼 신규교사의 발령은 학교에도, 신규교사에게도 긴장되는 순간입니다.

신규교사가 학교에 적응하기 힘든 이유

막상 발령받은 학교에 첫 출근을 하면 신규교사는 막막함과 맞닥뜨립니다. 대학교에서 배웠던 지식이 실제 교육 현장과는 괴리가 있고, 교육 방법이나 상담 이론 등을 열심히 공부했지만 정작 교직 생활에 필요한 학생 관리 방법, 수업을 방해하는 학생 훈육법, 우유 먹이는 법, 화장실 안전히 다녀오는 법, 학부모 상담하는 법, 공문 작성법, 교육법, 교권 등에 대해서는 배우지 못했기 때문입니다. 누군가는 좋은 인연을 만나 교직 생활에 원활하게 적응하지만, 모두가 운이 좋은 것이 아니다 보니 안타깝게도 신규교사는 학교 현장에 관한 별다른 지식 없이 덩그러니 던져질 수밖에 없습니다. 이렇게 신규교사가 학교에 적응하기 힘든 이유는 무엇일까요?

왕국어 왕사부 : 임용 시험과 교대 및 사대 교육과정에서 학교에 발령받았을 때 적응할 수 있도록 제대로 준비시키지 않는 것이 가장 큰 원인입니다. 또 안타깝게도 신규교사가 자신의 의견을 적극적으로 피력하지 못한다는 것을 알고 일을 떠넘기는, 현장 교사들이 신규교사를 배려해 주지 않는 모습도 있습니다. 그런데 현직 교사들 탓만 할 수 없는 것이, 신규교사에게 친절히 알려 주려다가 선배가 참견하는 것으로 인식해 갈등이 생겨 오히려 상처받는 경우도 있기 때문입니다.

냉정한 은갈치 : 신규교사를 가르치는 공식적인 제도가 학교에 없어서 적응이 어려운 것 같습니다. 싱가포르에는 두 종류의 수석 교사가 있는데, MT(Master Teacher)는 동서남북으로 나누어진 학교군의 교사에게 장학하고, ST(Senior Teacher)는 학교 단위에 있는 신규교사와 현직 교사를 상대로 교수·학습 상담이나 지원을 합니다. ST는 교원 5명당 1명꼴이며, 학교별로 교사의 40퍼센트까지 배정할 수 있어서 신규교사를 지원하기에 매우 적절한 제도입니다. 기업도 인턴십 과정이 있고 연수를 해 주는데, 유독 신규교사에 대한 지원이 부족해서 스스로 생존해야 하는 모습이 너무 안타깝습니다.

악마 너구리 : 신규교사를 너무 능력자로 여기지 않나 생각합니다. 최근에 초임 첫해에는 교과 담당을 주도록 권유하는 내용의 공문이 내려온 것으로 알고 있는데, 몇 년 전만 해도 발령 첫해부터 고학년 담임교사를 맡는 경우가 많았습니다. 많은 것이 새롭고 어려운 신규교사에 대한 배려가 없었던 것이죠. 교대 및 사대 교육과정에 학교 현실이 반영되지 않다 보니, 신규교사는 학교에 대한 지식을 거의 배우지 못하고 발령을 받습니다. 우스갯소리로 어차피 학교에 가서 다시 배워야 한다는 이야기까지 있을 정도니까요.

생활교육 알파고 : 교육 현장은 십 년 전보다 엄청나게 달라졌는데, 교대 교육과정은 예전과 거의 차이가 없습니다. 거기다 지금은 고경

력 교사들도 늘어나는 업무에 치여 예전보다 여유가 많이 줄어들다 보니, 신규교사에 대해 신경 쓰기가 어려워지고 있습니다. 그리고 교사 문화가 수평적인 면이 강해 가르쳐 주는 것을 간섭으로 느낄 수도 있어서, 학교 차원에서 신규교사를 지원하는 것보다는 교대 및 사대 교육과정이나 교육청 차원에서 접근하는 것이 더 효과적입니다.

키다리 아줌마 : 신규교사에게 친절한 가이드라인이 없는 것이 가장 큰 원인입니다. 선배들도 다들 맨땅에서 적응한 케이스라 굳이 나서서 무슨 도움을 줄 필요가 없다고 생각하는 거죠. 교직이 수평적이고 독립적이다 보니 자기 몫은 알아서 해야 한다고 생각하고, 지나친 참견을 삼가는 경향도 있지만, 실은 공동체적 방치일 수도 있습니다. 그리고 물어보면 알려 줄 수 있겠지만, 선배들도 친절하게 배려를 받으며 시작한 경험치가 없어서인지 굳이 먼저 챙겨 줄 이유를 못 찾기도 하고요. 제가 신규교사였을 때 어떤 선배 교사는 "요즘 신규교사는 우리 때보다 잘 배워서 온다."라고 하면서 얼마나 잘하나 보자고 말씀하시기도 했습니다.

또 시대적인 차이도 존재하는 듯합니다. 자란 시대도 다르고, 삶의 방식도 달라서 지적하면 '꼰대'가 될까 봐 말을 아끼고, 서로 소통하려는 시도를 안 하기도 합니다. 사례를 하나 들자면, 한 신규교사 반 아이가 방과 후에 가방을 운동장에 두고 갔는데, 그게 분실물로 교무실에 들어온 겁니다. 그래서 누구 것인지 확인해서 담임교사에게 전화를 걸어 알려 주었는데, 그 신규교사는 알았다면서 찾으러 오지 않았습니다. 나중에 알고 보니 학생 부모님께 연락해 교무실에 가방이 있으니 가져가라고 했다더라고요. 본인 반 아이 것이니까 가지러 올 거라고 예상했던 경력 교사들은 그 행동이 이해되지 않아 다들 고개를 저었고, 그 신규교사는 왜 자기를 탐탁지 않아 하는지 이해가 안 간다고 하는 상황이었죠. 나에게 당연한 게 다른 누군가에게는 당연하지 않을 수 있다는 것을 인정하기가 참 쉽지 않습니다.

신규교사 학교 적응기

무엇이든 처음이었던 신규교사 시절, 지금은 웃으며 말할 수 있지만, 그 시절에는 나름 심각했던 일들이 있습니다. 신규교사여서 용서되었던 그 시절, 이제는 말할 수 있는 나만의 신규교사 적응기를 들려주세요.

냉정한 은갈치 : 신규교사 때 공문을 처음으로 보내 봤는데, 발송을 누르지 않아서 공문서가 몇 개월 동안 가지 않은 상태였던 경험이 있습니다. 지금은 업무 관리 시스템이라 교무실무사가 발송 버튼을 눌러 주지만, 그때는 업무 관리 시스템을 쓰지 않을 때라 일어났던 일화입니다. 그때 학교는 수업, 생활지도, 상담뿐 아니라 공문을 쓰는 과

정도 잘 알아야 생활할 수 있는 곳이라는 것을 느꼈죠. 교대 다닐 때는 이런 업무에 대한 이야기를 전혀 듣지 못했고, 실습 가서도 담임선생님들의 수업만 보고 업무 처리하는 모습은 본 적이 없었기 때문에 신규교사로서 낯설었습니다.

생활교육 알파고 : 저는 전교 6학급의 작은 학교에 첫 발령을 받았는데, 교육청 평가단에 의한 학교 평가 준비 때문에 2주 동안 야근하며 실적으로 내세울 만한 예전 자료를 찾고, 활동을 포장하는 일을 하면서 '도대체 이걸 왜 하나?'라는 생각이 들었습니다. 지금은 교육지원청에 의한 학교 평가가 학교 자체 평가로 바뀌면서 사라진 제도이지만, 학교가 내실보다는 겉으로 보이는 실적을 강조하는 곳이라 여겨져서 씁쓸했습니다.

또 발령받았던 학교의 반 아이들이 7명이었습니다. 정신없이 바쁘긴 했지만 3월 말이 되니까 약간 한가해지더라고요. 그래서 "애들아, 방과 후에 특별히 할 일 있니?" 하고 물으니 없다길래 "그러면 우리 논두렁, 밭두렁 다니면서 자연관찰 좀 해 볼까?" 하고 아이들을 데리고 나갔는데, 방과후학교 담당 선생님께 애들 다 어디 갔냐고 전화가 온 겁니다. 아이들 저랑 같이 자연관찰하고 있다고 하니, "애들이 방과 후를 안 하고 그냥 갔다."고 그러시더라고요. 그래서 애들한테 선생님을 왜 따라왔냐고 물었더니 "선생님이 갈 수 있는 사람 오라 해서 왔는데요?" 하고 말하더군요. 그런데 그 당시 방과후학교에 대한 인식이 부족해서 "애들하고 활동하고 있으니까, 오늘 그런 줄 아세요."
라고 말씀드렸습니다. 제가 잘못한 거죠. 방과후학교 담당 선생님께
죄송하다고 말씀 드리고, 미처 확인 못 했다고 해야 하는데 아무것도
모르다 보니 그렇게 대처해 버린 거죠. 나중에 생각해 보니 정말 죄송
했던 일이었습니다.

악마 너구리 : 저는 교과로 발령 나면서 첫 업무가 방송반이었는데,
대학교 동아리 활동으로 방송기기에 대한 사전 지식이 있었음에도
매우 힘들었습니다. 그해 거의 모든 경우의 방송 사고는 다 경험해 봤
던 것 같습니다. 지각해서 방송이 시작했을 때 도착했던 일, 영상이
안 나가고 소리가 안 나가는 것은 자주 있었던 일이죠. 심지어 중간에
방송 장비가 교체돼서 처음부터 다시 방송 방법을 배웠던 일도 있었
습니다. 그리고 교가 영상이 오래돼서 영상을 변경해야 한다고 해서
열심히 영상을 찍고, 편집 프로그램도 독학해서 교가 영상을 바꿨던
기억도 납니다. 제가 기계와 친한 사람이 아닌데, 신규교사의 열정이
어서 가능하지 않았나 생각합니다.

왕국어 왕사부 : 쉬는 시간마다 화장실에서 수십 명이 담배를 피워서
담배 냄새가 복도를 넘어 교무실까지 퍼지는 상황인데도 학교에서는
제대로 손을 쓰지 못했습니다. 학칙으로 3회 적발 시 퇴학이라는 강
수까지 뒀지만, 그런 거로 학생을 퇴학시키면 안 된다는 선생님들이

맞서는지라 학생들이 다들 불편을 겪으면서도 학교의 권위는 떨어진 상태였지요. 오히려 담배 피우는 아이를 볼까 봐 교사가 고개를 숙이고 못 본 척하며 피해 다니는 상황이었습니다. 화장실 앞을 지나다가 담배 피우는 학생과 우연히 마주쳐서 어쩔 수 없이 생활지도부에 데리고 갔더니, 신규교사가 사고 쳤다고 도리어 욕을 먹은 적도 있습니다. 신규교사는 나서지 말고 눈치껏 소극적으로 살아야 하는 상황이었지요. 그리고 맨 처음 교단에 섰을 때 얼굴에 물총을 쏘고 도망가는 여학생이 있었습니다. 수치심에 부들부들 떨었는데, 알고 보니 정말 개념 없이 자기 친구에게 하듯 장난친 거였다는군요.

키다리 아줌마 : 2년 차 때 다른 신규교사 수업 장학일이었는데, 오후에 개인 용무가 있어 조퇴하려고 했더니 사후 협의회도 참석 안 하고 가려 한다고, 또 그걸 왜 이제 얘기하냐고, 이렇게 행동하는 것이 직장인의 바람직한 모습이냐고 혼났던 기억이 납니다.

그리고 3년 차 때 미술 활동 공개수업을 했는데, 준비 과정에서 연구부장님과 소통했고, 결재 라인이 연구부장 – 교감 – 교장선생님이어서 그분들께 결재를 받고, 한 명뿐인 동 학년 선생님과는 별다른 논의를 안 했어요. 나중에 사후 수업 협의회 자리에서 옆 반 선생님이 "본인이 미술을 전공했는데 지도안 짜면서 협의 한 번 하러 오지 않아서 이제야 지도안을 본다."는 말씀을 하셨습니다. 저는 연세도 많으시고 귀찮으실까 봐, 또 미술 전공인 줄도 몰랐기에 연구부장님과만 이야기를 나눴는데, 그것이 제가 그 선생님을 무시한 것처럼 느껴졌던 것 같습니다. 지금 생각해 보니, 당신이 우리 교실 들여다보고 잘 준비되고 있는가 관심 가져 주신 적도 없으면서, 나는 물어보고 상의해야 맞다고 생각한다 싶어서 저 또한 마음이 좋지 않았습니다. 그리고 따로 타이르듯 이야기한 것도 아니고, 협의회 공식석상에서 서운한 내색을 대놓고 드러내셔서 정말 좋지 않은 기억으로 남아 있습니다.

흔들리던 나를 잡아 준 선생님

신규교사가 공통으로 힘들어 하는 부분은 알지 못하는 것과 경험해 보지 못한 것에 대한 두려움입니다. 그래서 더욱 선배 교사와의 교류가 중요합니다. 일이 아무리 힘들고 고돼도 함께하는 사람이 좋으면 그래도 견딜 만했던 기억은 누구에게나 있기 때문입니다. 힘든 학년을 맡았을 때도 동 학년 교사들과 함께 노력하며 더 보람차게 보냈던 기억도 있습니다. 힘들고 혼란스러웠던 신규교사 시절, 흔들리던 나를 잡아 준 선배 교사와의 아름다운 이야기를 들려주세요.

키다리 아줌마 : 두 번째 학교에 발령을 받자마자 4월 공개수업을 하게 되었는데, 아무도 안 하려는 첫 임상 장학 공개수업이었습니다. 학년 부장 선생님이 제게 첫 공개수업을 맡겨서 미안하고, 해 줄 게 없

다며 묵묵히 우리 반 교실을 정리해 주시고 청소까지 해 주셔서 감동했던 기억이 납니다.

그리고 우리 반 학생과 다른 반 학생이 크게 다퉜는데, 다른 반 선생님이 선입견을 갖고 우리 반 학생을 판단하시길래 저는 그게 불편해서 우리 반 학생을 변호하듯 말했습니다. 그랬더니 제게 화를 내시면서 어떻게 교사로서 자기 입장을 헤아리지 않고 자기 반 학생 편을 드냐면서 제게 심한 말씀을 하셨습니다. 애들 싸움이 담임 싸움으로 번진 것이죠. 그때 학년 부장 선생님이 양쪽 이야기 다 듣고 서로 오해 없이 풀 수 있도록 조율을 해 주셨습니다. 지혜롭게 문제를 풀어 가는 그 모습이 존경스러웠고, 정말 감사했던 기억이 있습니다.

생활교육 알파고 : 한 해 다들 기피하는 5학년에 본교 교사 2명, 전입 교사 3명으로 꾸려졌던 기억이 납니다. 어렵고 힘들었지만, 학년 부장 선생님이 교사들의 마음을 모으고, 부장 회의에서는 합리적으로 의견을 내서 업무 속도를 조절했습니다. 그리고 협력해서 생활지도를 하면서 마음이 통해 4명의 교사가 다음 해 6학년을 연임하여, 학생들이 5학년 때보다 문제를 일으키지 않고 골고루 성장하는 모습을 볼 수 있었습니다. 그때 부장 선생님의 협력적 리더십의 중요성을 깨달았고, 지금은 중요한 결정을 할 때 꼭 여쭤보는 사이가 되었습니다.

왕국어 왕사부 : 제가 만난 분은 수업, 담임, 교직 등 거의 모든 면에

서 멘토링을 해 주셨습니다. 제 경험상 본인이 적극적으로 배우려는 자세를 가지면 주위에서 도움을 주는 경우가 많았습니다. 하지만 학교가 조금이라도 여유가 있어야 한다는 전제조건이 필요하겠죠.

악마 너구리 : 제일 도움을 많이 받았던 것은 실수를 막아 준 것, 기안문 쓰는 법을 알려 준 것입니다. 지금 돌아보면 저는 엄청나게 운이 좋았다는 생각이 듭니다. 초임교사 시절 실수에도 격려해 주시고, 제 일처럼 도와주시는 분들을 만났고, 힘든 일이 있을 때 언제든 상담할 수 있는 선배 교사가 있었기 때문입니다. 어떤 선생님은 제 교직 경력 중 대부분을 함께해 주시면서 끝까지 저를 도와주셨던 분도 있습니다. 물론 저도 그 선생님을 위해서라면 어떤 일이든 도와드리려고 노력했었죠.

신규교사에게 가장 필요한 것

교직 사회는 학교마다 구성원과 문화가 달라서 교사마다 초기 경험에 큰 차이가 있습니다. 첫 발령을 어느 지역, 어느 학교로 받느냐에 따라 교직에 대한 신념이나 진로가 달라지기도 합니다. 그런데 교사의 성장을 이렇게 개인의 운에만 맡긴다는 것은 너무 가혹합니다. 신규교사에게 가장 필요한 것은 무엇일까요?

왕국어 왕사부 : 어떤 어려움을 겪고 있을 때, 어디에서 어떤 도움을 받을 수 있는지 최소한의 정보라도 필수적으로 갖고 있어야 합니다.

냉정한 은갈치 : 학교마다 멘토 교사가 있어야 한다고 생각합니다. 신규교사를 바로 모든 일을 할 수 있는 완전체로 보면 안 되고, 공식적인 멘토 교사제를 마련해 신규교사를 멘토링할 수 있는 체제가 구축되었으면 좋겠습니다.

키다리 아줌마 : 우리도 모두 그런 과정을 겪어 왔으니, 공감과 지지의 마음으로 신규교사를 향해 응원의 액션을 보여주면 어떨까요? 숱한 조언보다 한 권의 책, 시원한 음료 한 잔 건네며 애쓰고 있다고 손 내밀어 주는 거지요. 관계가 형성되면 언제든지 도움을 요청해 볼 수 있으니까요. 그런 선배가 되어 든든히 곁에 있어 주는 것, 또 그런 관계를 함께 만들어 가는 것이 필요합니다.

생활교육 알파고 : 교대와 사범대 교육과정의 실질적인 개선과 교육지원청에서 줄 수 있는 실질적인 도움, 그리고 선배 및 동료 교사의 노력이 함께해야 합니다. 그리고 신규교사는 너무 크게 부담 갖지 말고, 학교에 있는 것만으로도 충분히 애쓰고 있다는 점을 알고 계셨으면 좋겠습니다.

초임부터 경력자가 될 수 없는 것처럼, 신규교사는 모든 것이 새롭고 어려운 일투성이입니다. 게다가 교사 구성상 경력 교사 사이에 신규교사가 외따로 남겨질 수도 있습니다. 처음이기에 실수해도 인정되는 부분도 있지만, 언제까지나 신규교사라고 실수를 인정해 주고 넘어가 주지도 않습니다. 그래서 신규든 경력자든 모두 서로 공감하고 어려움을 나눌 수 있는 동료라는 것을 잊지 않는다면 신규교사의 교직생활도 더욱 행복해지지 않을까요?

 정리 및 Tip

악마 너구리 : 어느 학교에 발령이 나든 표준화된 안정적인 지원 체제가 필요함.

키다리 아줌마 : 신규교사는 어렵고 힘들 것이라는 주위의 공감과 실질적인 지지가 필요함.

왕국어 왕사부 : 문제가 생겼을 때 유형별로 도움을 청할 곳에 대한 최소한의 정보를 제공해 줄 필요가 있음.

생활교육 알파고 : 교대와 사대의 교육과정에 학교의 현실을 반영하여 개선하고, 지역 교육청의 지원이 필요함.

냉정한 은갈치 : 수업 능력 향상과 교사의 성장을 위해 멘토 교사를 제도화할 필요가 있음.

3
어서 와,
이 학교는 처음이지?

– 전입 학교 적응 가이드

신규교사가 첫 학교에 적응하는 것이 힘든 것처럼, 새로운 학교에 전입하는 교사도 적응하기가 쉽지 않습니다. 지난해 근무했던 학교에서는 되던 것이 지금은 안 되는 것이 있고, 또 반대인 경우도 있기 때문입니다. 심지어 교사는 빠르면 3~4년, 늦어도 5년 정도에 한 번씩 학교를 옮기기 때문에, 대부분의 교사는 교직 생활 동안 최소 여섯 군데 이상의 학교에 적응해야 합니다.

더불어 학교 공간은 잘 변하지 않지만 교사, 행정직 등 학교 안에서 일하는 대부분의 인력은 지속해서 순환하는 형태이다 보니, 핵심 구성원이 누가 되느냐에 따라 작년과 분위기가 바뀌어 굳이 학교를 옮기지 않더라도 변화된 학교에 적응해야 하는 일이 벌어지기도 합니다.

그래서 교사는 자의든 타의든 새로운 환경과 문화에 적응해야 하는 일이 매우 잦습니다.

전입 초기에 생긴 에피소드

"작년 선생님은 된다고 했는데, 올해는 왜 안 돼요?"
"물 마시러 가도 돼요?"
"화장실 가도 돼요?"
"핸드폰 써도 돼요?"

학년 초 많이 들어본 이야기죠? 학년 초 학생들은 새 선생님에게 적응하기 위해 여러 가지 질문을 쏟아내며 적응해 나가지만, 교사는 어리숙해 보이거나 능력이 부족해 보일 수 있다는 걱정 때문에 자연스럽게 누군가에게 물어보는 것이 어렵습니다. 새로운 학교에서 말 못할 에피소드를 경험한 적이 있나요?

생활교육 알파고 : 전입 학교에 가 보니 선생님 팔을 물어뜯은 적이 있는 학생을 맡게 되었더라고요. 그런데 참 이상하게도 동 학년 선생님들은 저에게 몰아주는 분위기였고, 권위적인 교장선생님은 제게 부탁하는 모양새였습니다. 그런데 학교를 또 옮겼을 때는 심각한 문제행동이 있는 학생을 교감선생님의 권유로 맡게 되었죠. 정말 전입

교사에 대한 배려가 없었던 거죠.

냉정한 은갈치 : 전입한 학교에서 교무실무사에게 영어캠프 안내 문자 발송을 부탁 드렸습니다. 그런데 문자 발송은 자신의 일이 아니라고 해서 매우 당황했습니다. 알고 보니 전 담당교사는 교무실무사에게 한 번도 그런 요청을 하지 않았던 거죠. 개인적인 경험이 다르다 보니 업무를 처리할 때 이런저런 에피소드가 생기도 합니다.

키다리 아줌마 : 재활용품 버리는 요일이 정해져 있었는데, 그걸 모르고 학생들에게 아무 때나 갖다 버리라고 했습니다. 그러던 어느 날 교무실에 갔는데 교무실무사 선생님이 "누가 후문에 아무 때나 재활용품을 내놔서 플라스틱이 자꾸 굴러다닌다."고 이야기하시더라고요. 순간 아차 싶었죠. 큰 문제가 아니라 다행이었지만, 새로 온 사람은 그런 사소한 것까지는 잘 모르거든요.

왕국어 왕사부 : 학생들이 이런저런 것에 대해 물어보는데, "선생님도 잘 몰라." 하고 대답하는 경우가 많아 처음에는 난감했습니다. 그런데 살다 보면 모르는 것도 있는 게 당연하다는 마음으로 살기로 했어요. 지금 있는 학교는 엄청나게 커서 학교 안에 건물이 10개가 넘습니다. 지리 익히는 데 일 년은 족히 걸리지요. 모르는 걸 모른다고 말할 수 있는 용기도 필요합니다.

악마 너구리 : 저는 예전 학교는 건물이 한 동이었는데, 최근 옮긴 학교는 건물이 두 동입니다. 도서관과 강당까지 합치면 세 동인 셈이죠. 건물이 10개인 왕국어 왕사부 선생님만큼은 아니지만, 부임 초기 학생들과 교과실을 이동하다가 학교 탐험을 한 적이 몇 번 있습니다. 아이들에게는 말하지 않았지만, 속으로는 식은땀을 엄청 흘렸죠.

교사를 당황케 하는 상황들

새로운 학교에 적응하기에도 바쁜데, 예전 학교와 다른 학교 문화는 교사를 더욱 당황케 합니다. 공무직의 업무 범위, 행정실과의 업무 경계, 교장과 교감, 업무부장에 따라 다른 판단을 내리고, 책임의 범위가 학교마다 다르기 때문입니다. 이렇게 교사를 당황케 하는 원인은 무엇일까요?

왕국어 왕사부 : 누구나 새로운 환경에 적응하는 것이 힘듭니다. 그 학교의 관습이나 규칙에는 나름 많은 이유나 그동안의 사정이 있을 텐데, 누구 하나 그걸 친절하게 설명해 주지 않습니다. 그러다 보니 관행적 부조리가 새로 온 사람 눈에는 더 잘 보이기 마련인데, 나선다고 눈치 받기 싫으니까 잠자코 있다가 동화되곤 하지요. 정말 나쁜 건, 전입 교사에게 기피 업무를 몰아주는 겁니다. 새 학교 적응조차

힘든 교사가 여러모로 힘들어지면 결국 학생들에게 그 피해가 갈 텐데 배려가 없는 거죠.

냉정한 은갈치 : 저는 유대감과 관련된 문제가 가장 큰 것 같습니다. 예를 들어, 익숙했던 환경과 친했던 선생님들과 깊은 유대감을 맺고 있었는데, 전입해 온 학교에서는 다시 맺어야 하거든요.

악마 너구리 : 저는 학교마다 행정실 주무관, 실무사의 업무 경계가 다르기 때문이라고 생각합니다. 그래서 교사는 새 학교의 업무 문화에 적응하면서, 다른 사람들의 업무분장도 함께 알아야 하는 이중고에 시달릴 수 있습니다.

생활교육 알파고 : 전입한 학교의 인사 자문 규정 내 포상 기준안에 "인화에 저해하는 자는 포상을 제외한다."라는 규정이 있었습니다. 그 말이 마치 옳은 말 내지는 기존의 관행과 다른 말을 한 교사는 포상에서 제외한다는 의미로 받아들여졌어요. 교사가 품위 의무 위반이라든가 징계를 받아서 포상이 제한된다면 모르겠지만, 인화를 저해해서 포상을 제외한다니. 너무 자의적이고 옛날 방식이라는 생각이 들었습니다. 기존에 있던 교사 중 그 조항으로 인해 피해 본 분이 없어서 부당함에 관해 말할 때 미안했던 기억이 납니다.

키다리 아줌마 : 전입 오기 전 학교의 문화와 방식에 익숙해져 있어서 그렇다고 생각합니다. 아마 새로운 학교에서도 어느 정도 지내다 보면 결국 그 학교의 문화와 방식에 익숙해져 버리게 되지요. 이것을 다른 시각에서 본다면, 즉 새로 온 전입 교사의 눈으로 그 학교 낯설게 보기를 한다면, 그 학교가 고치거나 변화를 줘야 할 부분을 찾는 기회가 되기도 합니다. 무엇이든 익숙해지면 고쳐야 할 불합리한 것도 알아차리지 못하고 살아갈 수 있거든요.

전입 학교 적응기

교사에게 전입 학교 적응은 피할 수 없는 숙제입니다. 조금 더 원활하고, 자연스럽게 전입 학교에 적응할 수 있는 노하우를 알려 주세요.

생활교육 알파고 : 전입 1년차는 생존에 가깝죠. 5년 경력이 쌓일 때까지는 다양한 교육적 실험과 도전이 필요합니다. 교사 중심 교육 단체와 교사 노동조합 가입은 빠를수록 좋고, 학교 안에서와 외부 교사 모임에서 멘토 교사를 두고 조언을 받는 것도 도움이 됩니다.

악마 너구리 : 저는 맡은 업무를 열심히 하려고 노력하고, 좋은 관계를 얻기 위해 일부러 교무실, 행정실에 들러서 인사하기도 합니다.

인간관계의 시작은 만남이고, 같은 말이라도 말하는 사람의 표정이 어떤지에 따라서 잘 해결되는 경우를 많이 봐서, 좋은 일이든 나쁜 일이든 직접 만나서 해결하려고 합니다. 그리고 특히 보안관님들께 자주 찾아가는 편입니다. 현재 근무하고 있는 학교의 보안관님 두 분은 모두 경찰관 출신이라 아이들을 관찰할 때도 굉장히 예리한 편입니다. 그래서 제가 보기 어려운 교문 밖 아이들의 행동에 대해 들을 수 있어서 학생 생활지도에 참고할 수 있었습니다.

키다리 아줌마 : 새로운 만남에서 가장 중요한 것은 인사 잘하기가 아닐까요? 서로 익숙해지려면 보는 분마다 열심히 인사하는 게 제일 좋은 것 같습니다. 그리고 저는 선생님들 얼굴 익히려고 학교 앨범을 구해 계속 보았습니다. 이전에 근무했던 학교는 친목회에서 선생님들의 사진을 수집해서 파일로 만들어 3월 초에 모두에게 공유해 주셨던 기억이 납니다. 빠르게 공동체의 일원이 되라고 신입교사 배려 차원에서 만들어 주셨죠.

또 한 가지 적응 노하우라면, 기회가 되면 개인적인 일대일 대화를 시도해 봅니다. 군중 사이에서는 서로를 알아 가기 어려운데, 잠깐이라도 일대일 대화를 나누면 서로에 대해 좀 더 알게 되고, 존중할 수 있게 됩니다. 또 전입 학교 낯설게 보기가 가능할 때 이야기해야 개선해야 할 지점에 대해 공유가 되고, 조금이라도 변화를 일으킬 수 있으니, 마음의 어려움을 무릅쓰고 필요한 부분은 제안하기도 합니다.

왕국어 왕사부 : 새 학교에 가면 그 학교의 관행적인 부조리나 계속 내려오는 악폐습 같은 것이 잘 보입니다. 그런데 그걸 함부로 말하는 순간 주변 사람들이 벽을 쌓고 경계할 수도 있어요. 그래서 무언가 부조리한 게 있으면 일단 잘 기록해 두고, 왜 이렇게 되었는지 사람들로부터 경청하고 배우는 자세로 1~2년 정도 보낸 뒤 사람들과의 신뢰가 형성되면 조금씩 개선해 나가는 노력을 합니다.

냉정한 은갈치 : 저는 학교에 근무하는 분들의 성함을 기억하려고 노력합니다. 성함을 알고 있으면 대화가 더 자연스럽게 진행되더라고요. 그리고 영양 선생님께는 음식과 건강에 관해 질문하고, 보건 선생님께는 인바디 검사에 관한 이야기를 나누고, 상담 선생님하고는 아이들과 관련된 이야기를 나누는 등 선생님마다 그 관심사에 맞게 질문하려고 노력합니다. 그리고 학급 단체 사진을 들고 다니면서 동 학년 선생님과 그 반 아이들에 관해서 이야기하면 대화가 잘 이어지는 경우가 많습니다.

정리 및 Tip

악마 너구리 : 모든 교직원에게 인사를 잘하고, 기회가 있을 때마다 대화를 나누며 공감대를 형성할 필요가 있음.

키다리 아줌마 : 졸업 앨범 또는 사진 파일을 보며 선생님 얼굴과 이름을 익히는 것이 관계 형성에 도움이 됨.

왕국어 왕사부 : 부조리한 관행의 원인과 해결 방안을 충분히 모색하고, 구성원과의 신뢰 형성 이후에 개선함.

생활교육 알파고 : 새 학교의 좋은 점을 찾으며 긍정적인 태도를 유지하는 것이 중요함.

냉정한 은갈치 : 동료 교사의 이름을 외우고, 질문을 던지며 관심사에 공감하려는 노력이 필요함.

4
범인은
이 안에 있어

– 동료 교사와의 갈등 회복

아들러는 학생이 건전하게 성장하려면 소속감과 자존감이 필요하다고 말했습니다. 인간은 사회적 존재로서 소속감을 경험하고, 그 사회에 공헌함으로써 자신이 유능하다는 감각을 느끼면 자존감이 향상된다는 것입니다. 교사 역시 교직 사회와 학교라는 공간에 소속되어 있는데, 학교라는 공간이 안전하지 않다고 생각되거나 불편하다면 교사도 출근하는 것이 두려워집니다. 학생 교육에 집중하기 위해 서로 도와주고 협력하면서 지지해야 할 동료 관계에 갈등이 생긴다면 교사의 사기는 꺾일 수밖에 없습니다.

동료 교사와의 갈등 원인

서로 믿고 의지해야 하는 동료 교사와의 갈등은 다른 어떤 요인보다 교사를 힘들게 합니다. 다른 직장도 그렇겠지만, 교직 사회는 인간관계 사슬이 좁아 허심탄회하게 속내를 보여 줄 상대가 많지 않기 때문입니다. 더욱이 같은 학교에 근무하는 교사와의 갈등은 내부 갈등을 촉발하는 도화선이 될 수 있으므로 더욱 조심스럽습니다. 그래서 갈등의 씨앗을 만들지 않기 위해 속으로 참거나, 갈등이 있어도 쉬쉬하고 넘어가서 오히려 문제를 키울 때도 있습니다. 이렇게 교사를 지치게 만드는 동료 교사와의 갈등이 일어나는 이유는 무엇일까요?

냉정한 은갈치 : 저는 건강하지 않은 권력 구조가 갈등을 조장한다고 생각합니다. 몇몇 관리자가 여론을 형성하여 자신의 의견을 관철하고 학교 정책에 반영하기 위해 교사들 사이의 갈등을 조장하거나, 지위나 명예, 승진 등을 이용해서 갈등을 증폭시키는 경우도 있어 우려스러웠습니다. 특히 관리자가 수직적 관계를 세울 때 동조하는 교사가 있어, 수평적 관계를 원하는 교사들과 관리자를 옹호하는 교사들 사이에 갈등이 생기기도 합니다.

악마 너구리 : 저는 서로 다름이 갈등의 원인이 될 수 있다고 봅니다. 누군가는 쉽다고 생각하는 업무나 생활지도가 다른 사람에게는 힘든

일이 될 수 있다는 것을 이해하지 못하기 때문입니다. 업무 난이도는 업무를 하는 사람이나 당시의 상황에 따라서 달라질 수 있고, 같은 학년이라도 학급 구성원에 따라서 생활지도 난이도가 천차만별이기 때문입니다. 그런데 이런 차이를 인정하지 않고, 내 기준으로 상대방을 평가하는 경우 갈등이 생깁니다.

생활교육 알파고 : 허브 코헨(Herb Cohen)의 『협상의 법칙』에서 말하길, 서로 경험이 다르기 때문에 어떤 조직에서도 근본적으로 부딪힐 수밖에 없다고 합니다. 예를 들면, 학교폭력 대책을 학교에서 공식적으로 처리하는 것이 좋다고 생각하는 사람과 그렇지 않은 사람이 있는 것처럼, 이런 결정은 대부분 본인의 개인 경험이나 주변 영향으로 이뤄집니다. 두 번째, 법에 대한 지식의 차이도 있습니다. 법적으로 대응했을 때 성공했던 경험과 실패했던 경험, 아니면 반대인 경우도 결과적으로 본인 경험에 따라서 판단이 다른 경우가 많았습니다. 그리고 담임교사로서, 또 관리자로서, 심지어는 교육청의 상담사나 장학사처럼 위치에 따른 입장 차이로 인해 다른 결정을 내리기도 합니다. 그래서 경험, 지식, 입장과 역할의 차이로 인해 많은 갈등이 생기고 있습니다.

키다리 아줌마 : 시대와 사회가 변화하면서 교직 생활이 과거와 많이 달라졌기 때문이라고 봐요. 즉 경력 차이가 곧 라이프스타일의 차이

고, 그것은 또 가치관의 차이로 연결됩니다. 예를 들어, 육아에 집중해야 하는 시기의 여교사에게 나이 많은 여교사나 여교장이 "나는 더 힘든 조건에서 일하면서도 아이를 키웠는데, 지금 육아 시간 다 써 가며 어떻게 일을 하느냐."처럼 공감보다는 오히려 불편한 소리를 하며 세대 갈등을 유발하기도 합니다. 그런 말을 듣는 입장에서는, 나름 버겁게 살아가고 있는데 존중받지 못하는 것 같아 더 이상 말을 섞고 싶지 않아집니다.

또 요즘은 남교사도 육아에 많이 동참하다 보니 남교사가 예전만큼 학교 일에 적극적으로 나서지 않기도 합니다. 그런 점에 대해 아쉬움을 토로하는 여교사들도 있더라고요. 개개인이 추구하는 가치가 예전과 많이 달라진 상황에서, 너희는 왜 그러냐며 자기 기준으로 타인을 판단한다면 당연히 갈등이 생긴다고 봅니다.

왕국어 왕사부 : 학교 갈등의 큰 원인은 행정업무입니다. 하기 싫은 업무를 안 맡으려고 눈치 보거나, 싫은 사람과 같은 부서나 같은 학년에 배치되지 않으려 해서 본인을 확실히 챙겨 줄 것 같은 중심인물(?)인 부장교사 중심으로 파벌이 형성되기도 합니다. 업무 스타일이나 미묘한 성향 등이 안 맞는 사람도 있음을 인정하고, 서로 장단점을 보완하며 지내야 할 텐데 참 안타깝습니다.

사례를 통한 해결책 모색

첫 번째 사연의 주인공은 점심시간이 지난 후 학급 학생이 들어오지 않아 찾으러 나갔더니 A반 선생님이 본인 반 학생들이 보는 앞에서 그 학생을 혼내는 모습을 보았다고 합니다. 며칠 후 A반 학생이 주인공 반 학생의 물건을 훔친 일이 있어서 불러서 교육하려고 보내 달라고 부탁했는데, A반 선생님이 거부했다고 합니다. 그때 주인공 선생님은 A반 선생님이 그 아이와 본인을 동일시하며 자존심을 침해당한 듯 반응하고, A반 아이의 말만 듣고 문제를 해결하려는 모습을 보여서 정말 안타까웠다고 합니다.

왕국어 왕사부 : 학생의 문제로 갈등이 생긴 경우인데, 너도 그랬으니까 나도 이렇게 한다며 붙기 시작하면 사이가 더 안 좋아질 수 있습니다. 그럴 때는 차분하게 자신의 입장을 이야기하고, "이런 일이 있었어요. 선생님도 그 아이 지도하시느라 힘드실 것 같네요."처럼 공감과 배려의 마음을 보이면서 정보를 전달하고, 이런 일이 또 벌어진다면 A반 학생을 지도하는 것은 A반 선생님 몫으로 해야 한다고 생각합니다.

키다리 아줌마 : 저도 사연을 읽으면서 느껴지는 것이, 사연 주신 선생님이 해결하려고만 할 것이 아니라, "어떻게 하면 좋을까요?"라고

함께 의논하는 형태로 다가갔으면 좋았을 것 같습니다. 물론 그 전에 A반 선생님이 자기 반 학생을 그렇게 지도한 것이 있으니 '나도 그렇게 지도하면 되지.'라고 생각했을 수도 있지만, 그게 썩 좋아 보이지 않음을 함께 느꼈던 것 같거든요. 그래서 같은 방식으로 접근하는 것보다, A반 선생님과 의논해서 함께 풀어 가려는 행동을 먼저 보이고, A반 선생님의 반응은 그분의 몫이라고 생각합니다.

두 번째 사연의 주인공은 업무 처리 과정에서 B선생님이 잘못한 걸 주인공 탓으로 돌리면서 교무실에서 언성을 높인 적이 있다고 합니다. 그런데 싸운다고 문제가 해결될 것 같지 않아서 그냥 넘어간 적이 있다고 하네요.

왕국어 왕사부 : 교사는 높은 도덕성을 요구받는 직종이지만, 교사도 사람입니다. 사람이니까 실수할 수 있는데, 본인의 실수를 무마하기 위해 다른 사람 잘못으로 돌려 버리면 나의 자존심이 유지될 것 같다는 잘못된 판단을 한 것 같습니다. 저는 비슷한 일을 겪었을 때, 말을 길게 해서 같이 언성을 높이면 똑같이 이상한 사람이 될 수 있고, 어차피 진실을 아는 사람이 있기 때문에 누가 잘못했는지를 알 거라고 생각했습니다. 그래서 그냥 듣고 있다가, "선생님 제가 딱 한마디만 드릴게요. 혹시 이런 것 확인하셨나요?"라고 이야기하고 나서 말을 아낍니다. 평소 동료 교사 사이에서 신뢰가 쌓여 있다면 언성 높인 사

람이 문제가 있었다는 것을 다 알 것 같아요.

세 번째 사연의 주인공은 학교 행사를 기획한 적이 있었는데, 의도와 다르게 의사소통이 잘 안 되어 행사를 마음대로 기획하고 있다는 오해를 받은 적이 있다고 합니다. 주인공이 의도하지 않았지만, 행사 담당자가 발휘할 수 있는 재량권이 어느 정도인지 명확하게 인지하지 못하고 의사소통이 제대로 이뤄지지 않아 C선생님이 무시받았다고 느꼈던 것 같다고 합니다.

키다리 아줌마 : 이 사연을 들으니 제 신규교사 때 일이 생각납니다. 학급에서 진행하는 행사나 학년 행사면 재량껏 하면 되지만, 학교 전체 행사를 진행할 때는 많은 선생님이 함께하므로 행사 업무분장에 누군가의 이름이 들어가 있거나 협의 과정을 거치지 않은 것이 반영되어 있으면 받아들이는 입장에서 꽤 당혹스럽습니다. 일을 맡아 급히 추진하다 보면 누구나 할 수 있는 실수이므로, 뒤에서 불평만 하기보다는 건강하게 불편함을 표현하는 것도 필요하고, 또 추진하는 입장에서는 이해를 구하면서 놓친 부분을 겸허히 인정한다면 잘 풀어갈 수 있지 않을까 싶습니다.

악마 너구리 : 현재 제가 학교 차원의 행사를 기획하고 준비하고 있는데, 다 알 것 같은 것이나 당연한 것도 대화를 통해 의견을 구합니

다. 사람들이 '저 선생님이 몰라서 저러는 것이 아니라 확인하려고 저러는구나.'라고 생각할 수 있도록 계속 확인합니다. 그리고 제일 중요한 것은 마지막에 "이렇게 해도 됩니까?" 하고 꼭 다시 물어봅니다. 된다고 하면 기안을 올리죠. 지금까지 이렇게 일을 처리했을 때 논란이 가장 적었습니다. 그래서 아는 것이든, 모르는 것이든 많이 질문하려고 노력합니다.

네 번째 사연의 주인공은 학기 초에 약속했던 사항을 어기고 2학기에 발령받은 관리자의 지시에 따라 말을 번복하는 부장교사를 만난 적이 있다고 합니다. 그래서 주인공이 부장교사에게 말을 해서 해결하려고 했다는군요.

악마 너구리 : 학년 초에 결정된 것을 다시 한 번 번복하는 것은 매우 불합리한 부분이기 때문에, 원칙대로 가는 것이 가장 좋습니다. 그래서 "원칙이 이렇기 때문에 원칙대로 하고, 혹시 변경해야 할 것이 있으면 같이 이야기해 보아요."라고 말합니다. 저도 운동회를 준비하면서 이런 경험이 있었는데, 분명 학년 초에 함께 계획한 내용인데 관리자가 바뀌면서 운동회 운영 방법을 수정하고 싶어 하길래 절충안을 내서 문제를 해결했던 기억이 납니다.

생활교육 알파고 : 민주적인 의사결정 과정을 따랐고, 학교의 실정

에 맞게 충분히 고민해서 나온 결정이기 때문에 존중해 주는 것이 맞습니다. 이에 대해 부장교사가 불편할 수 있지만, 조금은 버티는 것도 필요합니다. 관리자의 말을 듣고 "무슨 말씀인지 충분히 알겠습니다." 하면서 상대의 의견을 물어보고 다시 한 번 협의를 해야지, 거기서 "네, 알겠습니다."라고 상명하복식으로 하면 학교의 민주적인 의사결정 과정을 무시하고 관리자의 뜻대로 움직이는 좋지 않은 결과를 초래할 수 있습니다.

냉정한 은갈치 : 그만큼 선생님들의 힘이 약합니다. 자신의 의견을 관철하기 위해 관리자가 가장 많이 쓰는 전략이 교무회의를 한다거나, 여러 명 불러서 물어보지 않고 담당자 개인을 부르다 보니 대부분의 업무 담당자는 OK를 말할 수밖에 없는 상황이 됩니다. 그런데 OK를 해 버리면 1학기 때 계획했던 것이 2학기 때 흐트러지면서 안타깝게도 내부 갈등으로 이어지는 경우가 많습니다.

다섯 번째 사연은 앞에 선생님들이 이야기했던 것과 약간 성격이 다릅니다. 이 학교에서는 성과상여금 정량적 지표에 교사의 기본 권리인 병가나 연가를 많이 사용한 교사는 점수를 깎는다는 조항으로 인해 갈등이 있었다고 합니다. 선생님들끼리 "우리 개인의 권리인데 이것을 왜 점수지표에 넣느냐." 아니면 "아무리 그래도 일은 많이 한 것 아니냐." 등의 갈등 때문에 어려움을 겪었다고 합니다.

키다리 아줌마 : 성과급 관련해서 교사들이 갈등하는 것을 보면 정말 가슴이 아픕니다. 교사를 점수로 등급을 매기고 우위를 가리는 것 자체가 교사를 존중하는 처사가 아니죠. 그래서 많은 교사가 이 제도의 불합리성을 이야기하고 바뀌기를 바라고 있습니다. 우리가 싸워야 할 대상은 서로가 아닌데, 이것을 평가하는 과정에서 서로를 자꾸 깎아내리고 지적하고, 또 자기가 더 얻기 위해서 "이런 기준이 들어가야 한다."고 강력히 주장하면서 싸우는 것이 안타깝기만 합니다. 이런 갈등 때문에 단단히 가져가야 할 동료성과 교육을 위한 협력을 잊지 않아야 합니다. 우리가 대항해야 할 것은 교사의 행동을 유인하고 통제하려는 이런 정책과 구조이므로, 이를 변화시키기 위해 교사의 의지와 에너지를 모으고자 노력해야 합니다.

냉정한 은갈치 : 최근에는 보상이 교육 효과가 없다는 이론과 논문이 많이 나와 학생들한테 사탕을 주거나 칭찬의 의미로 피자를 사 주는 외적 강화가 점점 줄어들고 있습니다. 마찬가지로 교사의 주요 업무인 수업, 상담, 생활지도가 정량적으로 측정될 수 있는 것도 아니고, 또 교사의 전문성을 인정해 준다면 하루빨리 성과상여금이 사라지고 균등분배를 해 주어야 한다고 생각합니다.

악마 너구리 : 다면평가 척도가 업무 수행 능력, 수업, 자질 등 교사의 자질을 평가하는 데 어렵게 구성되어 있고, 성과급 개인평가표 척

도도 동의하기 어려운 부분이 있습니다. 일반적으로 초등학교에서는 으레 고학년이 힘들 거로 생각하지만, 문제행동이 심한 학생이 있는지, 학부모 민원이 유달리 심한 학년이 어느 학년인지에 따라서 달라집니다. 더욱이 가장 큰 점수를 차지하는 것이 보직교사라는 점도 학교에서 과연 중요한 것이 무엇인지 고민하게 합니다. 학교에서 진정으로 중요한 것은 업무일까요, 교육일까요? 그리고 이 교육은 정량화가 가능하고, 누구와 누구를 비교하여 누가 더 우위인지 말할 수 있는 개념일까요? 성과급 폐지가 현실적인 이유로 힘들다면, 최대한 차등 지급률을 줄이는 것이 최선의 방법이라고 생각합니다.

 정리 및 Tip

악마 너구리 : 힘들수록 의지해야 할 대상은 동료이므로 서로 다름을 인정하고 소통할 필요가 있음.

키다리 아줌마 : 교사 간 갈등을 유발하는 제도나 정책의 변화를 이끌어야 함.

왕국어 왕사부 : 일부 행동으로 동료를 판단하지 않고, 신뢰를 쌓으면서 오해를 해소해야 함.

생활교육 알파고 : 서로의 차이를 인정하며 자기 자신을 돌아보는 반성적 태도를 유지해야 함.

냉정한 은갈치 : 정신적으로 어려움을 느낀다면 참지 말고, 상담이나 심리 치료를 병행하여 회복에 중점을 주는 것이 필요함.

5
숨겨진 내 편을 찾아서

– 동료 교사와 관계 맺기

'사랑만 하며 살기에도 삶은 길지 않다.'는 말이 있습니다. 그만큼 인간관계에서 행복한 시간을 보내는 것이 중요하다는 것이죠. 교직 사회도 관계로 이루어진 집단이고, 협력하면서 문제를 해결해야 하는 사회이므로 더욱더 관계 형성의 중요성이 큽니다. 그중에서도 가장 내 편이 되어야 할 동료 교사와의 협력은 제일 중요합니다.

동료 교사와의 관계 형성이 중요한 이유

관리자, 학부모, 동료 교사 중에서 갈등이 생겼을 때 가장 어려운 대상이 누구인지에 대해서 설문 조사를 했을 때, 놀랍게도 다른 대상에 비해 동료 교사가 10퍼센트 정도 높게 나왔습니다. 아무래도 가장 자주 접하는 대상 중 하나이고, 의사결정을 위해 볼 일이 많다 보니 갈등이 생기면 마음의 어려움이 더 크게 느껴지겠지요. 그럼 동료 교사와의 관계 형성이 중요한 까닭을 나눠 볼까요?

악마 너구리 : 학생과 학부모는 학년이 바뀌면 멀어질 수도 있지만, 같은 학교에 근무하는 동료 교사와는 어떻게든 관계를 유지해야 하고, 타 집단보다 동질성이 강한 것도 중요한 이유입니다. 그런데 이런 이유가 아니더라도 학교라는 사회도 결국에는 유기체라서 상호작용을 하면서 발전해 나가는 곳인데, 서로 시너지를 발휘하기도 바쁜 와중에 헐뜯기만 한다면 에너지 낭비 아닐까요?

왕국어 왕사부 : 학생이 교사와 갈등이 있는 것은 성장 과정에서 자연스러운 일입니다. 학부모와의 갈등도 자녀를 위해서 그런가 보다 생각하는데, 함께 협력해서 힘을 합쳐도 모자랄 동료 교사와의 갈등은 참 힘든 부분이라고 생각합니다.

냉정한 은갈치 : 교사는 4~5년에 한 번씩 학교를 옮깁니다. 그러다 보니 관계가 좋지 않았던 선생님과 같은 학교나 같은 지역에서 다시 만날 수 있고, 꼭 내가 아니더라도 친한 지인과 같은 학교에 근무하면

서 뜻하지 않게 나쁜 소식을 접하기도 합니다. 한 번 오해가 생기면 아무리 설명하고 이해시키려고 해도 풀기가 쉽지 않아서 오히려 내가 더 나쁜 교사가 되기도 합니다. 사이가 안 좋은 교사와 함께 업무를 하게 되면 업무 효율도 떨어져, 결국에는 학교 전체에 누를 끼치게 되는 상황을 맞기도 합니다.

키다리 아줌마 : 지금까지 동료 간에 불편하거나 힘든 관계를 지속해 본 적은 없지만, 만약 그런 경우가 생긴다면 정말 학교 다니기 힘들 것 같습니다. 전 동료 교사와의 소통에서 가장 큰 힘을 얻고, 또 교직 생활의 활력이기 때문입니다.

동료 교사와 연결되는 방법

학생과 학부모와의 갈등으로 인해 생긴 어려움을 보듬어 줄 수 있는 존재는, 가까이에서 지켜봐 서로의 사정을 잘 알고, 그래서 깊게 공감해 줄 수 있는 동료 교사입니다. 그렇기에 동료 교사와의 갈등은 다른 어떤 존재와의 갈등보다 힘듭니다. 동료 교사와 친해지고 연결되는 방법에는 무엇이 있을까요?

키다리 아줌마 : 친해지면 속내도 이해하게 되고, 그의 독특한 모습

이나 행동도 용납할 수 있는 여유도 생깁니다. 또 협력하는 동료가 되기 위해서라도 어느 정도 친밀한 관계는 필요합니다. 어떤 관계든 자주 보고, 함께 시간을 보내고, 이야기를 나누다 보면 없던 정도 생기고, 안 예쁜 얼굴도 예뻐 보이고 그렇지 않나요? 같은 고민으로 머리를 맞대고, 학생들을 잘 가르치기 위해 교육과정도 함께 재구성하고, 생활교육 고민도 함께 나누면 서로를 이해하고 돕기에 좋습니다.

왕국어 왕사부 : 친밀감을 표현하는 말도 조심스러운 게, 예쁘다는 말을 싫어하는 분도 있고 혹은 성희롱으로 여기는 분도 있어서, 나는 호의적으로 말했는데 상대방이 기분 나쁘게 느낄 수 있다는 점을 염두에 두어야 합니다. 그래서 어떤 인간관계든 천천히 다가가야 하는 것 같습니다. 교사는 학생에게 사회적 기술을 가르쳐야 하는 입장이다 보니, 교사부터 사회적 기술을 잘 익혀 가는 게 중요합니다.

냉정한 은갈치 : 저는 같이 업무를 하면서 친해집니다. 그중에서도 핵심은 억울한 일이나 어려움을 겪는 동료 교사의 상황에 공감하고 위로해 주는 겁니다. 조언보다는 "나도 완벽하지 않고, 선생님도 완벽하지도 않고, 모두가 그렇다. 누구나 이런 일 당할 수 있다."고 서로 독려하다 보면 어려운 일이 있을 때 더 친해지는 것 같습니다.

악마 너구리 : 교직의 가장 큰 장점이 서로에게 존댓말을 쓰는 문화

라고 생각합니다. 퇴직하기 직전의 선생님께서도 초임교사인 제게 항상 존댓말을 해 주셨거든요. 그 배려가 지금도 마음에 남아, 저도 모든 선생님께 항상 존댓말을 하고 있습니다. 경력에 상관없이 모두 나와 똑같은 교사이므로 존중이 필요합니다.

생활교육 알파고 : 학생과 교사 사이에 "그리워해야 제자고, 찾아와 야 스승이다."라는 말이 있습니다. 마찬가지로 동료 교사도 서로 보고 싶은 마음이 관계의 시작이 아닐까 합니다. 그래서 저는 옆 반도 자주 찾아가서 "선생님, 요즘 어떠세요?" 하고 안부를 묻고, 때로는 제 고민을 털어놓기도 하고, 감사했던 부분을 나누면서 "언제든 제가 도울 부분은 말씀해 주세요."라고 말하면 분위기가 따뜻해지는 것을 느낍니다.

동료 교사와 함께 성장하기

반마다 다른 규칙 때문에 학생들과 실랑이를 벌인 적 있으신가요? 동 학년끼리도 사소한 규칙이 달라서 학생들이 다른 반을 이야기를 할 때면 왠지 옆 반과 비교되는 것 같아 기분이 상하기도 합니다. 이런 갈등을 미연에 방지하기 위해 사소한 규칙부터 서로 연결된 문제를 해결하기 위해 동 학년 협력 생활지도가 필요합니다.

생활교육 알파고 : 동 학년 협력 생활지도는 동 학년 선생님이 모여 생활 규칙을 정하고, 문제 해결 방법을 고민하는 것입니다. 어떤 교사는 "우리 반 학생은 내 앞에서 혼내야지, 다른 반에 데리고 가서 혼내는 건 안 된다."라 하고, 다른 교사는 "내가 참관인도 아니고 우리 학생을 데리고 가서 지도하는 것은 좋지만 나를 부르진 않았으면 좋겠다."라고 합니다. 경력 차이, 전입 교사와 기존 교사 등 서로 상황이 다르므로, 학년 초에 어떤 부분을 중요하게 생각하는지, 학급 간 다툼이 있을 때 어떻게 하면 좋을지 미리 협의합니다. 그러면 많은 갈등을 줄일 수 있습니다.

대표적으로 초등 고학년은 화장실은 쉬는 시간에만 가게 하는지, 교실에서 놀게 하는지, 아니면 복도에 못 다니게 할 것인지 같은 가치가 충돌하는 사안이 있습니다. 쉬는 시간에 학생의 자유를 무조건 제한하는 것은 「학생인권조례」에도 위반되고, 인권 침해의 우려가 있다는 것에 동의하여 "쉬는 시간에는 놀게 하더라도 너무 뛰어다니는 학생은 자리에 앉아서 휴식하도록 안내하자."처럼 학년 규칙을 함께 만들어 문제를 해결했습니다. 그리고 학생의 문제행동으로 생활지도가 필요할 때는 서로 협의하여 최소한의 규칙을 함께 공유하고, 세부적인 사항은 반 재량으로 맡겼습니다. 하지만 '어떤 반은 너무 엄하다.', '어떤 반은 너무 풀어놓는다.'는 불평이 나올 수 있으므로, 친절하고 단호한 교사의 노하우를 공유해 함께 생활지도를 하니 갈등이 줄어들어 원활한 학년 운영이 가능했습니다.

키다리 아줌마 : 동 학년 교사들은 처음으로 함께하는 경우가 대부분이지만, 학생들은 그동안 함께 진급해 오면서 네트워크가 잘 형성되어 있어서 생각지도 못한 사건을 일으키기도 합니다. 그래서 여러 반이 얽힌 사건을 해결할 때는 동 학년이 협력하지 않으면 문제 해결이 매우 어렵습니다. 동 학년 협력 생활지도가 실효성을 발휘하기 위해서는, 동 학년 연구실에 학년 전체 학생 사진을 공유해서 학생들의 관계에 어떤 문제가 있는지, 왜 이렇게 반 편성이 됐는지 등을 살피면서 함께 논의하면 갈등을 줄여 갈 수 있습니다.

또한 학생들이 의미 있는 학생자치를 통해 자율성과 주인의식을 키울 수 있도록, 주도적으로 해결했으면 좋을 만한 문제를 안건으로 올려 함께 다루면 의미 있는 결과를 이끌어 낼 수 있습니다. 예를 들어, 학년 복도에 게시판을 만들어 학생들과 교사가 해결하고 싶은 안건을 적은 뒤, 월 1회 정도 강당이나 큰 교실에 모여 함께 문제를 해결하는 시간을 갖습니다. 다른 반 출입 문제, 욕설, 화장, 이성 교제 등 학생들이 문제 해결의 주체가 되어 함께 판단하고 결정하는 과정에서 민주적 절차와 책임을 배울 수 있고, 반마다 규정이 달라서 생길 법한 갈등도 줄일 수 있게 됩니다.

왕국어 왕사부 : 초등은 담임교사가 차지하는 수업시수의 비중이 압도적인 데 비해, 중등은 과목제다 보니 각 반 수업을 담당하는 교사의 지도 원칙과 학급 규칙이 다르면 학생들이 혼란스러울 수 있어 교사

간 협력이 매우 중요합니다. 그리고 수업 시간에 매일 자는 학생은 왜 자는 건지 정보를 교류하지 않으면 모든 교사가 그 이유를 알기 어렵습니다. 그래서 학생들의 생활과 밀접한 정보를 교류하여 효과적으로 지도할 수 있고, 학생 문제행동의 원인과 훈육 방법을 공유하여 동학년 협력 생활지도에 좋은 효과를 봤습니다.

전문적 학습공동체의 중요성

수업 방법, 생활지도 방법, 교직 꿀팁 등 교사의 전문성을 높이기 위한 오프라인 직무연수, 자율연수, 전문적 학습공동체, 학교 맞춤형 직무연수 등 다양한 노력이 시작되고 있습니다. 그중 교사의 자발적인 참여로 만들어진 전문적 학습공동체를 통해 교사들이 공감대를 형성하고, 상호 협력을 통해 수업, 생활지도 등도 도움을 얻고 있습니다. 전문적 학습공동체로 교사가 성장할 방안에는 무엇이 있을까요?

냉정한 은갈치 : 저는 제가 들은 연수 중 인상 깊거나, 교사에게 꼭 필요한 것이 있다면 학교로 초대해서 연수를 열기도 했습니다. 그동안 회복적 생활교육, 학급긍정훈육법, 비주얼씽킹, 교실 놀이 등 교사에게 도움이 될 만한 주제를 함께 나눔으로써 모든 교사가 전문적 능력을 향상할 수 있도록 고민하고 있습니다.

키다리 아줌마 : 저는 그동안 전문적 학습공동체를 학교 안팎으로 꾸려 운영해 봤습니다. 학교 안에서는 주로 동 학년 중심으로. 주제통합과 온작품 중심 프로젝트를 함께 구상하는 학습공동체를 운영했습니다. 그림책을 주제로 한 '그림책 체인'이라는 연구회를 꾸려 보기도 했습니다. 또 학급긍정훈육을 배우고 연구하다 보니 교내 연구회를 운영해 보라는 요청을 받아, 일 년간 배움을 나누고 서로 실천 경험을 피드백하기도 했습니다.

학교 밖에서는 2015년부터 여러 교사와 전문적 학습공동체를 꾸리기도 했습니다. 제가 근무하는 지역 교육청의 연구 동아리 지원을 통해 학급긍정훈육을 실천하는 교사들과 모여 다양한 활동을 배우고, 독서 토론을 통해 교육철학도 공유하고 실천하면서, 서로 어려움을 나누고 격려하며 성장을 돕는 전문적 학습공동체를 이루었습니다. 책이나 연수를 통해 수동적으로 배우는 것과 달리, 내 삶과 교육 현장의 내용을 허심탄회하게 꺼내 놓으며 밀접하게 소통하면서 배웠기에 정말 의미 있는 시간이었습니다. 교사의 전문성은 결국 수업과 생활교육이고, 그 바탕에는 건강한 관계가 필요합니다. 전문적 학습공동체를 만들어 함께 고민을 나누고, 꾸준히 피드백하고 배우면서 전문성과 동료애를 높이는 일은 교사만이 누릴 수 있는 특권입니다.

생활교육 알파고 : 저는 상담에 관심이 많아 상담, 교사 상생, 생활지도를 나눌 수 있는 상생 동아리를 만들었는데, 놀랍게도 저랑 친분이

없는 저학년 선생님, 기간제 선생님, 원로 선생님 등 많은 분이 함께 해주셨습니다. 함께 모여 학교에서 겪는 어려움, 학생 간의 갈등 등을 함께 나누다 보니 동료 교사와의 관계가 부드러워지고 편안하게 느껴졌습니다. 교사 간의 갈등을 해결하고, 협력해서 성장할 수 있는 좋은 계기를 마련하기 위해 자체 동아리를 운영하는 것도 좋은 방법이라는 확신이 들었습니다.

정리 및 Tip

악마 너구리 : 서로 격려하며 성장하는 과정에서 건강한 관계를 형성하고 동료애도 향상시킬 수 있음.

키다리 아줌마 : 동 학년 교사들과 주제통합 프로젝트 수업을 연구하며 수업 노하우를 공유하고, 긍정적인 관계를 맺을 수 있음.

왕국어 왕사부 : 무엇보다 자발성에 기초하여 연구 모임을 시작하는 것이 좋음.

생활교육 알파고 : 동 학년 교사들이 생활지도 방법을 공유하여, 교사와 학생 간 갈등을 해소할 수 있음.

냉정한 은갈치 : 교사 간 공통 관심사로 소모임 동아리 만들어 함께 연구하면 친밀한 관계 형성에 도움이 됨.

6
모두가
Yes라고 말할 때

– 업무 갈등에 대처하는 법

    학생들과 바쁜 하루를 보내고 숨 돌릴 틈도 없이 컴퓨터를 켜자마자 눈에 들어오는 메신저에 순간 맥이 빠져 버린 적 있나요? 전달 사항부터 학년 회의, 개인 업무까지, 바쁠 때는 메신저 읽다가 시간이 다 갑니다. 물론 교육을 위해 꼭 필요한 행정업무도 있지만, 학생을 가르치는 일보다 행정업무 처리를 위해 학교에 오나 싶을 때도 있습니다. 더 나은 교육의 질을 위해 업무 정상화가 이루어지고 있다는 점은 고무적이지만, 여전히 업무분장을 발표하는 시기나 성과급 등급이 발표되는 시기가 되면 많은 학교에서 크고 작은 갈등이 일어납니다. 꼭 해야 한다면 내가 선택해서 한다! 업무로 인한 스트레스를 날려 버릴, 예스맨에서 벗어나는 법에 대해 이야기하겠습니다.

보직교사와 비보직교사의 갈등

교사 중 누군가는 본인의 필요로 부장을 맡아서 일하지만, 누군가는 학교 사정이나 담임을 맡을 수 없는 부득이한 사정 때문에 업무를 맡는 교사도 있습니다. 과거에는 보직교사를 서로 하려는 경향이 있었는데, 워라밸과 개인의 행복을 우선하는 분위기가 나타나면서 최근에는 보직을 맡을 교사가 없어서 제비뽑기를 하거나 인사 원칙에 전입 몇 년 차는 꼭 해야 한다는 등 학교 차원의 해결책을 마련하고 있습니다. 결과적으로 원하든, 원치 않든 보직을 맡게 된 교사는 과도한 업무 스트레스, 업무 기피로 인한 갈등, 승진 점수의 형평성 등 여러 가지 이유로 어려움을 겪고 있습니다. 이렇게 보직교사와 비보직교사의 갈등이 늘어나는 이유는 무엇일까요?

냉정한 은갈치 : 승진 관점에서 본다면, 승진 과정에서 부장 점수는 필수이고, 다면평가도 업무량이 많은 부장에게 유리하다 보니 성과급, 교원평가 등에서 불공평하다고 생각할 수 있습니다. 현실적으로 턱없이 부족한 보직수당을 받기 위해 보직을 맡는다기보다, 승진을 위해 시간을 희생한다는 측면이 더 크다고 생각합니다.

생활교육 알파고 : 예전에는 보직교사 아래 여러 계가 있어 일을 나눠서 했는데, 교사의 행정업무를 줄여야 한다는 인식이 늘면서 보직

교사로 업무지원팀을 만들다 보니 한 사람에게 업무가 과도하게 몰리고 있습니다. 제가 근무하는 학교도 보직교사를 최대 7명까지 둘 수가 있었는데, 교과 자리가 5자리밖에 없다 보니 담임과 보직을 동시에 맡아야 하는 것과 관련해서 교무회의가 오랫동안 진행된 적이 있습니다. 회의 결과 굳이 교사 2명에게 큰 부담감을 주기보다 보직교사 두 자리를 없애는 것이 낫고, 승진 점수가 필요한 보직교사 간의 조정을 통해 업무를 조율하자는 결론이 나온 적이 있습니다. 이처럼 보직교사를 승진의 유인책으로 사용하다 보니, 승진에 관심이 없는 교사는 힘든데 굳이 할 필요가 없는 직책이 되어 버렸습니다. 반면에 승진 관점에서 바라보는 시선도 좋지만은 않은 것이, 승진 점수가 필요 없는 경력 많은 교사 중 학년 부장을 자처하는 분도 있습니다.

그리고 업무를 안 맡는 교사를 향해 '저 사람은 혼자만 편하려고 하는 건가?', '승진 생각 없다고 본인 하고 싶은 것만 하는가?'라고 생각할 필요가 없는 것이, 사람마다 가치관이 다르고, 현실적으로 업무를 맡을 수 없는 여건일 수도 있습니다. 동료 간에 함부로 넘겨짚는 것은 갈등을 일으키는 원인이 될 수 있습니다.

악마 너구리 : 저는 학교 사정 상 업무부장보다 학년 부장을 먼저 시작했는데, 아직 경력이 길지 않다 보니 학년 부장의 역할이 더 어렵게 느껴집니다. 왜냐하면 업무부장은 관리자와 협의하여 일을 처리하면 쉬울 수 있는데, 학년 부장은 교사와 관리자 사이에서 서로의 요구를

조율하다 보면 때로는 곤란한 상황에 처하기도 하거든요. 중간에서 양쪽의 입장을 전달하고, 그 안에서 합의점을 찾는 과정이 그렇게 호락호락하지 않더라고요.

왕국어 왕사부 : 중등은 부장교사가 관리자와 일반교사 사이에서 중간관리자 역할을 한다는 점이 초등과 조금 다릅니다. 중등은 학생 생활지도나 학부모 민원이 워낙에 힘들어 담임을 기피하는 추세라서, 오히려 교사 관계를 조율하고 행정업무를 하는 것이 낫다고 생각해 보직교사를 맡는 경우도 많습니다. 주요 부장교사 같은 경우에는 승진을 위해 맡기도 하지만, 기피 업무인 생활지도 부장 같은 경우엔 1~2년차 교사들이 맡기도 하는 안타까운 상황도 있습니다.

키다리 아줌마 : 학년 부장은 교사들을 중재하고 소통케 하는 역할이어서 참 중요합니다. 교사들의 이야기를 충분히 경청하면서, 각 교사의 특성을 존중하고 격려해 주는 방식으로 학년을 이끌면 좋은데, 간혹 본인의 방식대로 학년을 이끌어 가려는 분이 있어 젊은 교사들은 관리자에 학년 부장의 눈치까지 봐야 하는 경우가 생기기도 합니다. 반대로 혁신학교는 교직원 회의에서 동등한 발언권과 결정권을 갖고 소신껏 자기 생각을 이야기할 수 있는 장이 마련되기 때문에, 굳이 누군가 내 의견을 대신 전달해 주지 않아도 되어서 학년 부장의 역할이 필요 없어지고 있습니다. 건강하게 소통하고 민주적인 의사결정 구

조를 갖추었다면 학년 부장의 부담은 줄어들지요.

생활교육 알파고 : 저는 학년 부장이라는 위치가 여전히 중요하고, 점점 더 어려워지는 거 같습니다. 학년 부장은 본인 반은 당연히 신경 쓰면서, 전달 사항과 기한이 촉박한 보고 등 의외로 할 일이 많습니다. 그리고 일반적인 사안도 학년 부장을 거쳐서 의견 조율이 이뤄지다 보니 중간에서 곤란한 경우도 많았습니다. 그리고 제가 부장을 안 할 때는 "왜 갑자기 회의를 하자고 그래?"라고 말하곤 했는데, 정작 제가 학년 부장이 되고 나니 "왜 이렇게 빨리 안 모이지? 내가 모이라고 하는 건 다 이유가 있는데!"라며 저도 모르게 목소리가 높아지더라고요. 그래서 서로 입장을 바꿔 생각해 보는 것이 필요합니다.

키다리 아줌마 : 학교 규모가 작은 곳은 부장 자리가 부족해 학년 부장 없이 운영하는 곳도 있습니다. 모든 구성원이 각자의 영역을 고르게 맡아 책임지면 되니, 어느 한 사람이 다 도맡아 일하는 방식보다 낫기도 합니다. 월별로 학년 부장의 역할을 돌아가며 하는 경우도 봤는데, 책임을 분산하고 협력한다면 함께 성장할 수 있다고 생각합니다.

행정업무 노하우

교사가 되기 위해 준비하던 시절에는, 교사가 학생을 가르치는 것
말고 공문 작성에도 힘을 쏟아야 하는 사람인 줄 몰랐습니다. 교사 양
성 교육과정이나 실습에서도 행정업무에 관해서는 그 누구도 말해 주
지 않았기 때문이죠. 어느 교무부장은 본인이 교사인지, 행정 관료인
지, 공문 처리 기계인지 헷갈릴 정도로 쏟아지는 공문을 처리하다 퇴
근이 늦어지는 날이 많다고 하여서 안타까운 마음이 들었습니다. 이것
만은 꼭 알아야 한다는 선생님만의 행정업무에 대한 노하우를 공유해
주세요.

냉정한 은갈치 : 우선 자신의 성격과 맞는 업무인지 살펴봐야 합니
다. 반복 사무를 싫어하는 교사라면 방과후학교 업무는 힘들 수 있습
니다. 그리고 자신의 재능도 살펴봐야 합니다. 영어를 잘하는 교사에
게 영어 관련 업무는 자신의 능력을 발휘할 기회가 되겠죠. 또 효율성
을 생각한다면 작년에 했던 업무를 다시 하는 것도 좋습니다. 반대로
작년 업무가 잘 안 맞았다면 바꾸는 것도 좋은 선택입니다. 무엇보다
교사 간에 업무 분배에 대해서 충분한 논의가 선행되어야 하고, 각자
의 역량에 적합한 업무를 맡는 지혜도 필요합니다.

악마 너구리 : 저는 평소에 다양한 업무를 맡고 있는 선생님들께 이

것저것 물어보는 편입니다. 그러면 제 성격에 맞는 업무를 선택하는 데 도움이 되더라고요. 그리고 업무를 맡는다면 전임자가 처리했던 문서들을 시간 순서대로 확인해서 파일을 업무 순서대로 정리해 놓습니다. 이렇게 절차를 숙지해 놓으면 때를 놓치지 않고 업무를 처리할 수 있어서 효과적이었습니다. 이 방식은 후임자에게 인수인계할 때 장황하게 설명할 필요 없이 폴더만 넘겨주면 되어서 훨씬 효율적이었습니다.

생활교육 알파고 : 저는 업무의 성격이 중요하다고 생각합니다. 일의 성격을 잘 파악하고, 다른 사람에게 의견을 물어봐야 할 것과 업무 담당자 재량권으로 해야 할 것을 구분해야 자신이 책임지지 못하는 일을 벌이지 않게 됩니다. 전임자의 업무 처리 방식을 들어보는 시간이 있다면 더욱 좋습니다.

그리고 규정을 잘 알면 좋습니다. 학교폭력 사안 조사 보고서를 교육청에 송부할 때, 항상 직인을 찍고 담당자 사인을 해서 보냈는데, 생각해 보면 전자문서 결재선에 저와 관리자의 전자서명과 전자관인이 있으므로 굳이 할 필요가 없다는 것을 알게 되었습니다. 규정을 알면 업무를 간소화할 수 있고 갈등과 고생이 줄어듭니다.

왕국어 왕사부 : 어쩔 수 없이 해야 하는 행정업무라면 불필요한 업무를 효율적으로 만들어야 합니다. 저는 동아리를 편성하고, 나이스

에 이수 시간을 등록하는 클릭만 엄청나게 하는 업무를 한 적 있었는데, 컴퓨터를 잘하는 학생에게 부탁했더니 매크로 프로그램으로 순식간에 해결하는 것을 보고 감탄했었죠. 그래서 주위 선생님들께 공유했더니 굉장히 좋아하셨던 기억이 납니다.

키다리 아줌마 : 저는 매년 반복되는 업무와 창의적인 역량이 요구되는 업무를 구분해야 한다고 생각합니다. 매년 반복되거나 단순 수합이나 통계 등의 업무는 전년도 것을 참고하거나, 실무사와 협력하여 처리하면 되지만, 학생들의 교육활동과 밀접한 업무라면 학생의 실태나 구성원의 필요에 따라 변화시켜야 하므로 그때그때 상황에 맞춰서 일을 진행해야 합니다. 특히 여러 학교 구성원과 함께 상의해서 풀어 가야 할 사안은 절차에 맞춰 처리하는 것이 중요합니다. 모두의 의견이 존중되고 반영될 수 있도록 충분히 토의하고, 최선의 방책을 찾고 합의는 과정을 거칠 때 모두가 그 일에 협력할 의지가 생기기 때문입니다. 하지만 교육의 본질을 생각하며 학생 교육활동에 전념하는 것이 교사의 역할이자 진짜 업무이므로, 수업에 쓸 에너지를 소진시키는 관련성 없고 무의미한 업무는 줄이거나 없애는 과감함도 필요합니다.

과도하게 업무가 몰렸을 때 대처법

분명히 잘 배분한다고 했는데도 이상하게 한 사람에게 일이 몰리는 경우가 있습니다. 지난해 상황을 보아도 그렇게 어려운 업무가 아니라고 판단하여 2~3가지를 합쳐서 배정받았는데, 하필이면 다음 해 맡은 업무의 중요성이 강조되고 사업이 늘면서 혼자서는 감당할 수 없을 정도로 업무가 늘어난 경우도 있습니다. 이렇게 의도치 않게 업무가 몰렸다면 어떻게 해야 할까요?

생활교육 알파고 : 해결이 쉽지 않은 일이므로, 처음부터 업무가 몰리지 않도록 업무를 맡기 전에 규정을 손보는 것이 필요합니다. 학교마다 인사권은 관리자가 갖고 있지만, 인사자문위원회를 통해 협의가 이루어진 사안은 관리자가 완전히 무시할 수 없습니다. 예를 들어, '6학년은 본인이 원하지 않으면 신규교사가 하지 않는다.'라는 규정을 통해 신규교사가 발령받자마자 6학년을 맡는 불상사를 없앴고, 업무 배정도 협의를 통해서 7~80퍼센트가 정해진 경우도 있었습니다. 그래서 인사자문위원회 규정과 그에 따라 교사가 어느 정도 함께 업무를 조정한다면, "왜 나한테만 이렇게 많이 몰렸지?"라고 생각하는 불만이나 갈등이 줄어들 수 있습니다.

키다리 아줌마 : 저도 부장 및 업무지원팀을 하겠다고 했는데, 원치

않게 제가 선택하지 않은 일까지 덤으로 맡게 된 적이 있습니다. 그래도 첫 일주일 동안은 수업을 들어가지 않아서 할 만했는데, 나중에는 수업 준비할 시간도 부족하고, 촉박한 보고 기한과 소통과 조율이 필요한 연구, 혁신부장 업무를 맡다 보니 정말 힘들었습니다. 이러다가 어느 쪽은 구멍이 날 수밖에 없겠다는 생각이 들었고, 충분히 여유를 가지고 다루어야 할 일들을 쫓기듯 급하게 처리하다 보니 제대로 진행하지 못해서 생기는 스트레스가 어마어마했습니다. 그때 용기 있게 이 부분은 내가 다 감당하기 어렵다고 요청했어야 했는데 그러지를 못했습니다. 2학기 때 교장선생님이 바뀌면서 제 업무 중 방과후 학교 업무를 전담 선생님과 직접 처리하겠다고 가져가셨는데 훨씬 가뿐해지더라고요.

만약 본인이 맡은 업무가 과중해서 학교 생활을 하는 데 어려움이 있고, 학생을 가르치는 데 무리가 된다면 업무 조정을 요청해야 합니다. 업무가 배정된 후에도 분명 다른 형태로 조율할 방안이 있으니 일단 자신의 의견을 말하고 협의하는 것이 필요합니다.

냉정한 은갈치 : 저는 업무가 발표되기 전에 관리자에게 물어봅니다. 관리자가 나를 인정해 준다고 생각해 업무를 거절하기 어려울 때도 있는데, 거절할 수 있는 용기를 갖고 스스로를 냉철하게 판단해야 합니다. 실제 업무를 받고 난 뒤에 번복하면 내 업무가 다른 동료 교사에게 넘어가 원망을 피할 수 없기 때문입니다. 그래서 업무 조율 과정

에서 '이렇게 큰 업무가 있는데 할 수 있겠냐?'고 물어보거든, 자신과 동료를 위해 처음부터 신중하게 판단했으면 좋겠습니다. 업무의 홍수에서 살아남기 위해서는 힘든 일에 NO라고 말할 수 있는 용기가 필요합니다.

💡 정리 및 Tip

악마 너구리 : 업무 정상화를 하더라도 필수적인 업무는 남아 있어 갈등의 원인이 됨.

키다리 아줌마 : 의사소통과 창의성이 필요한 분야는 교사가 맡아야 하지만, 단순 반복적인 업무는 공론화를 통해 행정실무사 등으로 배분하는 과정이 필요함.

왕국어 왕사부 : 많은 노고가 필요한 화려한 행사를 늘리는 것보다, 불필요한 업무를 효율적으로 개선하는 체제를 만드는 것이 가장 좋은 혁신임.

생활교육 알파고 : 막상 일을 맡기 전에는 그렇게 일이 많은지 알기 어려우므로, 보직교사와 비보직교사가 서로의 어려움을 알고 이해해 줄 필요가 있음.

냉정한 은갈치 : 무리한 업무를 맡아서 감당할 수 없는 상황에 처하기 전에 신중히 판단하여 사양하거나 조정할 수 있는 풍토가 필요함.

4장
마무리

　어떤 때는 나의 마음을 누구보다 잘 아는 가장 친한 친구 같고, 가장 믿고 의지할 수 있는 동료이지만, 업무분장이나 성과급 등 현실적인 문제를 만나면 갈등을 일으키는 동료 교사. 선생님에게 동료 교사는 어떤 존재인가요?

"나에게 동료 교사란?"

　생활교육 알파고 : '협력해야 할 한 팀'이다. 혼자서 학급을 운영하는 것은 어렵지 않으나, 학급을 넘어서는 생활지도는 동료 교사가 협력해 주지 않으면 서로 힘들기 때문이다.

　악마 너구리 : '가장 가까운 조력자'이다. 나의 부족한 부분을 채워주고, 교사로서 발전할 수 있도록 도움을 주는 존재이기 때문입니다.

　키다리 아줌마 : '교직 생활의 기쁨이자 에너지 충전의 원천'이다. 한마음 한뜻으로 함께한다면 열 소꿉친구도 부럽지 않은 든든한 관계

를 맺을 수 있는 존재입니다.

왕국어 왕사부 : '양날의 검'이다. 학교에서 가장 큰 시련을 줄 수도, 가장 큰 도움을 줄 수도 있는 존재이니, 동료 교사와의 적절한 거리와 원만한 관계가 학교 생활에서 가장 중요합니다.

냉정한 은갈치 : '교직이라는 여행을 함께해야 할 벗'이다. 동료들과 비슷한 고민을 하므로 함께 연대해야 할 대상이기 때문입니다.

5장

동료보다는 먼,
상사보다는
가까운

"○○○ 선생님, 잠시 교무실로 와 주세요."

전화기 너머로 들리는 나지막한 목소리, '내가 또 뭘 잘못한 거지?'라고 생각하며 교무실로 향하는 복도는 오늘따라 엄청나게 멀게만 느껴집니다. 노크하고 슬며시 들어가는 교장실은 참 아늑하고 편안한데, 이상하게 마음은 떨리고 불안합니다. 교무실에 혼나러 온 학생의 마음이 이럴까요?

회식 자리에서는 관리자와 가장 먼 자리를 찾고, 식당에서는 혹시나 마주칠까 두리번거리고, 출근 때 만나지 않을까 괜스레 눈치 보이고……. 또 교실 창문 너머로 보이는 관리자의 그림자는 교사를 긴장케 합니다. 같은 교사인데 동료보다는 먼 관리자. 관리자는 교사에게 어떤 존재일까요?

1
할 말은 많지만

– 관리자, 불편하고 어려운 존재

딱 하루 지각했는데 그날따라 교문에서 만나 뵙는 그분. 오늘따라 학생들이 소란스러워서 살짝 걱정됐는데, 갑자기 창문 밖에서 보이는 그분의 그림자. 교사를 의도치 않게 긴장하게 만드는 주인공은 바로 관리자입니다. 원활한 업무와 복무를 위해서는 가깝게 지내야 하지만, 생각처럼 쉽지 않은 것이 사람의 마음인 것 같습니다.

관리자와 일반교사의 차이

학교의 어른이자 행정 전문가의 역할을 하지만, 일반교사에게는 선뜻 다가가기 어려운 관리자는 어떤 존재일까요? 그리고 일반교사와는 어떤 차이가 있을까요?

냉정한 은갈치 : 일단 저는 '관리자'라는 용어를 좋아하지 않습니다. 학교장의 법적 임무 중에 "교사를 관리한다."라는 문장이 있고, 교감의 임무에는 "교무를 관리한다."라는 문장이 있습니다. 법에서 '관리'라는 용어를 사용해서 관리자라고 표현하는데, 그렇게 되면 일반교사는 노동자가 되거든요. 그래서 일반교사와 관리자의 관계 정리를 위해서 그 용어가 적절한지에 대한 의문이 있습니다.

그리고 교사는 '가르칠 교(敎)' 자를 쓰는 데 반해, 교장과 교감은 '학교 교(校)' 자를 씁니다. 이것만 보아도 학교의 대표라는 개념을 갖고 있습니다. 따라서 학교 시설물 고장으로 학생이 다치면 학교장의 책임이 된다는 것을 알고 있어야 합니다.

키다리 아줌마 : 저도 통제하고 관리·감독한다는 느낌이 들어 관리자라는 표현을 별로 좋아하지 않습니다. 교사가 학생을 가르치는 데 필요한 역량을 기르고 성장할 수 있도록 격려하고 지원하는 역할이라는 내용을 담기에는 아쉬운 명칭이죠. '학교 경영'이라는 표현 역시 애매합니다. 오너가 회사를 경영하듯 학교를 경영할 수 있는 건 아니니까요. 그래서 교장선생님과 교감선생님을 통칭할 만한 적당한 표현을 찾기가 참 어렵습니다. 어쨌든 그분들은 일반교사와 달리 학교

전체를 살피고, 학교 시설 업무 전반을 책임지고, 민원까지도 감당하고 해결해야 합니다. 또 학교의 대표로서 타 기관과 소통하고 예산을 가져오는 일 등을 하기에, 아무래도 학급에서 아이들만 바라보는 일반교사보다는 관점과 시야가 좀 더 넓어야 하지 않나 싶습니다.

악마 너구리 : 관리자는 학교 전체를 책임지고, 교사의 시선이 미치지 못하는 학교 시설을 보완하는 역할을 해야 한다고 생각합니다. 더불어 원활한 수업 진행을 위해 과도한 문제행동을 하는 학생을 상담하고, 정당한 교육활동을 방해하는 학부모의 민원을 일차적으로 방어해 주는 역할도 해야 한다고 생각합니다.

생활교육 알파고 : 학교교육 전체를 책임진다는 측면에서는 지휘·감독의 역할도 필요하다고 생각해 관리자라는 명칭을 부정적으로 볼 건 아니라고 생각합니다. 무엇보다 학생의 문제행동을 조절하고 상담해 주는 것이 필요한데, 승진 과정에서 학생들과 오랜 기간 떨어져 있다 보니 현실적인 감각이 부족해서 일어나는 한계도 있습니다.

왕국어 왕사부 : 학생 교육에 관한 감각이 떨어진다는 면을 자각하고, 학생들에게 가까이 다가가려고 노력하는 분도 많습니다. 관리자에 대한 부정적인 인식이 많지만, 관리자도 어쩔 수 없는 사정이 있음을 이해하고 균형적인 시각을 갖기 위해 노력하고 있습니다.

본보기가 되었던 관리자

교사의 교육활동을 지원하는, 관리자라는 명칭보다는 '지원자'라는 명칭이 더 어울리는 관리자가 있습니다. 관리자도 개인 성향과 교직을 통해 습득한 것, 현재 본인이 처한 상황에 따라서 매우 다양한 모습을 보이기 때문입니다. 그들은 학생을 교육하는 교사보다 더 크게 멀리 봅니다. 교사에게 본보기가 되는 관리자의 사례를 통해 관리자에게 다가가는 시간을 가져 보겠습니다.

첫 번째 사연은 업무를 처리할 때 "선생님 생각대로 하세요. 그런데 이 부분은 이렇게 하는 게 어떨까요? 한 번 확인해 보세요." 하고 교사의 생각을 존중하고 믿어 주지만, 안 되는 것은 그 한계를 정확히 말해 준 교장선생님에 대한 사연입니다. 학생 교육에 도움이 되지 않는 업무는 과감하게 줄이고, 중복되는 업무나 문서가 있다면 정리하고, 추가된 것만 보고하도록 해서 행정업무가 간소화되었다고 합니다.

그리고 결정이 필요한 일이 있을 때 교감선생님이나 교장선생님을 찾아가면 교사가 나아가야 할 방향을 알려 주었습니다. 특히 예산 사용에 관한 내용은 관리자의 생각이 많이 반영될 수밖에 없는데, 이때 결정을 회피하는 것이 아니라 "이렇게 해 보는 건 어때요?"라고 제안을 해 주어 업무 추진에 대한 부담을 줄여 주었다고 합니다.

두 번째 사연은 교장 승진제에 관해 연구하는 선생님의 사연입니다. 주당 8시간 수업을 하고 있는 교감선생님이었는데, 본인이 교사라는 정체성을 갖고, 교감을 단순히 보직으로 생각하고 있다는 점이 매우 인상적이었습니다. 물론 그 학교는 교감·교장 선출보직제라는 영향도 있었겠지만, 본인은 교사이기 때문에 수업하는 것이 너무나도 당연하다는 말에 많은 생각이 들었습니다. 더불어 누구에게도 권위적이지 않도록 자신의 행동을 늘 경계하는 모습도 새로운 관리자 상이라는 생각이 들었습니다.

세 번째 사연은 학부모의 악성 민원을 막아 주던 교장선생님과 학교폭력 업무 때문에 힘들어 할 때 걱정해 주며 병가를 낼 수 있게 배려해 준 교감선생님에 대한 이야기입니다. 학부모 민원이 들어왔을 때 교사의 일방적인 사과를 요구하지 않고, 교사와 상의하면서 문제를 해결하기 위해 노력하였다고 합니다.

네 번째 사연은 방과후학교, 학부모회, 공모 사업 등의 실무를 직접 담당하고, 교사의 업무 진행을 적극적으로 도와주는 교장선생님에 관한 사연입니다. 이분은 교사와 함께 공부하기 위해 연구회와 전문적 학습공동체를 직접 꾸리며 교사의 성장에 큰 도움을 주었다고 합니다.

다섯 번째 사연의 교장선생님은 항상 교사를 먼저 생각해 주는 분이었다고 합니다. 교사 휴게실 같은 복지 인프라를 구축하고, 교사는 많은 경험을 가져야 발전하는 거라며 출강, 파견, 채점 등의 활동을 적극적으로 지지해 주었습니다. 관리자가 교사를 믿어 주고 격려하는 것이 얼마나 중요한지 알 수 있는 사례인 것 같습니다.

관계 맺기 어려웠던 관리자

교사와 긍정적인 관계를 맺는 관리자가 대부분이지만, 한편으로 관리자와의 관계에서 어려움을 겪는 교사도 종종 있습니다. 관계 형성이 어려웠던 이유는 무엇일까요?

첫 번째 사연의 교장선생님은 결재를 올리면 무작정 기다리게 해 결국 담당자가 직접 전화하게 만들었다고 합니다. 업무 처리 시 교사가 먼저 말할 때까지 눈치를 보게 하고, 결국 본인 뜻대로 될 때까지 계속 관찰하는 것이죠. 그리고 자신의 말을 잘 따르는 교사의 업무는 흔쾌히 결재하지만, 본인의 뜻을 잘 따르지 않고 자기 생각을 분명하게 말하는 교사의 업무는 까다롭게 처리해서 힘들었다고 합니다.

두 번째 사연의 교장선생님은 의사소통을 잘 하지 않는 분이었다고 합니다. 교직원 회의에서 짧게 본인의 결정 사항을 통보하고, 교사들이 이에 따르지 않으면 수시로 부장 회의를 소집해 자신의 의견을 관철하기 위한 여론을 형성했고, 학교를 성장시키기보다는 자신의 업적을 쌓기 위해 교육청에서 내려오는 여러 가지 사업을 추진하다 보니 업무 담당자들은 지칠 수밖에 없었다고 합니다.

세 번째 사연의 교장선생님은 업무 처리 과정에서 겉으로는 교사의 의견에 공감하는 척하지만, 결국에는 교감선생님을 앞세워 본인의 의사를 관철하는 등 본인은 악역을 하지 않으려는 분이었다고 합니다.

네 번째 사연의 교장선생님은 교사를 지원해 주고 싶은 마음은 있지만, 교사의 입장을 고려하지 않아 오히려 참견한다는 인상을 주는 분입니다. 학부모 민원이 있을 때도 교사의 입장보다 학부모 입장에서 판단하는 바람에 문제 해결을 어렵게 만드는 경우도 있었다고 합니다.

관리자가 어려운 존재가 된 이유

관리자와 교사는 학생들의 교육을 위해 밀접하고 협력적인 관계를 맺어야 하지만, 뜻하지 않은 사건으로 인해 어려운 관계가 되기도 합니다. 그 이유는 무엇일까요?

생활교육 알파고 : 관리자가 교사일 때 본보기가 될 만한 관리자를 만나 본 경험이 거의 없기 때문입니다. 또 교사가 관리자와 업무를 협의하는 과정에서 자신의 의견을 피력하고 이해시키는 과정을 어려워하는 경우도 많고요. 교사가 본인의 업무에 대해서 전문적인 식견을 갖고 의견을 당당하게 표현하면 좋은데, 잘 모르고 부족하다고 생각하다 보니 관리자의 의견에 동조하는 면이 있어 관리자의 변화가 어려운 점도 있습니다.

왕국어 왕사부 : 교사가 관리자를 본능적으로 두려워하는 이유는, 관리자가 일제 강점기 때 총독부에서 파견하여 조선인의 식민화 교육을 관리·감시하는 존재였다는 생각이 잠재의식 속에 남아 있기 때문이라고 생각합니다. 그 제도적 관행이 여전히 남아 있어 관리자에 대한 인식이 쉽게 변하지 않는 거예요.

냉정한 은갈치 : 교장과 교감의 근원이 일제 강점기에서 온 건 맞아요. 저는 장학사를 거쳐 승진한 학교장이 "선생님들이 저와 급이 같은 줄 아시나 봐요?"라고 이야기했다는 일화를 들은 적이 있습니다. 학교장은 교사보다 지위가 더 높다는 자의식을 갖고 있어, 마치 직장 상사와 부하직원의 개념이 적용되어 태생적으로 관계가 불편할 수밖에 없습니다.

키다리 아줌마 : 교직 문화 안에 수직적인 요소가 많다는 것에 동의합니다. 그런데 관리자로 승진하기 위해서는 학교 업무를 도맡아 하면서 헌신적으로 일해야 합니다. 그들의 헌신으로 학교가 돌아간다는 점은 인정해야지요. 관리자 입장에서는 본인의 노력으로 승진했다는 생각이 있고, 다른 교사들도 업무를 열심히 했으면 하는 기대감과 그간의 노력에 대한 보상 심리를 보이기도 합니다.

악마 너구리 : 저는 부장을 맡고 업무 추진을 위해 대화하는 과정에서 관리자의 고민을 좀 더 이해하게 되었습니다. 무엇이 쉽고 어려운지를 떠나, 서로의 관점과 고민의 종류가 다르다는 것을 알게 됐습니다. 또 이분들도 똑같은 직장인이고, 많은 업무로 인해 책임이 막중하며, 교사들의 다양한 요구를 지원해 줄 방법을 고민하고 있다는 것을 알게 됐죠. 교사와 관리자가 협력하고 상생하면서 학교를 이끌어 가기 위해서는 서로가 조금씩 다가가서 편안한 존재가 되려는 노력이 필요합니다.

🔦 정리 및 Tip

악마 너구리 : 교사와 관리자가 협력하고 상생하면서 학교를 이끌어 가기 위해 서로 노력이 필요함.

키다리 아줌마 : 관리자는 학교 전반을 살피고 책임지며, 학교를 대표하여 여러 기관과 소통하는 역할을 해야 하므로 일반교사보다 관점과 시야가 넓음.

왕국어 왕사부 : 관리자는 과거부터 관리하고 감시하는 존재로 인식되어 왔고, 이러한 제도적 관행이 여전히 남아 있기도 함.

생활교육 알파고 : 관리자는 학교교육 전체를 책임진다는 측면에서 지휘 · 감독의 역할을 하며, 승진 과정에서 학생들과 오랜 기간 떨어져 있다 보니 현실 감각이 부족하기도 함.

냉정한 은갈치 : 관리자와 교사의 수직적인 관계를 지양하고, 협력할 필요가 있음.

2
책임과 의무 사이
– 관리자의 행정적 권한

　학교 업무 중 대부분은 전결 규정에 맞춰 교감·교장을 결재자로 지정하여 기안문을 통해 계획·진행·정산합니다. 그만큼 결재 라인에 많은 사람이 있다는 것은 업무 책임을 공유하기 위함으로, 업무를 기획하고 추진하는 기안자와 더불어 관리자도 업무 내용을 확인해야 한다는 것을 뜻합니다. 또한 최종 결재권자가 학교장이라는 것은 그에 대한 책임과 의무가 있다는 것을 의미합니다. 그렇다면 법에 명시된 관리자의 행정적 권한은 어디까지일까요?

　관리자의 행정적 권한은 「초·중등교육법」 제20조에 나타나 있습니다.

제20조(교직원의 임무) ① 교장은 교무를 통할(統轄)하고, 소속 교직원을 지도·감독하며, 학생을 교육한다.

② 교감은 교장을 보좌하여 교무를 관리하고 학생을 교육하며, 교장이 부득이한 사유로 직무를 수행할 수 없을 때에는 교장의 직무를 대행한다. 다만, 교감이 없는 학교에서는 교장이 미리 지명한 교사(수석교사를 포함한다)가 교장의 직무를 대행한다.

③ 수석교사는 교사의 교수·연구 활동을 지원하며, 학생을 교육한다.

④ 교사는 법령에서 정하는 바에 따라 학생을 교육한다.

⑤ 행정직원 등 직원은 법령에서 정하는 바에 따라 학교의 행정사무와 그 밖의 사무를 담당한다.

학교장은 학교 업무를 조정하고 전체적인 관리를 맡고, 소속 교직원에 대한 지도·감독과 학생을 교육할 임무가 있습니다. 「초·중등교육법」의 법령에 '학교장'으로 시작하는 문장이 매우 많다는 것은 학교장이 학교에서 매우 강력한 권한과 최종 결재권을 갖고 있다는 것을 의미합니다. 그리고 교감은 법적으로 교무 관리와 학생 관리가 주 업무이고, 학교장 부재 시 학교장의 업무를 대행하는 역할을 합니다. 그래서 학교 업무를 관리하는 차원에서 각종 소위원회에서 교감이 위원장인 경우가 많습니다.

관리자의 책임

"학교의 주인은 누구일까요?"라고 학생들에게 물었을 때, 많은 학생이 교장선생님이나 교사라고 답했습니다. 학교의 주인은 학생이라고 말하지만, 정작 학생들은 자신이 주인이라고 생각하지 않고 있습니다. 「초·중등교육법」에서 학생과 교사가 주어가 아닌 대부분 목적어로 사용된 것을 볼 때, 법에서조차 학교의 주인은 학생이 아니라 학교장이라고 말하고 있습니다. 많은 권한을 가진 관리자의 책임은 어디까지일까요?

왕국어 왕사부 : 겸직이나 휴가, 휴직 등 복무의 최종 승인권자여서 교사의 복무와 관련해 승인하거나 반려할 수 있습니다. 승인 과정에서 부당한 사유로 반려받았다고 생각하면 교원 단체나 교육청, 교육부에 질의할 수도 있습니다.

냉정한 은갈치 : 학교장은 교사의 복무를 관리합니다. 그런데 학교장이 자의적으로 연가나 병가를 제한한다면 어떻게 될까요? 반려는 학교장의 재량이지만, 잘못된 판단에 대한 책임도 져야 합니다. 예를 들어, 교사가 법정 건강검진을 받지 않았을 때 학교에서 벌금을 무는 것이지 학교장 개인이 책임지지 않는 것처럼, 학교장은 개인으로 보지 않고 기관의 의미로 보기 때문에 개인의 민사상이나 형사상의 책임

이 아닌 행정심판을 받게 되고 국가가 배상합니다.

생활교육 알파고 : 학교장의 역할 중 학부모의 요구 사항을 듣고 학교교육의 방향을 설정하는 영역이 있습니다. 그렇지만 과도한 학부모 민원이나 학생의 교육활동 침해를 막고, 교사의 교육권을 보장해 주는 역할도 가지고 있다는 점을 놓치지 않았으면 합니다. 때때로 학부모가 민원을 제기할 때 자초지종을 확인하지 않고 교사에게 사과를 강요하는 때가 있어 문제 해결을 어렵게 만들기도 합니다.

악마 너구리 : 시설물 유지 관리에도 많은 책임을 지고 있습니다. 그래서 아직 화재의 원인이 명확하게 밝혀지지 않았지만, 2019년 서울의 모 초등학교에서 일어난 화재에 대해 학교장의 책임이 거론되기도 했습니다. 학교장이 학교 방화 책임자이다 보니 화재 원인에 따라 학교장이 책임을 지기도 합니다.

키다리 아줌마 : 학생 안전이나 학생의 교육활동 관련해서도 기관장으로서 법적인 책임이 있습니다. 하지만 학교는 개인적인 책임보다 구조적인 책임이 강하다 보니, 대부분 학생을 직접 대면하는 교사에게 책임이 전가되고 있어 학교장의 직접적인 책임이라는 인식이 약한 것 같습니다. 그래서 교사와 관리자가 서로의 역할을 인식하고, 합리적으로 책임을 분담하려는 노력이 필요합니다.

위임전결을 통한 교육활동의 자율성과 책임의 공유

학교마다 학교 업무 전반에 꼭 학교장까지 결재하지 않아도 되는 범위를 명시해 놓은 위임전결 규정이 있습니다. 예를 들어, 4시간 미만 출장은 교감 전결로, 가족체험학습은 학년 부장 전결로 처리하는 것처럼, 교육의 자율성을 위해 점차 위임전결의 범위가 넓어지고 있습니다. 그런데 위임전결의 범위가 넓어질수록 교사에게도 책임이 공유되고 있는 것을 느끼곤 하는데요, 교육활동의 자율성과 책임 공유를 위해 위임전결이 이루어지는 것은 합리적일까요?

키다리 아줌마 : 교육활동 관련해서는 이미 교사가 많은 부분을 책임지도록 되어 있으니, 교사가 책임지고 운영하는 사항에 대해 불필요한 결재 절차를 간소화하여 교사의 자율권을 보장하는 것이 선행되어야 합니다. 최근 지역이나 단위학교마다 다소 차이는 있지만, 교사의 자율성을 보장한다는 측면에서 위임전결이 늘어나고 권한이 분산되는 것은 관리자의 역할을 통제에서 지원으로 전환하는 계기가 될수 있습니다. 업무와 각 학급을 책임지는 교사가 본인의 책임 내에서 자유롭게 일하고 창의적인 방식을 실천할 수 있도록, 자신이 근무하는 학교의 위임전결 형태를 살펴보고, 변경이 필요해 보이면 적절한 위임 방식을 제안해 보면 좋겠습니다.

생활교육 알파고 : 저는 위임전결과 더불어 결재 횟수 또한 중요하다고 봅니다. 학교 업무는 통상적으로 3월 말이나 4월 초까지 일 년간의 계획과 예산안을 담아 연간 계획을 마련해 놓습니다. 특별하게 변동된 것이 없다면 그 계획을 기반으로 업무를 추진하면 됩니다. 업무 중에 협의를 통해 변경 사항이 생기면 다시 결재를 받지만, 계획에 변동이 없다면 굳이 다시 받을 필요가 없다는 거예요. 그런데 수업하느라 바쁜 교사에게 왜 이거 결재받지 않았느냐며 행사마다 계획을 다시 세워 결재받도록 종용하는 분이 있다면, 교사에게 큰 부담으로 다가오고 부당한 처사가 됩니다. 그래서 가능한 결재 횟수를 줄일 수 있도록, 학년 초에 세운 전체적인 계획을 기반으로 업무를 추진하는 것이 필요합니다.

냉정한 은갈치 : 제가 근무하는 학교는 30만 원 미만의 물품을 살 때는 교감선생님까지, 30만 원 이상이면 교장선생님까지 올립니다. 크게 비싸지 않은 일상적인 물품까지 결재 과정을 복잡하게 만드는 것은 효율적인 업무 처리를 방해합니다. 그래서 중요한 사항은 교장선생님까지 결재하고, 중요도가 낮다고 생각되는 것은 위임전결하는 것이 학교 업무 처리를 효율적으로 만들어 줍니다.

왕국어 왕사부 : 학교장이 결재하는 것의 유래도 일제 강점기 시절 일본인 교장의 주 역할인 '혹시 한국인 교사가 몰래 독립사상 같은 것

을 가르치지 않을까?', '돈을 빼돌리지 않나?' 하고 감시하는 것이었다는 점을 기억해야 합니다. 그래서 일거수일투족을 다 확인하고 감시했는데, 지금은 그럴 이유가 없는데도 그 불합리함이 지금까지 이어지고 있는 거죠. 업무의 중요도에 따라 위임전결을 하면 교장선생님의 잡무를 줄여 교사의 교육활동을 지원하는 데 더 신경 쓰고, 교사는 결재 기다리는 시간을 아껴 본연의 업무에 집중할 수 있는 환경을 만들어 업무 정상화를 꾀해 볼 수 있습니다.

학교의 주인은 누구?

사업 설계 과정에서 사용자 참여 설계를 표방하는 학교 공간 혁신은 학교의 사용자인 학생의 의견을 반영한다는 점에서 학교의 주인이 학생임을 말하고 있습니다. 그런데 정작 학생들은 본인이 학교의 주인이라고 생각할까요?

키다리 아줌마 : 학생들에게 "학교의 주인은 누구일까?" 하고 물어본 적이 있는데, 많은 학생이 "교장선생님 아니에요?"라고 말했습니다. 학생 눈에도 학교의 의사결정 과정에 교장선생님의 권한이 큰 것이 보여서 그렇게 말하지 않았을까 생각합니다. 민주적인 결정권을 가진 학교, 즉 교사와 관리자, 행정 직원이 학생들을 위해서 존재한다는

것을 느끼게 해 주는 문화가 조성된다면, 학생은 자신이 학교의 주인이라는 인식을 갖게 될 것입니다.

냉정한 은갈치 : 저는 통할권과 최종 결재권에 주목해야 한다고 봅니다. 교사의 승진에 가장 큰 영향을 미치는 것이 학교장의 근무 평가권이고, 인사와 표창, 복무, 연가, 병가 등 모든 분야에서 최종 결재권자가 학교장이다 보니 학생과 교사, 학부모에게 학교의 주인은 교장선생님이라는 인식을 만드는 것 같습니다.

생활교육 알파고 : 학교의 존재 목적이 학생의 성장과 배움이라는 것을 인식하지 못하는 것이 가장 큰 원인입니다. 더불어 교육 주체인 교사와 학생, 학부모가 학교의 대소사를 결정해 본 경험이 적어 학생 스스로 선택의 주체라고 생각하기보다 통제의 대상으로 인식하기도 합니다. 그래서 교무회의와 학부모회의, 전교학생회의에서 결정한 것이 존중받는 학교 문화가 만들어져야 학생이 학교의 주인으로 우뚝 설 수 있습니다.

악마 너구리 : 기본적으로 많은 부분에서 학교장의 허락을 받아야 하는 것이 그 원인인 것 같습니다. 예를 들어, 현장체험학습을 추진하는 교사의 생각과 학교장의 생각이 다른 경우, 교사가 생각하는 교육의 목적이 있더라도 원활한 업무 처리를 위해 결재 권한이 있는 학교장

의 뜻대로 수정해야 하는 경우가 많기 때문입니다.

왕국어 왕사부 : 학교를 말단 기관으로 생각하는, 사회 전체에 뿌리 내린 관료제에서 원인을 찾아볼 수 있습니다. 왕조 국가에서 백성은 국가의 소유물이라는 뿌리 깊은 의식이 근대화된 지금까지도 남아 있는 거죠.

학교 교육목표와 관리자 교육철학의 상관관계

과거에는 앞에서 열심히 끌고 가는 리더십이 필요했다면, 이제는 주위 사람들이 역량을 펼칠 수 있도록 도와주고 격려하며 큰 그림을 제시하는 '서번트 리더십'이 등장하고 있습니다. 그런데 학교장이 새로 부임하면 으레 하는 일이 자신의 교육철학에 맞게 학교 교육목표를 수정하는 것입니다. 학교 구성원은 크게 바뀌지 않았는데, 학교장이 바뀌었다고 학교의 교육목표가 수정된다면 어떻게 될까요?

냉정한 은갈치 : 학교는 이제 학교장의 교육철학에서 벗어나야 한다고 생각합니다. 교육의 3주체인 학생, 교사, 학부모가 머리를 맞대어 학교의 교육목표를 세우고, 함께 학교를 민주적으로 운영하는 게 필요합니다.

왕국어 왕사부 : 시대의 흐름이 협업으로 전환되고 있습니다. 슈퍼히어로 영화를 보더라도 예전에는 슈퍼맨, 배트맨 등 영웅 하나가 세계를 구했으나, 요즘은 '어벤져스'처럼 팀으로 움직이거나 많은 시민의 힘으로 정의를 세우는 것을 봐도 시대가 원하는 리더십의 변화를 느낄 수 있습니다.

학교 또한 매우 뛰어난 학교장 한 사람의 힘이 아니라, 우수한 교사들과 교육 수요자인 학생, 학부모의 의견과 호응을 받아 운영해야 효과가 높고, 그 방향이 바람직합니다. 물론 총량이 정해져 있는 입시 실적 등이 다른 학교와 상충되는 경우, 국가 전체 교육의 이익에 따라 운영되어야 하는 것은 어쩔 수 없겠죠.

키다리 아줌마 : 학교장 한 명이 갖고 있는 교육철학을 그 학교의 교육목표로 치환할 수는 없다고 봅니다. 학교장이 자신의 교육철학과 가치관을 몸소 실천하면서 영향을 줄 수는 있지만, 타인에게 강요하거나 강제할 수는 없는 것이죠. 학교의 교육목표는 학교 구성원이 함께 고민하여 세워야 하고, 그렇게 세웠을 때 구성원이 더 자발적이고 협력적으로 학교 공동체를 꾸릴 수 있습니다. 함께 뜻을 모아 교육목표를 공유하는 과정이 그래서 정말 중요하고 의미 있는 거죠.

악마 너구리 : 초등학교는 교실의 독립성이 강하다 보니 교사의 교육철학에 따라 다양한 교육이 이루어지는 경우가 많습니다. 사람마다

잘하는 것과 좋아하는 것이 다른데, 학교장이 자신만의 교육철학을 모두에게 강요한다면 교사는 교육활동을 원활하게 이어 나가기 어렵습니다. 그래서 학교장의 교육철학은 큰 그림을 제시하고, 교사가 자신의 교육철학을 자유롭게 펼칠 수 있도록 지원해 주는 것이 필요합니다.

교육행정 전문가로서의 관리자 역할

현대사회는 한 명의 강한 리더보다 구성원의 협력을 통해서 문제를 함께 해결하는 서번트 리더십을 요구하고 있습니다. 관리자가 서번트 리더십을 발휘하여 학교 교육목표에 맞는 교육활동을 원활하게 펼치기 위해서는 교육행정 전문가로서의 역량이 매우 중요합니다. 관리자가 교육행정 전문가로서의 역량을 발휘하기 위해서는 어떤 발상의 전환이 필요할까요?

키다리 아줌마 : 독일의 경우 대부분의 행정업무를 학교장이 담당하고 있어서 오히려 학교장이 되는 것을 기피하여 학교장이 공석인 학교도 있다고 합니다. 그래서 흥미롭게도 학교장의 처우를 더 개선해야 하지 않느냐는 의견도 나오고 있다고 합니다.

냉정한 은갈치 : 독일은 월급을 많이 받으면 일을 더 많이 해야 한다는 철학이 있습니다. 또 교사가 학생을 가르치는 일에 집중해야 한다고 생각해서, 학교장이 8시간 정도의 수업과 더불어 행정업무까지 맡다 보니 꺼리는 것입니다. 우리나라도 교육의 정상화를 위해 관리자가 세부적인 행정업무까지 담당해야 할 필요성이 있습니다.

키다리 아줌마 : 학교장이 되면 예전부터 해 보고 싶었던 공모 사업이나 교육활동을 추진하려는 과한 의욕을 보여 학교 구성원의 갈등의 씨앗이 되기도 합니다. 제가 근무하는 학교의 학교장은 공모 사업을 직접 맡아서 처리해서 갈등도 없고, 본인도 해 보고 싶은 교육을 해서 매우 만족하고 있습니다.

💡 정리 및 Tip

악마 너구리 : 관리자 리더십이 서번트 리더십으로 전환되고 있음.

생활교육 알파고 : 학교교육 전반에 교육의 3주체인 교사, 학생, 학부모의 의견 반영이 필요함.

왕국어 왕사부 : 일방적인 지시가 아닌, 힘든 점을 도와주는 역할로의 변화가 필요함.

키다리 아줌마 : 학교 구성원이 함께 학교 교육목표를 세우는 것이 바람직함.

냉정한 은갈치 : 교육행정 전문가로서의 관리자 역할이 대두되고 있음.

3
아니야,
나도 처음이야

– 관리자의 입장 헤아리기

성인이 된 첫 제자와 만나 과거를 회상하다가 "선생님도 첫 담임이었기에 많이 힘드셨을 거예요."라는 말에 감동과 고마움을 느낀 적이 있습니다. 모든 것이 낯선 신규교사일 때 처음 접하는 상황들로 인해 어려움을 겪기도 합니다. 어쩌면 관리자도 처음 맡아 보는 직책에 어려운 점이 있지 않을까요?

관리자의 마음 이해하기

새 학년, 이상하게 관계 형성이 어려운 학생을 맡게 되어 일 년 동안 애먹었던 경험 한 번쯤 있을 겁니다. 관리자도 학교라는 공간 안에서 복잡한 인간관계와 새로운 업무에 두려움을 느끼고 도움을 필요로 하지 않을까요?

냉정한 은갈치 : 학교장은 전교생과 모든 교직원에 대해 일정 부분을 책임져야 합니다. 또 일반교사 때는 경험하지 못한 행정실과의 관계도 신경 써야 해서 전체적인 시각으로 학교를 살피는 능력을 길러야 한다고 생각합니다.

왕국어 왕사부 : 학교를 상대로 손해배상청구를 할 때 합의 대상이 학교장인 경우가 많습니다. 교사 개인에게 구상권을 청구하지 않는 경우 그 대상이 학교장이 되어 버려서 수백만 원의 합의금을 학교장이 개인적으로 내는 경우도 적지 않다고 들었습니다. 본인의 잘못이 아니라도 학교장이라는 이유로 법적 소송의 대상자가 되고, 합의금을 내기도 한다는 점에서 참 어려운 자리라는 생각도 해 봅니다.

악마 너구리 : 얼마 전 학교에서 몇몇 학생이 식중독을 호소하는 일이 있어 학교가 발칵 뒤집혔습니다. 역학 조사를 해 보니 한 학생이 어린이집에 다니는 동생에게서 옮아 온 것이 원인이 되어 같이 급식을 먹은 학년에 집중적으로 발병한 것으로 드러났습니다. 만약 학교 급식 문제로 인해서 일어난 일이었다면, 급식의 최종 책임자인 학교

장이 징계를 받는다는 것을 듣고, 책임이라는 것이 제가 생각했던 것보다 더 무겁다는 것을 느꼈습니다.

키다리 아줌마 : 함께 근무했던 분인데 학교장으로 발령받은 후 잠을 못 주무셨다는 이야기를 들었습니다. 학교 전체에 대한 막중한 책임감이 두려움으로 다가오고, 무슨 일이 생기면 잘 대처할 수 있을까 염려된다고 하셨어요. 각종 민원과 학교 안전 등 교사일 때와는 다른 프레임으로 학교 상황이 보인다는 어려운 마음을 들려주셨죠. 또 '교사들이 나를 어떻게 생각할까?', '학부모는 나를 어떻게 바라보고 평가할까?' 등의 생각에 눈치가 보이기도 하고, 본인의 주관대로 업무를 추진하면 독재한다는 말을 들을까 봐 염려되기도 하고요. 어떻게 보면 학교장으로서 잘해야 한다는 압박도 크지 않나 생각합니다.

생활교육 알파고 : 저는 그동안 여덟 명의 학교장을 만났습니다. 그런데 확실히 첫 발령을 받은 학교장은 불안과 걱정이 많았습니다. 아무래도 부담감이 크고, 사건 사고가 생겼을 때 교사 개인에게 책임을 묻는 시스템에도 문제가 있으니까요. 학교에 문제가 생겼을 때 함께 고민하고 결정하여 책임지는 시스템을 구축할 필요가 있습니다.

관리자가 되기까지

관리자가 되기 전에 어떤 업무를 해 봤고, 어디서 근무했는지에 따라서 역량과 지식에 차이가 있을 수밖에 없으므로, 경험에 따라 어려움의 종류와 깊이가 다릅니다. 본인이 많이 해 본 업무는 자신 있지만, 많이 접해 보지 못한 업무는 관리자라도 자세히 알기 어렵기 때문입니다. 관리자가 되기 위해 노력했던 삶은 어떠했을까요?

키다리 아줌마 : 우선 그분들이 수고해 온 시간에 대한 존경과 인정이 필요합니다. 10~15년 가까이 다른 교사들이 기피하는 업무를 도맡아 했고, 학교 전반적인 것들을 조율하며 어려운 업무를 해 왔습니다. 또 업무만 잘했다고 말하는 것은 그분들 입장에서 속상할 수도 있습니다. 교육활동 또한 열심히 하셨을 테니까요. 쉬지 않고 학교의 중심 역할을 하면서 주어진 자리에서 늘 최선을 다해 오신 분들이라고 봅니다.

생활교육 알파고 : 제게 승진을 권했던 관리자나 장학사에게 "승진 과정에서 행복하셨느냐?"고 물었더니 정말 힘들었다고 하더군요. 입시에 올인했던 고등학생이 대학생이 되고 나면 공부에 흥미를 잃는 것처럼, 학교장이 되고 나서 목표가 갑자기 사라지는 듯한 느낌도 받는다고 했습니다. 그리고 승진 과정에서 본인은 주어진 업무에 묵묵

히 최선을 다했는데, 학교장이 된 후 본인의 의견에 반대하는 교사들을 견디기 어려워하기도 했습니다.

냉정한 은갈치 : 승진한 분 중에 누구 하나 그냥 승진한 분은 없습니다. 전직을 통해 장학사를 거치거나, 치열하게 점수를 모으며 열심히 살았다는 거죠. 그리고 교감 시절에는 웬만한 교사보다 행정업무를 많이 하는데, 이 아까운 능력을 학교장이 되면 왜 발휘하지 않는지 안타까울 뿐입니다. 연구 대회와 수업 대회 나가서 좋은 성과를 거둔 분이 왜 수업을 안 하는지 의문이 들기도 하고요. 그리고 관리자의 역할 중 행정업무도 중요하지만, 학부모 민원을 상대하고, 학생 간 갈등을 중재하고, 위기 학생을 상담하는 것도 중요하다고 생각합니다. 그래서 현재 승진제가 바람직한 관리자가 되기 위한 것인가에 대해 의문을 갖고 있습니다.

관리자의 어려움

관리자도 알고 보면 학교라는 직장에 다니는 고민 많은 직장인입니다. 우리는 모두 본인의 위치와 지위에 맞는 고민과 어려움을 갖고 살아가는데, 서로 이해하지 못하고 자신의 어려움만 이야기하고 있는 거죠. 관리자만이 할 수 있는 고민에는 무엇이 있을까요?

키다리 아줌마 : 학급 안에만 있을 때와 학교 전체를 바라보게 될 때는 분명 관점의 차이가 있게 마련이죠. 그래서 그 위치에서 그 역할을 해 보지 않은 사람은 섣불리 판단하고 말할 수 없다고 봅니다. 무엇보다도 학교장이 되면 인간관계가 넓어진다는 것이 일반교사와 비교해 가장 큰 차이점입니다. 학급 담임은 주로 학생, 학부모와 소통하고, 동료 교사와 가까이 지내면 되지만, 학교장이 되면 교사뿐만 아니라 행정직, 공무직 등의 학교 구성원을 비롯해서 다양한 학부모 및 지역사회 일원과도 잦은 소통을 해야 하고, 또 학교 전체를 대변하고 책임지면서 업무를 처리해야 합니다. 다양한 구성원의 마음을 얻고 협조를 얻어야 진행되는 일들도 많아 나름의 어려움이 크다고 봅니다. 그래서 학교장 입장에서 협력하지 않고, 눈치 보고, 소극적으로 저항하며 대충 일하는 구성원을 어떻게 대하고 이끌어야 할지 모르겠다고 고민을 토로하는 분도 많습니다.

생활교육 알파고 : 결재나 책임 등 학교장이 맡은 일은 사실 너무 많습니다. 그리고 학교폭력 업무를 진행하다 보면 '이 사안은 학교장이 감당하기 어렵겠다.'는 생각이 들 정도 교사가 실수한 사안도 분명 있습니다. 결과적으로 교사의 잘못이나 중대한 과실은 숨기고, 관리자가 이유 없이 본인을 질책했다고 생각하는 경우도 있었습니다. 서로의 입장과 관점이 다르다 보니 교사가 잘 못 보는 부분이 있다는 점도 인정할 필요가 있습니다.

악마 너구리 : 저도 부장이 되기 전에는 관리자와 많은 대화를 한 적이 없어서, 관리자가 바라보는 학교에 대해서 크게 고민한 적도 없었습니다. 그런데 업무부장이 되어 관리자와 자주 대화를 하면서, 우리의 생각보다 다양한 면을 고민하고 있다는 것을 알게 되었습니다. 학교 음수대의 구조 개편이나 주차장 담장을 넘어오는 학생을 막는 방법 등 일반교사라면 생각하기 어려운 것에 집중하고, 문제를 해결해 나가는 모습이 보였던 것이죠. 예를 들어, 교문이 하나다 보니 학생의 등교 동선과 교사의 차량 출근 동선이 겹치면서 불안한 상황이 많이 연출되어 교문의 구조를 개선하고 쪽문을 개방하는 등 다양한 해결 방법을 시도했습니다. 또한 강당 위에 있는 주민 도서관을 이용하기 위해 주민들이 학교 정문을 이용하다 보니 외부인의 접근에 취약했던 것을 주차장 쪽 쪽문을 사용하도록 해 외부인과 학교를 차단하는 등 일반교사가 신경 쓰기 어려운 부분을 하나씩 변경해 나갔습니다. 자리가 사람을 만든다고, 그 자리에 가게 되면 그 나름의 시야와 식견을 갖게 된다고 생각합니다.

냉정한 은갈치 : 일단 학교장의 일을 일반교사가 잘 모르기 때문에 결재만 하는 역할로 생각하는 관점이 있습니다. 그래서 일부 학교장은 자신은 수많은 의사결정을 내리고, 학교 시설을 살펴보고, 수많은 공문을 일일이 확인하느라 바쁜데, 교장을 바쁘지 않다고 보는 시선이 불편하다고 하는 분도 있습니다. 반면에 학교 일에 전혀 관심 두지 않

고 결재도 일괄결재를 하는 분이 있는 것도 사실이고요. 「초·중등교육법」에 학교장이 하는 일이 구체적으로 명시되어 있지 않아서 그 역할을 개인의 역량과 신념에 과도하게 기대지 않도록, 학교장의 역할을 시행령에 구체적으로 명시하는 것이 필요합니다.

정리 및 Tip

냉정한 은갈치 : 학교 전체를 바라보는 시선을 갖고, 교사를 지원하려는 노력이 필요함.

왕국어 왕사부 : 본인의 잘못이 아니라도 학교를 상대로 낸 손해배상청구로 인해 학교장이 고생하는 경우도 있어서 어려운 자리임.

악마 너구리 : 학교에서 일어난 많은 일을 책임지는 어려움이 있으므로, 학교 구성원이 함께 고민하여 문제를 해결하려는 노력이 필요함.

키다리 아줌마 : 교사일 때와 다른 시선으로 학교를 바라보고 책임지므로 많은 압박이 있음. 교사와 관리자가 서로 이해할 수 있도록 소통하는 시간이 필요함.

생활교육 알파고 : 빠른 판단을 요구하는 상황에 관한 안내가 부족해서 어려움을 겪으므로, 교사와 협의를 통해 합리적인 판단을 하는 것이 좋음.

4
엇박자의 시작

− 관리자와 교사 간 서로 다른 시선

관리자와 교사의 엇박자 1

수업 준비와 교육활동, 학생 상담만으로도 바쁜데 학부모 민원까지 처리하기에는 교사의 에너지가 충분하지 않습니다. 그래도 어떻게든 본인 선에서 해결하려 노력하고 있는데, 민원이 들어왔다는 이유로 책망하는 듯한 관리자를 만나면 교사는 사기가 꺾일 뿐만 아니라 새로운 문제의 씨앗이 될 수도 있습니다. 이 문제의 원인은 무엇일까요?

냉정한 은갈치 : 학부모 민원은 학교에서 시작되어 평가권을 가진 교육청까지 들어갈 수도 있으므로 관리자도 신경을 쓰고 있습니다. 그

래서 때로는 더 큰 문제로 번지기 전에 학부모 편을 들어서 무마하는 것이 가장 빠른 해결 방법이라고 생각하죠. 하지만 그때 교사는 학교에서 날 보호해 주는 사람은 아무도 없다고 생각해 큰 상처를 받습니다. 언론에 보도되는 것은 소수의 극단적인 경우이고, 대부분의 교권 침해 사안은 축소나 은폐되는 경우가 많다고 생각합니다.

키다리 아줌마 : 학교도 사람 사는 곳이니 민원은 언제든지 있을 수 있다고 생각하면 마음이 좀 편하고 나을 텐데, 민원이 들어온 것 자체를 불편해 하는 관리자가 있습니다. 그리고 민원이 들어오면 '이런 일 없게 좀 더 현명하게 처신하고, 학부모 비위도 잘 맞추지.'라고 생각해 교사를 비난하는 분도 있고요. 교사는 관리자가 같은 입장에 서서 지지해 주고 도움이 되어 주었으면 하는데, 공감조차 해 주지 않으니 상처를 입고 더 힘들어지기도 합니다.

악마 너구리 : 저도 우리 반 학생이 학교폭력 가해자가 되거나, 복도에서 뛰는 학생이 많다는 옆 반 선생님의 지적에 제 잘못이 아닌데도 화가 나는 경우가 있습니다. 관리자도 교사의 잘못으로 학부모의 민원을 받으면 타인의 문제이지만 본인이 해결해야 한다고 생각해서 더 화를 내는 것 같습니다.

생활교육 알파고 : 보통 학부모 민원은 교무실로 전화하거나 교장실

로 바로 찾아오는 경우가 많습니다. 그런데 초두 효과라고, 먼저 말하는 사람이 조금 유리한 게 있어요. 관리자는 학부모 민원을 먼저 듣다 보니 그쪽 입장에서 먼저 생각하게 되고, 교사 때문에 내가 이런 일을 당하나 생각해서 민원 전화 온 것 자체가 불쾌한 것입니다.

교사는 학부모에게 불만이 있어도 교육청에 민원을 제기하지 않는데 학부모는 필요하면 교육청에도 민원을 제기한다는 점과, 학교의 체계적인 민원 대응 능력이 부족해서 갈등을 해결하기보다 무마시키려는 쪽에 더 집중하다 보니 갈등이 생기는 것 같습니다.

관리자와 교사의 엇박자 2

업무 추진을 위해 기안을 올렸는데 이상하게 결재가 완료되지 않고 머물러 있는 공문을 보고 '교무실에 가 봐야 하나? 아니면 다시 수정해서 올려야 하나?' 하고 고민에 휩싸이기도 합니다. 이런 문제의 원인은 무엇일까요?

키다리 아줌마 : 기본적으로 관리자가 업무 처리 경험이 많다 보니 기대치가 높은 것도 있고, 결재권을 이용해서 본인의 뜻을 관철하려는 경향도 있는 것 같습니다. 한 예로, 기본적인 안내장을 내기 위한 기안이었는데, 새로 전근 온 15년차 교사를 길들이고 싶으셨는지 "어

느 부분이 잘못되었어요.", "이 부분이 잘못되었어요."라면서 일곱 번이나 반려했다고 합니다. 큰 의미 없는 일을 일곱 번 하고 나니까 그제야 '아, 나에게 부당한 일이 반복되고 있구나.' 하고 알아차리고 관리자에게 왜 이렇게 하는지 물었답니다. 그랬더니 이번 기회에 제대로 배우라는 의미로 그랬다고 해서 황당했다는군요. 교사에게 어떤 업무가 더 중요한지 알고, 교사를 존중한다면 관리자 본인이 기안을 수정한 후 "이 부분 수정했으니 변경된 것을 꼭 확인해 보세요."라고 일러주는 것이 옳다고 봅니다. 업무를 추진하면서 이런 부당한 일을 겪어도 본인의 의견을 말하기 어렵다는 점이 안타깝습니다.

생활교육 알파고 : 예전보다는 많이 줄었지만, 여전히 온점 따지고, 심지어는 본인도 말한 것도 잊어버리고 뭐라 하는 경우가 간혹 있습니다. 본인이 서류에 능수능란할수록 잘못된 점이 더 눈에 띄는 듯한데, 교사의 역할은 학생을 가르치는 것이고 행정업무는 보조적으로 하는 것이라는 점, 수업 시간에는 업무 지시를 내리지 않아야 한다는 점을 기억해야 합니다.

냉정한 은갈치 : 교사는 교육 전문가로 학생을 가르치는 것이 주 업무이고, 관리자는 교육행정 전문가입니다. 그렇다면 교육행정에 관해서는 관리자가 책임을 져야 한다고 생각합니다. 어떻게 보면 교사는 관리자의 업무를 도와주고 있는 셈이죠. 그래서 관리자는 교사의

행정업무 수행을 고마워해야 한다고 생각합니다.

악마 너구리 : 학교에서 일어나는 많은 행정업무 중 교사 혼자서 결정하고 책임지는 일은 거의 없습니다. 지출 기안에 행정실장 - 교감 - 교장 등 네 명이 결재 라인에 있다는 것은, 이들이 함께 문제를 고민하고 해결해 나가라는 것을 의미합니다. 그런데 교사가 온전히 혼자 문제를 고민하고 해결하기까지 바란다는 것은 민주적이지 않습니다. 그래서 함께 고민하면 서로의 생각이 모여서 더욱 완벽해지지 않을까 생각합니다.

왕국어 왕사부 : 행정업무에서 관리자도 완벽하지 않고, 4대 비위(성적 조작, 상습폭행, 성폭력, 금품 수수)를 제외한 일들은 실수해도 충분히 수습할 수 있습니다. 교사에게 가장 중요한 건 학생을 잘 가르치면서 따뜻한 격려 한 번 더 해 주는 것이지, 결코 행정 문서 정확히 꾸미고 숫자 안 틀리는 것이 아닙니다.

엇박자에서 벗어나기

어느 날 교무실로 오라는 관리자의 메신저가 온다면 교사는 짧은 시간에 많은 생각을 합니다. '내가 올린 조퇴가 문제가 있었나?', '혹시 학부모에게 민원 전화가 왔나?', '지난번에 올린 기안에 문제 있었나?' 등 온갖 걱정을 하면서 교무실로 향했는데, 막상 교무실에 가 보면 별 것 아닌 소소한 이야기를 했던 경험 한 번쯤은 있을 겁니다.

그런데 이 상황을 반대로 바꿔 본다면 어떨까요? 어느 날 갑자기 출근 중 교사에게 온 전화, '오늘 혹시 아픈 걸까?', '사고가 난 걸까?' '오늘은 기안이 몇 개 있을까?', '어제 출장 간 사이 모 반의 학부모가 학교로 찾아왔다는데 무슨 일일까?' 등 관리자도 걱정하면서 하루를 시작할 수도 있습니다.

서로의 영역을 존중해서 그런지 몰라도, 교사와 관리자는 생각보다 소통할 기회가 많지 않습니다. 그래서 교사와 관리자가 서로 오해하고 있는 것은 아닐까요?

왕국어 왕사부 : 평교사일 때 부당해 보였던 것도 막상 그 자리에 올라서면 나름의 사정을 알게 되고, 그래서 부당하다고 느꼈던 행태를 본인도 따라 하게 됩니다. 하지만 시대가 바뀌었습니다. 교사 입장에서 이상하다고 생각만 할 게 아니라, '저분들이 과거에는 이런 일을 겪었겠구나.'라고 조금은 이해하려는 마음이 있다면 함께 변화할 방법을 찾을 수 있을 겁니다.

생활교육 알파고 : 교사와 관리자가 서로 '나를 공격하려는 건가?'라는 비합리적인 신념이 과해지면, 자신을 방어하기 위해 강하게 말하

고 감정을 악화시키는 악순환이 일어납니다. 그럴 때 '저분이 정말 바라는 게 뭘까?', '그 부분을 내가 수용할 수 있을까?', '내가 정말 바라는 것은 무엇일까?', '내가 바라는 것을 어떻게 얻어 낼 수 있을까?'에 초점을 맞추면 해결의 실마리가 보입니다.

냉정한 은갈치 : 저는 관점과 시각의 차이라고 생각합니다. 교사와 관리자가 생각하는 교육이 다른데, 관리자가 생각하는 교육을 교사에게 억지로 끼워 맞추려는 경향이 있다는 거죠. 예를 들어, 관리자가 학부모와 학생을 위한 교육이라고 생각해서 방과후학교 기악합주반과 연주회를 열고 싶다고 일과가 끝난 시간에 교사를 동원해서 독단적으로 행사를 진행하면, 교사는 "우리와 상의 한마디 없이 행사를 추진하면서 왜 우리를 동원하지?"라는 불만을 갖게 됩니다. 이런 사소한 시각 차이가 갈등의 원인입니다.

악마 너구리 : 교사마다 잘하는 것이 다른데, '나는 되는데 왜 너는 안 되냐.' 하고 서로를 이해하지 못하는 것이 원인이라고 생각합니다. 누군가는 체육을 좋아해서 학교장과 함께하는 체육 수업을 만들고 싶지만, 어떤 교사에게는 체육 수업이 부담으로 다가올 수 있습니다. 학교장 입장에서 체육은 아이들이 좋아하는 과목이고, 큰 준비 없이도 짧은 시간 내에 재미있게 활동할 수 있을 것이라고 생각하지만, 체육을 싫어하고 못하는 아이들도 있고, 그 아이들을 인솔하는 것은 담

임교사의 온전한 책임으로 다가오기 때문입니다.

키다리 아줌마 : 일단 관리자와 교사가 가진 경험치가 다르고, 서로 위치가 다른 데서 오는 입장 차도 있습니다. 서로 다른 바람과 욕구가 있다는 것을 인정하고, '그래, 그럴 수 있어.'라고 이해하려는 마음이 바로 존중입니다. '교장선생님은 평교사 시절은 생각 안 하시는 것 같아.'라고 원망할 것이 아니라, '내가 저 입장이라면 나도 그럴 수 있겠다.'라고 생각합니다. 관리자도 '나도 평교사였을 때 관리자와의 관계에서 이런 부분이 어렵고 불편했어.'라고 생각한다면 엇박자가 조금은 해소되지 않을까요?

서로를 이해하려면?

우리 반에 유독 나와 맞지 않는 학생이 있다고 그를 멀리하고 배척한다면 교실은 어떻게 될까요? 바람직한 교사의 역할은 나와 잘 맞지 않더라도 그 학생을 이해하려고 노력하고, 대화를 통해 문제를 해결하는 것입니다. 그래서 관리자와 교사가 생각이 다르다면, 그것을 이해하려고 노력하는 것이 관계 개선의 출발점입니다. 이를 위해서는 무엇이 가장 필요할까요?

왕국어 왕사부 : 경청과 공감이 제일 중요하지 않을까요?

키다리 아줌마 : 저는 진심이 통할 수 있도록 대화를 좀 더 늘리고, 각자의 자리에서 책임감을 갖고 애쓰고 있다는 것을 믿어 주는 것이 필요하다고 생각합니다.

냉정한 은갈치 : 저는 관리자와 교사가 서로를 동료라고 인식할 필요가 있다고 봅니다. 다른 일을 하고 있지만 동료라는 인식 아래, 서로의 다름을 인정하고 힘든 부분은 돕는다면 관리자와 교사도 충분히 좋은 관계가 될 수 있습니다.

생활교육 알파고 : 교권 상담을 할 때는 관리자의 문제로만 생각했는데, 나중에 보면 관계의 갈등인 경우가 많았습니다. 상대에 대한 판단을 유보하고, 진심으로 이해하고 다가가려는 마음이 관계 개선의 실마리가 될 수 있습니다.

악마 너구리 : 저는 먼저 질문해 줬으면 좋겠습니다. 교사는 관리자의 질문이 본인의 뜻대로 관철시키기 위해 하는 통과의례적인 것이라고 생각해서 어려워합니다. 그래서 관리자는 답이 정해져 있는 질문이 아니라, 교사의 의견을 묻는 질문을 해 주었으면 좋겠습니다. 예를 들면, 현재 가장 필요한 것은 무엇이고, 다음 활동을 위해 필요한

도움은 무엇인지 등이 되겠죠. 그리고 교사의 의견과 본인의 의견을 합쳐 합리적인 해결책을 찾기 위해 노력하는 것이 필요합니다.

 정리 및 Tip

왕국어 왕사부 : 경청과 공감으로 상대방의 입장을 이해하려는 노력이 필요함.

생활교육 알파고 : 상대를 판단하는 것을 멈추고, 진심으로 다가가려고 노력하는 마음이 필요함.

키다리 아줌마 : 서로가 가진 경험치가 다르고, 역할에 따른 입장 차가 있으므로 서로 그럴 수 있겠다는 이해가 필요함.

냉정한 은갈치 : 상황을 바라보는 관점과 시각의 차이가 있으므로, 상대방을 존중하고 서로가 동료라는 생각이 필요함.

악마 너구리 : 질문을 통해 서로의 의견을 교환하여 합리적인 해결책을 찾으려는 노력이 필요함.

5
뭉쳐야 산다

– 관리자와 교사가 한 그림 그리기

문제를 해결하기 위해서는 나무를 보지 말고 숲을 봐야 할 때가 있습니다. 작은 문제에 집중할수록 문제를 해결하는 데 필요한 핵심 요소를 놓칠 수 있기 때문입니다. 사람 간의 갈등도 당면한 문제에 집착하기보다는, 먼저 서로 이해하고 공감하려는 노력이 필요합니다.

관리자와 교사 간 공감하고 소통하는 방법

관리자와 교사가 함께 같은 목표를 바라보고 큰 그림을 그려 가는 것이 학교교육이고, 이를 위해서 가장 필요한 것은 소통입니다. 인간

관계에서 무엇보다 중요하고, 또 문제 해결의 핵심이 되기 때문입니다. 그럼 공감하며 소통하는 관리자가 되기 위해서는 어떤 덕목이 필요할까요?

냉정한 은갈치 : 저는 문제 해결에 집중해야 한다고 생각합니다. 교사와 관리자의 대립이 감정 문제로 이어지는 경우가 많은데, 교사는 관리자를 존중하고, 관리자는 자신의 권위를 내려놓고 문제에 초점을 맞추어 함께 해결해 나가려는 노력이 필요합니다.

왕국어 왕사부 : 문제가 발생하지 않게 하려고 제한하다 보면 오히려 갈등이 증폭될 수 있습니다. 어떤 조직이든 문제는 생길 수 있으므로, 문제가 생겼다면 전전긍긍하지 말고 그냥 해결하면 됩니다. 우리가 정말 조심해야 하는 4대 비위만 조심하면 다른 문제는 충분히 해결할 수 있습니다.

악마 너구리 : 중요한 것은 서로의 실수를 이해하고 인정해 주는 것입니다. 실수의 원인은 두 가지가 있는데, 하나는 몰라서 하는 실수이고, 다른 하나는 정말 '아차!' 하는 실수거든요. 몰라서 하는 실수는 정확하게 알려 주면 되고, 두 번째는 누구에게나 일어날 수 있는 일이므로 "이 부분을 고쳐 봤어요."라고 안내하고 넘어가 주면 됩니다. 서로의 실수를 받아들여 주는 마음 하나만으로도 관리자와 교사는 배

려받았다는 감정을 가질 수 있습니다.

키다리 아줌마 : 완벽한 사람도 없고, 완벽한 학교도 없습니다. 잘잘 못을 따지기보다는, 문제 해결에 초점을 맞추다 보면 자연스럽게 소통이 원활해집니다. 또 관리자의 경험을 존중하며 배울 점을 찾고, 교사가 미처 보지 못한 부분을 알려 준다면 원활한 소통이 가능해집니다. 해결 방법을 찾기 위해 진술한 대화를 나누다 보면 같은 그림을 그려 나갈 수 있을 것입니다.

생활교육 알파고 : 요즘 관리자는 매우 힘이 듭니다. 학부모 민원도 많고, 학생들도 여러 가지 문제를 일으키고, 교사들도 제 목소리를 내는 일이 늘고 있거든요. 그런데 이런 어려움은 관리자만 겪고 있는 건 아닙니다. 학교에서 어떤 교육목표를 달성해야겠다고 다짐하는 부분도 중요합니다만, 함께하는 교사들이 어떤 어려움을 겪고 있는지 들어주고 이해하려는 노력, 어떻게 도울 수 있는지 알아보려는 노력도 있었으면 좋겠습니다. 그리고 관리자는 교육 경력이 거의 30~35년 되는 분들인지라 수많은 노하우를 갖고 있을 텐데, 그 경험을 현장의 교사들에게 나눠 준다면 학교교육을 원활케 하는 데 도움이 되지 않을까 싶습니다. 학생 상담이나 학부모 상담에도 어느 정도 참여해 주면 더 좋고요.

관리자와 교사의 동료 관계 맺기

　교사도 사람인지라 여러 가지 사안으로 스트레스를 받으면, 은연중에 학생에게 소홀해질 수 있습니다. 따라서 교사의 수업권과 학생의 학습권이 존중받기 위해서는 교사의 에너지가 다른 곳에 쓰이는 것은 바람직하지 않습니다. 그런데 대부분의 관리자가 오랫동안 교실에서 벗어나 있다 보니 교사들의 어려움을 공감하지 못한다는 지적이 많습니다. 관리자가 수업이나 상담 등의 방법을 통해 교육활동을 분담한다면 협력하는 동료가 될 수 있지 않을까요?

　왕국어 왕사부 : 교권 침해가 발생했을 때 무조건 교사를 탓하는 관리자로 인해 많은 교사가 어려움을 겪고 있지만, 한편으로 문제 해결에 도움을 주는 분도 많습니다. 저는 전근하고 얼마 안 되었을 때, 한 학부모가 수업 중에 찾아와 위협을 가한 적이 있습니다. 그때 교감선생님이 "학교는 선생님을 지켜 드릴 것입니다. 걱정하지 말고 소신껏 하세요."라고 믿음과 용기를 준 적이 있습니다. '내가 미숙하고 잘못해서 문제가 발생한 것으로 선입견을 가지면 어쩌나.' 하고 걱정하고 있었는데, 그 말씀에 마음이 편안해져서 안정적으로 학부모와 대화한 적이 있습니다. 이 사건으로 관리자와 교사는 역할은 다르지만 서로 도와 가는 관계라는 생각을 갖게 되었습니다.

생활교육 알파고 : 지금 근무하는 학교의 교장선생님은 아침마다 형편이 어려운 학생을 돌봐주고, 배변 장애가 있는 학생의 기저귀까지도 봐 줍니다. 어떻게 그걸 할 수 있는지 물었더니 "내가 안 도와주면 선생님이 더 힘드시잖아요."라고 말씀하셔서 감동한 적이 있습니다. 그리고 학생 지도의 어려움을 무엇보다 잘 아셔서 업무 처리를 할 때 "중요한 부분을 꼭 지켰나요? 그랬다면 학생들을 더 신경 쓰세요."라고 이야기하십니다. 이후 문제 해결책을 찾는 과정에서 동 학년 선생님보다 자주 뵙게 됐습니다.

악마 너구리 : 교사의 어려움에 공감하기 위해서는 관리자도 학생과 만나는 시간을 자주 마련해야 합니다. 제가 근무하는 학교의 교감선생님은 평소 민화에 관심이 많으셔서 5학년 미술 시간에 전통미술 단원의 지도를 부탁드렸는데 흔쾌히 받아 주셨습니다. 수업 후 "○○이 때문에 고생이 많겠어."라고 학생 지도의 어려움도 공감해 주셔서 더욱 감사했던 기억이 납니다.

냉정한 은갈치 : 저는 우리나라 제도상 학교장에게 복무 승인, 근무 평가를 넘어서는 통할권이라는 강한 권력이 있어서 일반교사와 동료 관계를 맺는 것이 쉽지 않다고 봅니다. 그런데도 그 권한을 내려놓은 분이 있습니다. 거창 샛별초등학교 교장선생님이죠. 그분은 아침마다 학생들에게 합창 지도를 하고, 주당 4시간 수업도 합니다. 더불어

비폭력대화를 통해 위기 학생 상담도 하고 있습니다. 교사가 수업에 집중할 수 있도록 지원하는 것이 본인의 역할이라고 생각하는 거죠. 이런 개인의 노력이 학교 사회에 변화를 가져올 수 있도록 법과 제도를 재정비해야 합니다.

키다리 아줌마 : 일정 과정을 통해 자격증을 취득하여 관리자가 되는 구조이다 보니, 승진한다는 개념을 사용하는 겁니다. 교사와 관리자가 동료가 되려면 학교장 리더십을 개인적인 성향이나 능력에 의존하지 말고, 이를 뒷받침하는 제도의 개선이 뒤따라야 합니다.

수평적 대화의 중요성

함께 일을 할 때 상하관계 속에서 리더가 팔로워를 끌어올리는 것이 수직적 리더십이라면, 수평적 리더십은 같이 가기 위해 옆에서 지원하며 이끌어 가는 리더십입니다. 관계가 힘의 논리에 지배를 받으면 수평적 리더십을 발휘하기 어렵고, 동료성이 저해됩니다. 따라서 수평적 리더십이 발휘되려면 관리자와 교사가 서로 존중하면서 힘의 균형을 유지하는 것이 중요합니다. 힘의 균형을 유지하면서 수평적 대화가 이루어지려면 어떻게 해야 할까요?

냉정한 은갈치 : 관리자마다 민주적인 학교에 대한 기준이 다릅니다. 교사가 요구하는 정수기나 컬러프린터 등 필요한 물품은 잘 처리해 주지만, 업무 처리 과정에서 독단적인 의사결정을 보이면서 본인을 민주적인 교장이라고 생각하는 분도 있습니다. 이런 경우 주위에서 알려 주지 않으면 본인은 눈치채기가 매우 어렵죠. 그래서 평소 의사결정 과정에서 어떤 문장을 자주 사용하는지 스스로 점검해야 합니다. 부단한 자기 검열을 통해 힘을 함께 나누는 것이 필요합니다.

왕국어 왕사부 : 관리자나 교사 모두 다 잘하기는 어렵습니다. 그래서 서로 부족한 부분을 채워 가는 과정에서 역할을 잘 조율하는 사람이 훌륭한 리더입니다. 뛰어난 리더는 구성원을 적재적소에 배치하고, 각자의 능력을 발휘할 수 있도록 조율해야 합니다.

키다리 아줌마 : 교사는 관리자가 스스로 권위를 내려놓고 우리를 존중해 주면 좋겠다고 생각합니다. 하지만 상대가 바뀌기만 바란다면 능동적인 발전을 이루어 낼 수 없습니다. 교사부터 '나는 경험이 부족해. 그래서 의견을 말할 수 없어.' 하고 위축되기보다, '누가 나한테 어떻게 대하든 소신껏 당당하게 말해야겠다.'라고 마음먹는 것이 중요합니다. 이것이 수평적 대화의 핵심입니다. 본인이 스스로 상대방과 동등하다는 생각을 먼저 해야 합니다. 역할과 경험치는 서로 다를지라도 인격적으로 동등하고, 학생을 교육한다는 같은 목표를 향해

걸어가는 동료로서 '나는 내 몫의 생각을 전할 거야.'라는 마음으로 대화하면 좋겠습니다. 이런 교사가 한 명, 한 명 늘어날 때 민주적인 문화를 가진 학교가 될 수 있습니다. 오히려 본인의 의지는 분명히 말하지 않으면서 관리자 뜻대로만 가고 있다고 불평하는 분은 교사의 책임을 회피하는 것입니다.

나만의 소신과 의지를 가지고 대화할 용기를 얻는 데 교원 단체의 역할이 컸습니다. 교사 노조나 교원 단체 활동을 통해 정보를 공유하고, 생각을 정리할 수 있었고, 의사를 당당히 표현하는 것이 교육을 위하고 학교 현장을 개선해 가는 길임을 알게 되었습니다.

입장 바꿔 생각하기

수평적 대화는 대화하는 사람들이 서로 동등하다고 생각할 때 더욱 빛을 발합니다. 관리자에게 교사의 의견을 전달할 때 어떤 방법을 사용하면 좋을까요?

생활교육 알파고 : 저는 학생들에게 "얘들아, 무슨 일이 생기면 언제든지 선생님한테 와!"라고 말하지만, 사실 학생도 교사도 선뜻 다가가기 쉽지 않습니다. 그런데 조금씩 얼굴을 맞대고 대화하다 보면 익숙하고 편해져서 이후에는 마음을 나누기가 쉽습니다. 예를 들어, 교

장선생님이 메신저로 좋은 시를 보내주었다면 '바쁜데 웬 시야.'라고 생각하기보다, "교장선생님, 보내주신 시 덕분에 오늘 좀 힘이 나네요."처럼 소통하고, 종종 학생과 관련된 대화를 나누면 나중에 학생 지도나 문제행동처럼 무거운 주제로 대화할 수도 있습니다. 그런데 대화 중 서로의 생각이 달라 평행선을 그리면, 한 발 물러서 생각할 시간을 갖는 것도 좋은 소통의 방법입니다.

왕국어 왕사부 : 관리자도 지역사회, 다른 학교, 교육청, 교육부의 관계를 고려하다 보면, 모든 교사의 의견을 다 받아들이기 어렵습니다. 그래서 교사가 관련된 내용을 충분히 숙지해야 원활한 대화가 가능합니다. 교사가 정리된 의견을 전달하고, 관리자가 판단하기에 '이 교사의 의견이 맞다.'고 생각하면 더 합리적인 의사결정이 가능합니다. 교사와 관리자 모두의 노력이 있어야 합리적인 조직이 될 수 있습니다.

키다리 아줌마 : 관리자가 자신의 기준에서 교사에게 지시하거나 희생을 요구할 때가 있습니다. 특히 학생을 위해서라는 명분으로 교사의 권리를 제한하는 경우가 종종 있는데, 권리가 침해되었음을 이해하도록 교육청에 질의하거나 관련 공문이나 문서를 찾아보고 확실히 한 뒤, 예의 바르게 의견을 말할 필요가 있습니다. 원활한 대화를 위해서는 무엇보다 본인이 원하는 바를 확실하게 정리하고, '누가 그러더라'가 아닌, 자신의 의견으로 분명하게 말해야 오해를 사지 않습니다.

악마 너구리 : 저는 제가 원하는 바를 전부 관철하기보다, 포기할 것은 포기하고, 얻을 것은 얻는다는 생각으로 대화합니다. 그리고 관리자가 민감하게 생각하는 부분이나 의문점을 가진 부분이 있다면 법령이나 정부기관 유권해석을 받아서 제시하기도 합니다.

냉정한 은갈치 : 저는 교육부나 교육청의 담당자에게 전화해서 충분히 상담하고 판단한 다음에 교육부와 교육청의 견해를 전합니다. 제 요구가 모두 관철되기 힘들다는 것을 알기에, 중간 지점에서 타협을 보는 편입니다.

🔖 정리 및 Tip

키다리 아줌마 : 각자의 역할과 경험치는 다르지만 인격적으로 동등하고 목표가 같다는 것을 인지하고, 내 몫의 발언을 소신 있게 할 필요가 있음.

왕국어 왕사부 : 공감과 신뢰를 기반으로 서로 도와 가는 관계라고 생각하며, 좋은 의견을 공유할 수 있는 합리적인 조직이 되어야 함.

생활교육 알파고 : 평소에 관리자와 자주 만나 소통의 창구를 열어 놓으려는 노력이 필요함.

냉정한 은갈치 : 서로의 역할과 책임을 인정하며, 수평적이고 건강한 의사결정 과정을 만들기 위해 꾸준한 성찰이 필요함.

악마 너구리 : 실수를 책망하기보다, 배울 수 있는 기회로 삼을 수 있도록 해결 방법을 제시하려는 노력이 필요함.

6
내가 리더라니
– 구성원이 함께 만들어 가는 리더십

미국의 프랭클린 루스벨트(Franklin Roosevelt) 대통령은 "가장 유능한 리더는 하고자 하는 바를 수행하는 뛰어난 자질의 사람들을 발굴하여 옆에 둘 수 있는 탁월한 감각을 지닌 사람이다. 또한 사람들이 맡은 일을 수행하고 있을 때, 그들이 무슨 일을 하든 간섭하지 않는 충분한 자기 절제력을 지닌 사람이다."라고 말했습니다. 학교에서 관리자의 리더십은 어떨까요? 교사를 믿어 주고, 자신의 역량을 발휘할 수 있도록 지원해 주고 있을까요? 민주적인 학교가 되기 위해서는 학교에서도 구성원이 서로를 이끌 수 있는 공유 리더십이 필요합니다.

공유 리더십

공유 리더십은 조직의 구성원이 서로를 이끌도록 리더십의 책임을 공유하는 리더십 유형입니다. 리더의 중요성을 인정하면서도 교사의 자발성과 집단적인 리더십 발휘가 조화를 이루어야 학교의 변화가 가능하다는 관점에서 볼 때, 최근에 관심이 높아지고 있는 개념입니다. 사례 연구를 통해서도 소수의 몇몇에게 집중된 리더십보다 공유 리더십이 조직의 성과에 훨씬 긍정적인 영향을 준다는 연구도 있습니다.

공유 리더십이 잘 발휘되려면

키다리 아줌마 : 한 사람의 강력한 리더십보다 각 상황에 필요한 전문적 지식을 가진 사람이 각 분야에서 리더십을 발휘하는 것이 바람직하다는 연구 결과가 있습니다. 학교에서도 본인이 맡은 분야에서 리더로서의 역할을 수행할 수 있는 공유 리더십이 정착되어야 합니다. 공유 리더십이 학교에 뿌리내리려면 구성원 간 힘의 불균형이 없어져야 하고, 교사 개인의 책무성과 자발성이 담보되어야 합니다. 저는 혁신학교에 근무하면서 리더십이 특정 자리에만 요구되는 것이 아니고, 혁신의 가치를 실현하는 사람이라면 누구나 혁신학교의 리더라는 생각을 하게 되었습니다.

냉정한 은갈치 : 현재 학교의 리더십 형태라면 업무를 교사가 처리하지만, 최종 책임은 학교장이 지는 것입니다. 그런데 공유 리더십은 자신의 영역을 기획·운영하고 본인이 책임지는 것입니다. 수평적 리더십과 공유 리더십이 비슷한 개념처럼 보이지만 책임과 권한 부분에서 차이가 있습니다.

그런데 현재 법적인 테두리 안에서는 공유 리더십을 실현하기가 어렵습니다. 예를 들어, 「초·중등교육법」에서 학교장의 통할권을 인정하다 보니 전라북도 교육청 「학교자치조례」에서 교무회의를 심의기구로 지정할 수밖에 없었습니다. 상위법에서 인정하고 있는 사항을 조례에서 뒤집을 수 없는 법적 모순이 일어난 거죠. 그럼에도 공유 리더십을 추구하는 학교장이 교무회의에 의결권을 준다고 해도 상위법에 어긋나 버리면 학교장 책임이 막중해지다 보니 아무리 좋은 의견이라도 쉽게 받아들이기 어렵다는 것입니다. 그래서 현 교육법과 교장제 아래에서는 공유 리더십이 발휘되기 어렵다고 생각합니다.

악마 너구리 : 법적인 문제로 완벽한 공유 리더십 정착이 어렵기 때문에, 법의 테두리 안에서 현실적인 공유 리더십을 추구하는 것도 좋은 방법입니다. 학예회를 예로 들면, 예전에는 학교장의 의견에 따라 학예회 형태가 결정되는 경우가 많았습니다. 그런데 최근에는 각 학년 부장과 업무담당자 간 협의로 운영 방식을 결정하는 경우가 많아졌습니다. 제가 근무하는 학교만 하더라도, 교무회의를 통해 기존에 학년

별로 하던 학예회를 각 학년 1반끼리 함께 참여하는 학년별 학예회로 구성을 변경했습니다. 각 학년의 의사를 충분히 반영하여 행사를 진행하다 보니 모두가 만족하는 학예회가 될 수 있었습니다.

생활교육 알파고 : 서번트 리더십, 수평적 리더십에서 이제는 공유 리더십을 논하고 있는데, 이 부분에서 관리자의 불안을 이해할 필요가 있습니다. '공유한다면 내 권한을 내려놓아야 되는 건가?', '이게 잘못되면 어떻게 하지?' 등의 생각이 들 수 있습니다. 학교폭력 업무를 담당할 때 가장 안타까운 것이 어느 지역은 절차만 강조하고, 어느 지역은 절차보다 중재나 화해 쪽으로 해결하려는 경향이 있습니다. 사실은 둘 다 정답은 아니거든요. 원칙은 절차를 따르되, 어느 정도 융통성을 갖고 학생을 보호하고 회복할 수 있는 지원이 필요한데, 분위기가 관리자 개인의 성향에 따라서 달라지는 위험성이 있습니다. 그래서 학교 구성원이 특정 분야에 전문성을 가지고 규정을 협의한다면 충분히 가능하다고 봅니다.

왕국어 왕사부 : 현대사회가 복잡하고 다양해지면서 리더에게 너무 많은 역량을 요구하고 있습니다. 그러다 보니 과부하가 걸리기도 합니다. 복잡하고 창의성이 필요한 업무의 다양성을 극대화하기 위해서는 하나하나가 자신의 개성, 역할, 특징, 장점 등을 발휘할 수 있게 하는 기반이 바로 공유 리더십이라고 생각합니다. 공동 목표를 향해

각자의 장점과 특성을 살려 조화롭게 융합시키는 것이 바로 학교장의 역할입니다. 업무를 효과적으로 분배하고, 서로 조화를 이룰 수 있도록 확인하고 지원하는 게 조직이 발전할 수 있는 동력이 되리라고 봅니다.

공유 리더십의 정착을 위한 교사의 노력

공유 리더십의 정착을 위해서는 관리자와 교사 모두의 노력이 필요합니다. 권한을 공유한다는 것은 교사의 책무성이 필요하다는 것과 연결되므로, 교사의 역할도 중요합니다. 공유 리더십의 연착륙을 위해 교사는 어떤 역할을 해야 할까요?

왕국어 왕사부 : 교사에게 책임과 권한을 주는 것은 좋은데, 그 사람이 잘할 수 있을 정도의 적정 수준의 권한을 나눠야 하고, 한 사람의 역량을 넘어서는 일이라면 여러 교사에게 분배할 수 있는 체제가 선행되어야 합니다.

냉정한 은갈치 : 건강한 조직을 위해서는 개인이 조직의 발전에 기여할 수 있는 기회가 필요합니다. 싱가포르는 학교의 리더 양성 과정에 승진 점수가 아니라, 전문적인 리더십 트레이닝 과정을 통해 리더 본

연의 역할을 수행할 수 있는 구조를 마련해 놨습니다. 이렇게 전문적인 리더십 트레이닝을 받은 교사가 하나씩 늘다 보면, 학교 구성원 모두가 각자의 영역에서 리더가 되어 공유 리더십을 완성할 수 있을 것입니다.

키다리 아줌마 : 업무도 중요하지만, 교사의 본분은 학생들을 가르치는 것이므로 교육과 관련된 리더십도 중요합니다. 사실 학생을 교육하는 교사는 이미 각자의 리더십을 발휘하고 있으며, 이에 더해서 학교 구성원에게 '나는 어떤 영역에서 전문성을 가지고 선생님들과 나누고 싶어.'라는 생각으로 자신의 역량을 펼치면 좋겠습니다. 예를 들어, 업무적인 면에서 리더십을 발휘하는 교사도 있고, 그림책과 관련된 정보와 활용 노하우를 가진 연구 리더십을 발휘하는 교사도 있습니다. 따라서 각자의 자리에서 잘할 수 있는 것을 찾고, 함께 나누면서 상호작용해 나가며 개인과 공동체가 함께 성장하는 것이 바로 공유 리더십이라고 생각합니다.

냉정한 은갈치 : 제가 방문했던 한 초등학교는 교감선생님이 대부분의 행정업무를 처리하고, 교사는 먹거리 연구부, 놀이 연구부, 수업놀이 연구부, 생활지도 연구부같이 업무분장을 교사의 본질인 교육에 맞췄더군요. 행정에 치중된 업무분장보다 수업과 교육연구에 관한 나눔으로도 충분히 리더십을 공유할 수 있다는 것을 알게 되었습니다.

키다리 아줌마 : 그와 같은 리더십을 우리 학교가 만들어 가면 좋겠다는 생각이 든다면, 이런 내용을 안건으로 제시해서 공론화해 볼 필요도 있을 것 같습니다. 업무 영역 중심으로 일을 구분 짓지 말고, 학생들을 가르치고 연구하는 쪽에 초점을 맞춰서 우리의 리더십을 세우고 역할을 잡아 보자고 제안해서 바꿔 나간다면, 저는 이 사례가 많은 학교에 적용될 수 있다고 봅니다.

생활교육 알파고 : 교사가 학생 교육을 고민하고, 각자의 영역에서 리더십을 발휘하기 위해서는 서로 소통할 수 있는 분위기가 필요합니다. 수업과 생활지도, 학부모 상담 등 교사에게 도움이 되는 정보를 함께 나누고, 어려운 문제를 함께 해결하는 분위기가 먼저 만들어져야 리더십을 공유하고 나눌 수 있는 학교 문화를 만들 수 있습니다.

공유 리더십을 성장시키는 서로의 역할

공유 리더십의 성장을 위해서는 학교 구성원의 노력과 더불어 제도적인 뒷받침이 이루어지고, 공동체 안에서 권한을 나누고 책임진다는 합의를 통해 각자 맡은 역할을 잘 수행해야 합니다. 공유 리더십을 성장시키기 위해서 학교 구성원은 어떤 역할을 해야 할까요?

냉정한 은갈치 : 저는 관리자의 포용력이 필요하다고 생각합니다. 일반적으로 학교장의 교육철학을 관철하기 쉽도록 생각이 잘 맞는 교사를 부장으로 임명하는 경우가 많은데, 제가 아는 한 교장선생님은 다양한 의견을 수용하기 위해 생각이 다른 사람들을 보직교사로 임명했습니다. 그래서 다양한 의견이 나오는 살아 있는 부장 회의를 경험해 봤습니다. 나와 다른 의견을 가지고 있지만, 그 사람을 받아들일 수 있는 포용력을 갖기란 정말 어렵습니다. 눈치 보지 않고 자신의 의견을 말할 수 있는 분위기를 만들기 위해 권위적인 모습을 지양하는 과정에 수평적 리더십이 형성된다면, 그 기반 위에 공유 리더십이 정착할 수 있습니다.

키다리 아줌마 : 관리자 리더십 성장에 교사의 몫도 있습니다. 관리자도 자신의 역할을 원만하게 수행하고 리더십을 키우기 위해서는 교사의 도움이 필요합니다. 학생 교육과 업무에 관해서 소통하고, 개선할 점을 제안하면서 서로의 생각을 나누다 보면, 관리자의 생각이 유연해져 자연스럽게 공유 리더십으로 이어질 수 있습니다. 그래서 교사가 각자의 몫을 감당했을 때, 관리자도 과도한 책임감이나 스트레스에서 벗어나 교사를 효과적으로 지원할 수 있습니다.

생활교육 알파고 : 실패에 대한 두려움이 큰 관리자는 업무의 성패에 민감해서 실패의 책임을 교사에게 전가하거나 책임자를 비난하기도

합니다. 이럴 때 관리자가 누구나 실패할 수 있음을 받아들이고, 교사가 자유롭게 의견을 제시하고 업무를 추진하는 시도 자체를 격려한다면, 실패를 통해서도 리더십을 기르는 기회를 만들 수 있습니다. 이런 분위기가 형성되어 있지 않으면, 과도한 업무 폭탄이 두려워 교사 본인의 장점을 숨기는 경우가 많습니다. 교사의 의견에 "그래, 한 번 해 보자."라고 받아들이고, 교사의 의지를 존중하며 업무를 처리하고, 다양한 교사의 역량으로 학생의 성장을 도와주는 공유 리더십이 정착된다면 학교는 더욱 풍성해질 것입니다.

 정리 및 Tip

악마 너구리 : 관리자와 교사가 공유 리더십을 발휘하여 민주적인 학교를 만들 필요가 있음.

키다리 아줌마 : 구성원 간 힘의 불균형 없이 각자가 책무성과 자발성을 가지고 상호작용해야 하며, 관리자의 공유 리더십 성장에 교사가 동참할 필요가 있음.

왕국어 왕사부 : 구성원의 개성과 역할, 특징, 장점을 발휘할 수 있는 문화를 마련하기 위해 충분히 생각을 나누고 소통하는 자리가 필요함.

생활교육 알파고 : 구성원 간 협의를 통해 서로의 의견을 조율하고 수용하여, 민주적인 교육 환경을 만들어 갈 필요가 있음.

냉정한 은갈치 : 다양한 의견을 포용할 수 있는 리더십을 기르고, 교사는 소신 있게 행동하려는 노력이 필요함.

5장
마무리

민주적인 학교를 함께 만들고, 학생들의 건강한 성장을 위해 서로의 역할을 잘 감당하고 협력해야 하는 교사와 관리자. 선생님에게 관리자란 어떤 존재인가요?

"나에게 관리자란?"

냉정한 은갈치 : '교직 인생의 해결 과제'입니다. 전문직 중 유독 교사만 자격증을 취득해야 관리자가 될 수 있는 구조입니다. 교사가 전문직으로 인정받기 위해서는 관료제가 사라져야 한다고 생각해 내부형 교장공모제 운동과 나아가 교장직선제 운동을 펼치고 있습니다. 교사의 전문성을 인정받기 위해서는 교사가 바로 교장이 될 수 있어야 한다고 봅니다.

악마 너구리 : 그들도 '우리와 같은 선생님'이라고 생각합니다. 교사와 관리자 모두 학생 교육을 위해 같은 목표를 갖고 있지만, 옆 반 동료처럼 선뜻 다가가긴 어려운 관계입니다. 하지만 함께 업무를 진행

하면서 생각과 목표가 비슷함을 알았고, 공감할 수 있게 되었습니다.

키다리 아줌마 : 교직 경력이 많은 선배님이므로 '학교의 어른'입니다. 관리자가 학교의 어른으로서 대접만 받으려 하지 말고, 어른다운 모습으로 학교 구성원에게 모범이 되어 주길 기대합니다.

생활교육 알파고 : 학교의 문제를 해결하는 '믿음직한 존재'라고 생각합니다. 예전에는 관리자가 부담스럽고 긴장되었는데, 대화를 하다 보면 같은 목표를 가진 함께 가야 할 존재임을 알게 되었습니다.

왕국어 왕사부 : 학교 내 최고의 '행정 전문가'입니다. 교장선생님은 학교에서 행정 경험이 제일 많은 분이고, 의견 충돌이 생기거나 합의가 안 될 때 최종 판단을 하고 책임을 지는 분입니다.

6장

잃어버린
권리를
찾아서

나이스 복무 탭을 보면 정말 많은 복무가 있는데, 과연 쓸 수 있는 복무가 있는지 모르겠다는 교사가 많습니다. 내 권리인 조퇴를 쓰면서도 눈치를 봐야 하는 현실이니까요. 교사를 제외한 다른 공무원은 연가 사용 시 그 사유를 적지 않는데, 유독 교사에게만 연가 사용 시 많은 제약이 있어 기본적인 권리마저도 사용하지 못하기도 합니다.

전국교직원노동조합(전교조) 서울지부는 교사 2,200여 명을 대상으로 벌인 설문 조사 결과를 토대로, 교사가 연가 등을 사용할 때 관리자가 대면·구두 보고를 강요하는 '갑질'이 학교 현장에 남아 있다고 주장하기도 했습니다. 이에 서울시교육청과 전교조 서울지부가 교사의 휴가 및 조퇴, 외출 시 구체적인 사유를 적게 강요하지 못하고, 구두 보고 없이 나이스를 통해서 결재받을 수 있도록 협약을 맺었습니다.

알고 못 누리는 것과 모르고 지나가는 것은 본인의 선택이 포함되어 있다는 면에서 큰 차이가 있습니다. 그래서 우리의 권리를 지키기 위해서는, 정확하게 알고 자신의 권리를 누리려는 노력이 필요합니다.

1
연가와 병가 사이

− 교사의 복무

"선생님, 수요일에 업무 출장을 가야 하니까 출장 기안 올리세요."

"임신했는데 몸이 너무 안 좋아요. 제가 사용할 수 있는 휴가가 있을까요?"

"교감선생님, 출근하다가 사고가 났는데 어떻게 하면 좋을까요?"

나와는 먼 일 같지만 언제 이 이야기의 주인공이 될지 모릅니다. 교사는 복무와 관련된 문제가 생겼을 때 관리자에게 상황을 전달하고 판단을 위임하는 경우가 많은데, 똑같은 상황이라도 관리자의 해석에 따라서 공무상 병가가 일반병가가 되고, 타 시·도 파견으로 그 시·도의 분위기를 고민해 봐도 되는 상황도 갑자기 시·도 간 교류가 되는 등 돌이킬 수 없는 상황을 만들기도 합니다. 왜 이런 일이 벌어질까요?

우리는 교사가 사용할 수 있는 연가·병가 같은 복무에 대해서 구체적으로 배워 본 적이 없고, 법적으로 보장된 연가·병가도 언제 사용할지 몰라 실제 상황에 닥쳐서야 관리자를 통해서 알아보는 경우가 많기 때문입니다. 관리자가 친절하고 정확하게 가르쳐 준다면 참 다행이지만, 복무를 운에 맡겨 두기에는 불확실성이 너무 많습니다.

교사 복무 A to Z

국가공무원의 복무는 대통령 시행령인 「국가공무원 복무규정」에 따릅니다. 교사가 흔하게 접할 수 있는 '연가'는 「국가공무원 복무규정」 제15조에 따르며, 재직 기간에 따라 쓸 수 있는 연가의 수가 다릅니다. 또한 '병가'는 「국가공무원 복무규정」 제18조에 따라 최대 60일을 사용할 수 있습니다. 복무상 병가 사유가 발생할 때는 최대 180일까지 병가가 가능합니다. '공가'는 「국가공무원 복무규정」 제19조에 따릅니다. '특별휴가'는 「국가공무원 복무규정」 제20조에 따르고요. 행정기관의 장은 소속 공무원이 결혼하거나 그 밖의 경조사가 있을 때 경조사 휴가를 주어야 합니다. 출산 휴가, 여성보건 휴가, 모성보호 시간, 육아 시간, 수업 휴가, 재해구호 휴가, 유산 휴가 또는 사산 휴가, 난임 휴가, 포상 휴가, 자녀돌봄 휴가 등이 있습니다.

연가

연가는 오전 또는 오후의 반일(半日) 단위로 승인할 수 있으며, 반일 연가 2회는 연가 1일로 계산합니다. 교사의 연가는 수업과 교육활동 등을 고려해 특별한 사유가 없는 한 수업일을 제외해 실시하도록 하고 있습니다. 그리고 학교장은 다음 상황에 해당한다고 판단할 경우에는 수업일 중 소속 교원의 연가를 승인할 수 있습니다. 재직 기간에 따라서 연가 일수가 누적되는데, 6년 이상이 되면 최고 21일까지 늘어납니다. 조퇴나 외출 시간도 연가를 계산할 때 사용되며, 누적 조퇴 시간이 8시간인 경우에는 연가 1일로 계산됩니다.

연가는 다음과 같은 경우에 사용하게 됩니다.

1. 본인 또는 배우자 직계존속의 생신·기일, 본인 또는 배우자 직계존비속 또는 형제자매의 질병, 부상 등으로 일시적인 간호 또는 위로가 필요하다고 인정되는 경우
2. 병가를 모두 사용한 후에도 직무를 수행할 수 없거나 계속 요양을 할 필요가 있는 경우
3. 한국방송통신대학교 출석 수업 및 일반대학원 시험에 참석하는 경우
4. 기타 상당한 이유가 있다고 소속 학교의 장이 인정하는 경우

연가 일수는 재직 기간에 따라서 조금씩 다릅니다.

[표 6-1] 재직 기간에 따른 연가 일수

재직 기간	연가 일수	재직 기간	연가 일수
1개월 이상 1년 미만	11일	4년 이상 5년 미만	17일
1년 이상 2년 미만	12일	5년 이상 6년 미만	20일
2년 이상 3년 미만	14일	6년 이상	21일
3년 이상 4년 미만	15일	–	–

출처 : 국가공무원 복무·징계 관련 예규

그리고 그해 연가를 다 썼을 때는 다음 해 연가를 재직 기간에 따라 최대 10일까지 당겨서 쓸 수 있습니다.

[표 6-2] 미리 당겨 쓸 수 있는 연가 일수

재직 기간	미리 사용 가능한 연가 일수
1년 미만	5일
1년 이상 2년 미만	6일
2년 이상 3년 미만	7일
3년 이상 4년 미만	8일
4년 이상	10일

출처 : 국가공무원 복무·징계 관련 예규

병가

병가는 질병 또는 부상으로 인하여 직무를 수행할 수 없을 때나 감염병에 걸려 그 공무원의 출근이 다른 공무원의 건강에 영향을 미칠 우려가 있을 때 사용합니다. 예를 들어, 전염성이 있는 눈병에 걸렸을 경우에는 동료 교사와 학생들에게 병을 옮길 수 있기 때문에 의사의 진단에 따라 병가를 쓸 수 있습니다. 병가도 병조퇴나 병외출이 있을 경우에 누적 시간을 병가 일수로 반영합니다. 그리고 누가 병가 일수가 6일이 초과되면 의사의 진단서를 첨부해야 합니다.

특별휴가

대표적인 특별휴가에는 경조사별 휴가가 있습니다. 본인이 결혼하면 5일이고, 교사의 자녀면 1일, 배우자가 출산하면 10일의 휴가가 주어집니다. 더불어 배우자나 본인 및 배우자의 부모가 사망했을 시에는 5일, 본인 및 배우자의 조부모 및 외조부모가 사망했을 시에는 3일, 자녀와 그 자녀의 배우자가 사망했을 경우에는 3일, 본인 및 배우자의 형제자매가 사망했을 경우에는 1일의 특별휴가가 있습니다. 출산 휴가는 출산 전후에 90일이 주어집니다. 그리고 출산 후에 45일을 남겨 놔야 합니다.

여성 공무원은 생리 기간 중 휴식과 임신한 경우의 검진을 위하여 매월 1일의 여성보건 휴가를 받을 수 있습니다. 다만 생리 기간 중 휴식을 위한 여성보건 휴가는 무급으로 합니다. 더불어 임신 중인 여성 공무원은 1일 2시간의 범위에서 휴식이나 병원 진료 등을 위한 모성보호 시간을 받을 수 있습니다. 이 경우 모성보호 시간의 사용 기준 및 절차 등에 관하여 필요한 사항은 인사혁신처장이 정합니다.

행정기관의 장은 소속 여성 공무원이 유산하거나 사산한 경우 해당 공무원이 신청하면 임신 기간에 따라 유산 휴가 또는 사산 휴가를 주어야 합니다. 난임 치료 시술는 1일, 자녀가 있는 공무원은 어린이집

행사나 교사와의 상담, 자녀의 병원 진료 중 어느 하나에 해당하는 경우 연간 2일(자녀가 3명 이상인 경우에는 3일)의 범위에서 자녀돌봄 휴가를 받을 수 있습니다.

특별휴가를 알아보면서 처음 봤던 휴가는 재해구호 휴가였습니다. 풍해·수해·화재 등 재해로 인하여 피해를 입은 공무원과 재해 지역에서 자원봉사 활동을 하려는 공무원은 5일 이내의 재해구호 휴가를 받을 수 있습니다. 마지막으로는 포상 휴가도 있는데, 교사가 포상 휴가를 받을 일은 거의 없다고 보면 됩니다.

출장

출장은 상사의 명에 의하여 정규 근무지 이외의 장소에서 공무를 수행하는 것을 말합니다. 출장은 근무지 내 출장과 근무지 외 출장으로 구분할 수 있습니다(「공무원 여비 규정」 제18조).

1. 근무지 내 출장 : 특별시와 광역시를 포함한 동일시와 군 및 섬 (제주특별자치도 제외) 안에서의 출장 또는 여행 거리가 12킬로미터 미만인 출장, 그리고 여행 거리가 12킬로미터를 넘더라도 동일한 시·군 및 섬 안에서의 출장은 근무지 내 출장. 단, 섬 밖으로의 출장은 같은 시·군이라도 근무지 외 출장으로 보나 육로와 교량으로 연결된 같은 시·군의 섬은 근무지 내 출장에 해당.
2. 근무지 외 출장 : 특별시와 광역시를 포함한 동일시와 군 및 섬

(제주특별자치도 제외) 밖으로의 출장이며 여행 거리가 12킬로미터 이상인 출장.

출장은 조치가 가능한 예와 불가능한 예가 있습니다. 교원 단체 주최 체육행사에 교원이 선수로 참여하는 경우에는 체육행사의 주체가 행정기관이 아닐 뿐만 아니라, 교원 본연의 직무 수행과 무관한 활동이므로 출장 조치가 불가합니다. 소속 직원의 경조사에 기관 대표의 자격으로 참석하는 약간 명의 공무원에 대해서는 출장 조치가 가능합니다. 이 경우 경조사가 있는 직원과 출장 명령을 받는 공무원은 동일한 단위 기관에 근무하고 있어야 합니다(지방의 지소 또는 지원 등의 하부기관의 경우도 동일).

사회복지법인 등 민간 기관 주최 행사에 초청되어 참석하는 경우 해당 공무원의 업무와 관련이 있고, 소속 기관의 대표 자격으로 참석하는 경우에는 출장 조치 가능합니다. 공무원이 석사 과정을 이수하기 위하여 대학원에 다닐 경우 대학원 강의를 듣기 위해 근무 시간 내에 근무지를 벗어나게 되는 경우에는 연가를 사용해야 하며, 출장 조치 불가합니다.

시간외근무

학교장은 교사가 공무수행상 필요하다고 인정할 때는 시간외근무를 명하거나, 토요일 또는 공휴일 근무를 명할 수 있습니다. 교사의 주

임무인 수업 연구, 생활지도 연구, 학생 상담을 위해서 쓸 수 있고, 교무 업무 처리를 위해서 시간외근무를 사용할 수 있습니다. 토요일에 스포츠 프로그램을 스포츠 강사나 외부 강사가 운영할 때, 교사가 프로그램 지원을 위해 출근할 경우 시간외근무를 쓸 수 있습니다. 특히 토요일 근무는 휴일 근무에 해당되므로, 수업이 있는 평일에는 1시간 공제되지만 휴일에는 공제되지 않습니다. 예를 들어 수업이 있는 평일에 4시간 시간외근무를 하면 3시간을 인정받지만, 휴일에는 4시간 모두 시간외근무를 인정받습니다.

그럼 수련활동이나 소규모 테마형 교육 여행(수학여행) 인솔 교원은 시간외근무 수당을 받을 수 있을까요? '학교회계 예산편성 기본지침'에 따르면 출장 중 초과근무 수당은 원칙적으로 미지급합니다. 단, 초과근무 수당을 지급할 수 있는 경우는 다음의 요건을 모두 충족해야 합니다.

1. 출장의 목적상 필연적으로 시간외근무의 발생이 예상되는 자(예 : 교원이 학생을 인솔하여 야영이나 소규모 테마형 교육 여행 등으로 학생을 야간에 지도할 경우)

2. 학교장의 근무 명령에 따라 출장 중 또는 출장 후「국가공무원 복무규정」상의 시간외근무를 한 자

3. 실제로 초과근무할 시간에 대하여 명백히 인정할 수 있는 객관적인 증빙자료가 있는 경우

수련활동이나 소규모 테마형 교육 여행의 경우 학교장의 사전 시간외근무 명령을 받고, 출장 이후 초과근무 내역에 대한 확인 절차를 거쳐 시간외근무 수당을 지급(1일 4시간 이내, 단 귀가일은 실제 학생 인솔 종료 시간 내의 근무 시간만 인정)받을 수 있습니다. 내부 결재를 득한 해당 학교의 계획서상 야간에 지도하는 시간과 교원 성명이 구체적으로 명시되어 있는 경우 객관적인 증빙자료가 될 수 있습니다.

공가

공가는 다음의 경우에 사용할 수 있습니다.

1. 「병역법」이나 그 밖의 다른 법령에 따른 병역 판정 검사·소집·검열점호 등에 응하거나 동원 또는 훈련에 참가할 때
2. 공무와 관련하여 국회, 법원, 검찰 또는 그 밖의 국가기관에 소환되었을 때
3. 법률에 따라 투표에 참가할 때
4. 승진 시험, 전직 시험에 응시할 때
5. 원격지(遠隔地)로 전보(轉補) 발령을 받고 부임할 때
6. 「산업안전보건법」 제43조에 따른 건강 진단, 「국민건강보험법」 제52조에 따른 건강 검진 또는 「결핵예방법」 제11조 제1항에 따른 결핵 검진 등을 받을 때
7. 「혈액관리법」에 따라 헌혈에 참가할 때

8. 「공무원 인재개발법 시행령」 제32조 제5호에 따른 외국어 능력에 관한 시험에 응시할 때

9. 올림픽, 전국체전 등 국가적인 행사에 참가할 때

10. 천재지변, 교통 차단 또는 그 밖의 사유로 출근이 불가능할 때

11. 「공무원의 노동조합 설립 및 운영 등에 관한 법률」 제9조에 따른 교섭위원으로 선임(選任)되어 단체교섭 및 단체협약 체결에 참석하거나, 같은 법 제17조 및 「노동조합 및 노동관계조정법」 제17조에 따른 대의원회(「공무원의 노동조합 설립 및 운영 등에 관한 법률」에 따라 설립된 공무원 노동조합의 대의원회를 말하며, 연 1회로 한정한다)에 참석할 때

12. 공무 국외 출장 등을 위하여 「검역법」 제5조 제1항에 따른 오염 지역 또는 같은 법 제5조의2 제1항에 따른 오염 인근 지역으로 가기 전에 같은 법 제2조 제1호에 따른 검역감염병의 예방접종을 할 때

교원 복무 사례

방학 중 해외 연수

방학 중 단기 해외여행을 갈 때 연가와 41조 연수 중 어떤 것을 활용할지 고민일 때가 있습니다. 일반적으로 교사는 연가를 사용할 일

이 거의 없으므로 대부분 연가를 사용하여 해외여행을 다녀오지만, 개인적인 사유로 연가가 부족하거나 별도의 계획이 있다면 간단한 서류를 내고 공무 외 자율연수를 사용할 수 있습니다. 하지만 가족 여행인 경우에는 연수 목적보다는 여행의 목적이 강하기 때문에 연가로 쓰는 걸 권장합니다.

주간 대학원과 야간 대학원

배움을 위해 대학원에 진학하는 교사가 많은데, 복무를 어떻게 할지 고민일 때가 많습니다. 기본적으로 주간 대학원은 조퇴를 사용하고, 야간 대학원은 여비 부지급 출장을 사용합니다. 그런데 주간 대학원이지만 교사의 편의를 위해 야간에 수업을 진행하다 보니 주간 대학원을 야간 대학원으로 오해하기도 합니다. 그래서 대학원의 성격을 정확하게 파악한 뒤 대학원 진학을 결정해야 합니다.

유튜브 겸직

최근 유튜브를 운영하는 교사가 늘고 있어, 교육부에서도 유튜브 겸직과 관련된 복무 지침을 공문으로 보내기도 했습니다. 기본적으로 수입이 발생하면 겸직이며, 학교장은 내용이 교육적인지, 또 교직원의 품위 사항은 없는지 판단 후 승인할 수 있습니다.

2
휴직할 수 있을까?
– 교사의 휴직

　"남편이 해외 주재원으로 발령이 나서 휴직해야 할 것 같은데, 어떻게 하죠?

　"몸이 너무 안 좋아서 휴식을 취하고 싶은데, 어떻게 해야 할까요?"

　학교를 둘러싼 다양한 외부 요인으로 교사의 정신적 스트레스가 늘면서, 일명 '소진'된 아픈 교사들이 늘고 있습니다. 과거에는 출산 휴가가 끝나고 바로 돌아와 수업해야 했을 정도로 교사의 휴직이 자유롭지 않았는데, 인권 인식의 향상과 교권이 재정립되면서 교사의 권리도 점차 보장받고 있습니다. 「교육공무원법」 제44조 제1항에 보면 직권 휴직과 청원 휴직으로 교사가 보장받을 수 있는 휴직을 세세하게 나누고 있습니다.

직권 휴직

「국가공무원법」제71조 제1항에 따르면 공무원이 다음 각 호의 어느 하나에 해당하면 임용권자는 본인의 의사에도 불구하고 휴직을 명해야 한다고 적혀 있습니다. 직권 휴직은 다음과 같은 상황에 이뤄질 수 있습니다.

1. 신체·정신상의 장애로 장기 요양이 필요할 때는 질병 휴직
2. 「병역법」에 따른 병역 복무를 마치기 위하여 징집 또는 소집된 때는 병역 휴직
3. 천재지변이나 전시·사변, 그 밖의 사유로 생사(生死) 또는 소재(所在)가 불명확하게 된 때
4. 그 밖에 법률의 규정에 따른 의무를 수행하기 위하여 직무를 이탈하게 된 때는 행방불명
5. 「공무원의 노동조합 설립 및 운영 등에 관한 법률」 제7조에 따라 노동조합 전임자로 종사하게 된 때

다음은 「교육공무원법」 제44조 제1항 및 제45조를 적용받는 교육공무원의 휴직 시 봉급 지급 및 승급 기간 산입 여부와 관련된 사항입니다.

[표 6-3] 교육공무원의 휴직 시 봉급 지급 및 승급 기간

종류	질병 휴직	병역 휴직	행방불명	법정의무수행	노조전임 휴직
근 거	제1호	제2호	제3호	제4호	제11호
요건	신체·정신상의 장애로 장기요양을 요할 때	병역복무를 필하기 위해 징·소집되었을 때	천재지변, 전시·사변이나 기타의 사유로 생사 또는 소재가 불분명하게 된 때	기타 법률의 규정에 의한 의무를 수행하기 위해 직무를 이탈하게 된 때	「교원의 노동조합 설립 및 운영 등에 관한 법률」제5조에 의해 노동조합에서 전임자로 종사하게 된 때
기간	1년 이내 (1년 범위에서 연장 가능)	복무 기간	3월 이내	복무 기간	전임 기간
봉급 지급	• 1년 이하 봉급 7할 지급 • 1~2년 봉급 5할 지급	미지급	미지급	미지급	미지급
수당 등	수당 규정에 의하여 지급	미지급	미지급	미지급	미지급
승급 기간 산입	미산입	복직일에 휴직 기간 산입	미산입	복직일에 휴직 기간 산입	복직일에 휴직 기간 산입

※ 공무상 질병 또는 부상 휴직의 경우 승급 제한을 하지 않으며, 봉급도 전액 지급됨.

청원 휴직

「국가공무원법」 제71조 제2항에 따르면 임용권자는 공무원이 다음 각 호의 어느 하나에 해당하는 사유로 휴직을 원하면 휴직을 명할 수 있습니다. 다만, 제4호의 경우에는 대통령령으로 정하는 특별한 사정이 없으면 휴직을 명하여야 한다고 적혀 있습니다. 즉, 청원 휴직은 교

사의 요구에 의해서 휴직이 이뤄진다는 면에서 직권 휴직과 다르다고 볼 수 있습니다. 청원 휴직은 직권 휴직에 비해서 종류가 많습니다.

1. 국외 유학을 하게 된 때는 유학 휴직
2. 국제기구, 외국 기관, 국내외의 대학·연구기관, 다른 국가기관 또는 대통령령으로 정하는 민간기업, 그 밖의 기관에 임시로 채용될 때는 고용 휴직
3. 만 8세 이하(취학 중인 경우에는 초등학교 2학년 이하를 말한다) 의 자녀를 양육하기 위하여 필요하거나 여성 공무원이 임신 또는 출산하게 된 때는 육아 휴직
4. 중앙인사관장기관의 장이 지정하는 연구기관이나 교육기관 등에서 연수하게 된 때는 연수 휴직
5. 사고나 질병 등으로 장기간 요양이 필요한 조부모, 부모(배우자의 부모를 포함한다), 배우자, 자녀 또는 손자녀를 간호하기 위하여 필요한 때는 가사 휴직. 다만, 조부모나 손자녀의 간호를 위하여 휴직할 수 있는 경우는 본인 외에는 간호할 수 있는 사람이 없는 등 국회 규칙, 대법원 규칙, 헌법재판소 규칙, 중앙선거관리위원회 규칙 또는 대통령령으로 정하는 요건을 갖춘 경우로 한정.
6. 외국에서 근무·유학 또는 연수하게 되는 배우자를 동반하게 된 때는 해외 동반 휴직

7. 재직 기간이 10년 이상인 교원의 자기개발을 위한 자기개발 휴직

[표 6-4] 청원 휴직의 종류와 비교

종류	유학 휴직	고용 휴직	육아 휴직
근거	제5호	제6호	제7호
요건	학위 취득을 목적으로 해외 유학을 하거나 외국에서 1년 이상 연구 또는 연수하게 된 때	국제기구, 외국 기관, 국내외의 대학·연구기관, 다른 국가기관, 재외 교육기관 또는 대통령령으로 정하는 민간 단체에 임시 고용된 때	자녀(만 8세 이하의 초등학교 취학 전 자녀)를 양육하기 위해 필요하거나 여자 교육공무원이 임신 또는 출산하게 된 때
기간	3년 이내 (3년 범위에서 연장 가능)	고용 기간	3년 이내
봉급 지급	5할 지급	미지급	미지급
수당 등	수당 규정에 의하여 지급	미지급	수당 규정에 의하여 지급 (1년 이내)
승급 기간 산입	복직일에 휴직 기간 산입	복직일에 휴직 기간 산입 (비상근으로 근무한 경력은 5할만 산입)	복직일에 휴직기간 산입 (최초 1년 이내에 한함. 단, 셋째 자녀 이후의 육아 휴직 기간은 전 기간, 즉 최대 3년을 산입)

종류	연수 휴직	가사 휴직	해외 동반 휴직	자기개발 휴직
근거	제8호	제9호	제10호	제12호
요건	교육부 장관이 지정하는 국내의 연구 기관이나 교육기관 등에서 연수하게 된 때	사고 또는 질병 등으로 장기간의 요양을 요하는 부모, 배우자, 자녀 또는 배우자의 부모의 간호를 위해 필요한 때	외국에서 근무·유학 또는 연수하는 배우자를 동반하게 된 때	「공무원연금법」 제23조에 따른 재직 기간 10년 이상인 교원이 자기개발을 위하여 학습·연구 등을 하게 된 경우
기간	3년 이내	1년 이내 (재직 기간 중 총 3년 미만)	3년 이내 (3년 범위에서 연장 가능)	1년 이내
봉급 지급	미지급	미지급	미지급	미지급
수당 등	미지급	미지급	미지급	미지급
승급기간 산입	미산입	미산입	미산입	미산입

휴직과 관련된 Q&A

Q. 해외 학교에 지원할 기회가 생겨서 휴직을 알아보고 있는데, 고용 휴직과 해외 파견의 차이점은 무엇인가요?

고용 휴직과 파견근무는 관련 법령이 다릅니다. 같은 해외 학교에서 근무하더라도 고용 휴직자는 교육부에서 월급을 받지 못하고 해당 해외 학교에서만 월급과 체류비를 지급받을 수 있습니다. 반면에 파견 근무자는 교육부에서 월급을 받고 동시에 해외 학교에서 체류비를 받을 수 있습니다.

[표 6-5] 고용 휴직과 파견근무 비교

종류	고용 휴직	파견근무
관련 법령	「국가공무원법」 제71조	「국가공무원법」 제32조의4 제1항
사유	국제기구, 외국 기관, 국내외의 대학 · 연구기관, 다른 국가기관 또는 대통령령으로 정하는 민간 기업, 그 밖의 기관에 임시로 채용될 때	국가기관의 장은 국가적 사업의 수행 또는 그 업무 수행과 관련된 행정 지원이나 연수, 그 밖에 능력 개발 등을 위하여 필요하면 소속 공무원을 다른 국가기관 · 공공단체 · 정부 투자기관 · 국내외의 교육기관 · 연구기관, 그 밖의 기관에 일정 기간 파견근무하게 할 수 있으며, 국가적 사업의 공동 수행 또는 전문성이 특히 요구되는 특수 업무의 효율적 수행 등을 위하여 필요하면 국가기관 외의 기관 · 단체의 임직원을 파견받아 근무.
월급 및 체류비	해외 학교 근무 시 국가에서 봉급과 수당을 지급받지 못하고 해당 학교에서 월급과 체류비를 받음.	해외 학교 근무 시 국가에서 봉급과 수당을 지급받고 해당 학교에서 체류비를 받음.
경력, 승급, 가산점	재직 경력과 승급을 인정받지만 승진 가산점을 부여받지 못함.	재직 경력과 승급을 인정받고 재외국민 교육기관 근무 경력에 대한 가산점을 인정받음.

Q. 학위를 취득하기 위해 국내외 학교를 알아보고 있는데, 유학 휴직과 국내 연수 휴직의 차이점은 무엇인가요?

유학 휴직과 연수 휴직은 비슷한 목적이지만, 연수나 대학원 공부를 하는 곳이 국외와 국내로 나뉩니다. 유학 휴직의 경우에는 3년 이내의 휴직을 할 수 있으며, 이 기간 동안에는 봉급과 공통수당의 5할이 지급됩니다. 경력도 5할이 산입되며 승급도 인정됩니다. 그리고 학위 취득 목적인 경우에는 3년 범위 내에서 연장까지 가능합니다. 연수 휴직은 3년까지만 인정되고, 추가 연장 기간이 없으며, 경력은 5할이 산입되고 승급은 제한됩니다. 보수와 수당은 유학 휴직과 달리 지급되지 않습니다.

[표 6-6] 유학 휴직과 연수 휴직 비교

종류	유학 휴직	연수 휴직
근 거	제5호	제8호
요 건	학위 취득을 목적으로 해외 유학을 하거나 외국에서 1년 이상 연구 또는 연수하게 된 때	교육부장관이 지정하는 국내의 연구 기관이나 교육기관 등에서 연수하게 된 때
기 간	3년 이내 (3년 범위에서 연장 가능)	3년 이내
봉급 지급	5할 지급	미지급
수당 등	수당 규정에 의하여 지급	미지급
승급 기간 산입	복직일에 휴직 기간 산입	미산입

유학을 갔을 때 보통 석사학위, 박사학위 등의 학위 목적으로 가야

한다고 생각하는데, 그렇지는 않습니다. 1년 캐나다 어학 연수도 가능합니다. 이와 관련된 팁을 이야기하면, 교사가 자녀와 함께 유학 휴직을 하면 자녀의 학비(미국, 캐나다 공립학교에 한해)가 면제되므로, 자녀 혼자 어학 연수를 위해 체류하는 비용과 교사가 유학 휴직하고 자녀와 함께 체류하는 비용이 큰 차이가 없을 수 있습니다. 그래서 이 규정을 활용하여 자녀의 어학 연수에 동행해 본인을 계발하는 분도 있습니다.

Q. 육아 휴직으로 오랜 기간 쉬었는데, 휴직 기간에 내지 못한 기여금, 건강보험은 복직 후에 어떻게 처리될까요?

기여금을 내는 시기는 3가지가 있습니다. 휴직 중에 내는 방법과 복직 후에 일시불로 내는 방법, 복직 후 달이 2년 동안 2회씩 내는 방법이 있습니다. 이때 기여금에 영향을 미치는 건 기준월소득액과 부담금 비율입니다.

[표 6-7] 기여금 내는 시기별 비교

시기	휴직 중	복직 후 일시불	복직 후 2년 동안 2회
기준월소득	2016년 기준월소득액	2019년 기준월소득액	1년: 2019년 기준월소득액 2년: 2020년 기준월소득액
부담률	2017년: 8.25% 2018년: 8.5%	2019년: 8.75%	2019년: 8.75% 2020년: 9.0%

복직 후에 월별로 2배 정도로 소급됩니다. 즉 군대를 24개월 갔다 왔다면 교사로 복직 후에 24개월은 소급해서 48개월의 건강보험료를 내야 합니다. 휴직 기간에도 기여금과 건강보험료를 낼 수 있는데, 휴직 시 내게 되면 유리한 점은 징수율이 추후에 상승하게 되면 복직 시에 더 많은 기여금과 건강보험료를 내야 하기 때문입니다.

휴직 기간 동안 기여금을 내지 않으면 소급기여금을 냅니다. 소급기여금이란 공무원이 휴직 기간 동안 납부하지 않은 기여금을 복직 후에 납부하는 것으로, 기여금 징수율은 매년 인상됩니다. 2019년은 8.75퍼센트이며, 2016년 연금법 개정으로 점차 징수율이 높아져 2020년도에는 9퍼센트까지 인상될 예정입니다. 이 기준대로라면 휴직 중에 내는 게 가장 적고, 복직 후 일시불 납부가 두 번째로 적고, 복직 후 2년 동안 월 2회 납부하는 게 가장 많이 내게 됩니다. 하지만 휴직 중에는 소득이 거의 없으므로 자신의 형편에 따라 취사선택하는 게 좋습니다.

자율연수 휴직의 미래

교사의 명예퇴직이 급증하면서 교수의 안식년처럼 교사에게도 쉬면서 재충전할 수 있는 안식년이 필요하다는 인식이 생겼습니다. 무급이라도 교직 생애 중 일 년 동안 쉬게 해 달라는 청원에 5만 명 정도의 교사들이 동참하였고, 입법되어 긍정적인 발전을 이루어 냈습니다. 아직은 무급 안식년이지만, 교원의 적절한 휴식을 통한 교육의 선순환 구조를 만들기 위해 많은 교사가 애썼고, 나중에는 교수처럼 안식년을 받는 것까지 제도가 개선될 수 있도록 함께 노력해야 합니다.

2019년 7월 교사 노조연맹은 자율 휴직의 정신을 살려서 교육부와 '교원 유급 자율연수휴직제 실시'를 단체 협상에 성공했습니다. 교육부는 교원이 전문성을 높이기 위해 자기 연찬을 할 수 있도록 교원으로 근무하는 10년 근무마다 1회의 자율연수 휴직을 실시할 수 있도록 관계법령 개정을 위해 노력한다고 합의하였습니다. 추가 재정이 필요하여 기획재정부와 인사혁신처의 동의가 필요하기 때문에, 아직은 현실적으로 변화된 것은 없지만 안식년의 도입을 위해 우리의 노력이 필요합니다.

3
통장은 그저 스쳐 지나갈 뿐
– 교사의 월급

　월급날 아침 출근하면서 '딩동' 울리는 은행 알림에 행복한 하루를 시작할 정도로 월급에는 관심이 많지만, 내가 왜 이 정도 급여를 받는 지, 왜 이달에는 더 많이 들어왔는지, 시간외근무 수당 정액분은 무엇 인지 등 급여 내역서의 내용을 정확하게 알지 못하는 교사가 많습니 다. 교사의 월급 명세에는 어떤 비밀이 숨겨져 있을까요?

[표 6-8] 13년 차 교사(23호봉) 보통 월급 예시

급여 내역		세금 내역		공제 내역	
본봉	3,126,200	소득세	80,000	일반기여금	363,380
정근 수당 가산금	60,000	주민세	8,000	건강보험	136,340
정액급식비	130,000			노인장기요양보험	8,930
교직 수당	250,000			교직원공제회비	90,000
교직 수당(가산금2)	70,000				
가족 수당(배우자)	40,000				
가족 수당(자녀)	80,000				
시간외근무 수당(정액분)	84,290				
교원연구비(유, 초등보직)	60,000				
급여 총액	3,900,490	세금 총액	88,000	공제 총액	598,650
실수령액			3,213,840		

[표 6-9] 13년 차 교사(23호봉) 1, 7월 월급 예시

급여 내역		세금 내역		공제 내역	
본봉	3,126,200	소득세	80,000	일반기여금	363,380
정근 수당	1,563,100	주민세	8,000	건강보험	136,340
정근 수당 가산금	60,000			노인장기요양보험	8,930
정액급식비	130,000			교직원공제회비	90,000
교직 수당	250,000				
교직 수당(가산금2)	70,000				
가족 수당(배우자)	40,000				
가족 수당(자녀)	80,000				
시간외근무 수당(정액분)	114,950				
교원연구비(유, 초등보직)	60,000				
급여 총액	5,494,250	세금 총액	88,000	공제 총액	598,650
실수령액			4,807,600		

교사 월급 명세 내역

기본 급여
호봉에 따라 본봉이 지급됩니다.

정액 급식비
모든 교원에게 동일하게 지급되는 급식비입니다.

교직 수당
교직의 특수성과 경제적 처우 개선을 위해서 1980년대부터 도입되었고, 교사·교감·교장·장학사·장학관에게 지급됩니다.

가족 수당
배우자와 자녀의 가족 수당은 1인당 4만 원씩 지급되며, 셋째 자녀 이후에는 개인당 8만 원씩 지급됩니다. 부모나 배우자의 부모인 경우에는 1인당 2만 원의 가족 수당이 지급됩니다. 하지만 부부 교사의 경우 가족 수당을 한 명만 받을 수 있습니다. 부모님이나 배우자의 부모님은 실제로 주민등록등본상 함께 있어야 하고, 함께 거주해야 가족 수당을 받을 수 있습니다.

[표 6-10] 교직 수당 가산금

종류	목적	대상	금액 (2019년 기준)
교직 수당 가산금 1	원로교사 수당	교육 경력 30년 이상 만 55세 이상인 교사	월 50,000원
교직 수당 가산금 2	보직교사 수당	고등학교 이하 각급 학교에서 근무하는 보직교사	월 70,000원
교직 수당 가산금 3	특별교육 수당	국공립 특수학교 근무하는 교사와 특수 학급 담당교사에 지급	월 30,000원 ~70,000원 (지급 대상에 따라 다름)
교직 수당 가산금 4	담임업무 수당	고등학교 이하 각급 학교에서 근무하는 교원 중 학급 담당 교원에게 지급	월 130,000원
교직 수당 가산금 5	실과담당 수당	농, 수, 해운, 공업계 학과가 있는 고등 학교의 교장, 교감 및 특정 교원 자격증 을 가지고 여기에 해당하는 과목을 담 당하는 실과담당 교원에게 지급	월 25,000원 ~50,000원 (호봉별 차등)
교직 수당 가산금 6	보건교사 수당	고등학교 이하 각급 학교 보건교사에게 지급	월 30,000원
교직 수당 가산금 7	병설유치원 겸임수당	병설유치원 원장, 원감을 겸임하는 초 등 교장, 교감에게 지급	교장 월 100,000원 교감 월 50,000원
교직 수당 가산금 8	영양교사 수당	고등학교 이하 각급 학교에 근무하는 영양교사에게 지급	월 30,000원
교직 수당 가산금 9	사서교사 수당	고등학교 이하 각급 학교에서 근무하는 사서교사에제 지급	월 20,000원
교직 수당 가산금 10	전문상담교사 수당	교육행정기관 및 고등학교 이하 각급 학교에 근무하는 전문상담교사 및 전문 상담순위 교사에게 지급	월 20,000원

시간외근무 수당(정액분)

1년을 기준으로 교사가 8시 30분 이전에 출근하고, 4시 30분 이후까지 일할 수 있다는 가정 아래 한 달에 10시간의 시간외근무 수당을 정액분으로 매달 지급합니다.

시간외근무 수당(초과분)

평일의 경우 1시간을 공제하고 시간외근무 수당을 받습니다. 기본
적으로 1시간 단위로 지급하는데, 예를 들어 한 달 안에 한 번은 3시
간 20분을 다음날은 2시간 47분 초과근무를 했을 경우 합이 6시간 7
분이므로 6시간분의 시간외근무 수당 초과분을 지급하고 7분에 대한
수당은 지급하지 않습니다.

정근 수당

정근 수당은 공무원에게 업무 수행의 노고에 대한 보상과 권장을 위
한 취지에서 지급되는 것으로, 근무 연수에 따라 매년 1월과 7월에 지
급되며, 월봉급액의 0퍼센트에서 50퍼센트까지 차등 지급됩니다.

[표 6-11] 근무 연수에 따른 정근 수당 비교

근무 연수	정근 수당
1년 미만	미지급
2년 미만	5 %
3년 미만	10%
4년 미만	15%
5년 미만	20%
6년 미만	25%
7년 미만	30%
8년 미만	35%
9년 미만	40%
10년 미만	45%
10년 이상	50%

5년 이상 재직 교사는 매달 지급되는 금액으로 근무연수에 따라 정근 수당 가산금 지급액이 다릅니다.

[표 6-12] 근무 연수에 따른 정근 수당 가산금 비교

근무 연수	정근 수당 가산금
5년 미만	0원
5년 이상 10년 미만	5만 원
10년 이상 15년 미만	6만 원
15년 이상 20년 미만	8만 원
20년 이상 25년 미만	10만 원 + 추가금 1만원
25년 이상 근무자	10만 원 + 추가금 3만 원

교원 연구비

유·초·중등 교사, 교감, 교장 지급되는데 학교급마다, 지역마다 차이가 있습니다. 서울의 경우 5년 이상의 유·초등 교사의 교원 연구비가 55,000원이지만 중등 교사의 교원 연구비는 60,000원입니다. 경기도는 거꾸로 유·초등 교사의 교원 연구비가 60,000원이고, 중등 교사의 교원 연구비가 55,000원인 것으로 드러났습니다.

대부분 지역에서 교사는 60,000원이지만, 교감은 65,000원과 교장은 75,000원인 경우가 많습니다. 하지만 일선 학교에서는 교사들이 수업 연구, 생활지도 연구, 학생 상담 연구를 더 많이 하므로, 연구비라는 이름의 의미를 살리기 위해 직급 간 차등 지급을 해소할 필요가 있습니다.

명절 휴가비

명절마다 나오는 명절 휴가비는 보너스를 받는 것 같아서 기분이 좋은데, 본인이 왜 그 금액을 받는지 이유를 확인해 본 적은 없습니다. 「공무원수당 등에 관한 규정」을 보면, 본봉의 60퍼센트를 지급한다고 명시되어 있습니다. 본봉이 300만 원이라면 180만 원이 지급되고, 명절 1~2주 전에 지급됩니다. 하지만 휴직한 분은 지급되지 않고, 병가나 연가 같은 경우는 지급됩니다

한 가지 주의할 점은, 1급 정교사 연수를 받으면 1호봉이 올라가는데, 급여 담당자의 실수로 호봉 재획정을 하지 않으면 명절 휴가비가 오지급될 수 있습니다. 본인이 직접 확인하고 2년 내에 수정을 요청하지 않으면 소멸해 버리므로 확인해야 합니다.

성과상여금

교직에서 논란이 많은 성과상여금. 양적 척도로 파악하기 힘든 교육에서 업무의 경중, 학년, 경력 등 다양한 요인으로 나눠지는 성과상여금으로 인해 학교 구성원이 분열되고, 연말 갈등의 원인이 증가하고 있습니다. 전년도 성과를 나눠서 2019년 기준으로 S 30퍼센트, A 40퍼센트, B 30퍼센트 비율로 등급이 정해지고, 50~100퍼센트 중 차등 지급률을 선택해서 받고 있으므로 학교별로 차이가 있습니다. 하지만 성과상여금 지급 등급분포율이나 차등 지급률은 인사혁신처장과 교육부 장관이 협의해서 바꿀 수 있는 부분이므로 변경될 수 있습니다.

직급 보조비

교사처럼 특수업무 수당을 받는 공무원을 제외하고, 대부분 공무원은 직급 보조비 대상자입니다. 그런데 유독 교감은 25만 원(5급 상당), 교장은 40만 원(4급 상당)의 직급 보조비가 지급됩니다. 더불어 장학사는 16만 5천원(6급 상당), 장학관은 40만 원(4급 상당)의 직급 보조비를 받습니다. 그래서 교감, 교장, 장학사, 장학관은 직급 보조비와 교직 수당을 동시에 받는 월급 체계로 봐서는 교육자이자 교육행정직이라는 것을 알 수 있습니다.

관리 업무 수당

학교 관리 및 법적인 책임이 있는 학교장만 받을 수 있는 수당으로, 월급의 7.8퍼센트(40~45만 원 정도) 정도입니다. 학교장은 관리 업무 수당이 있어서 초과근무 수당을 받을 수 없습니다. 관리 업무 수당을 받는다는 것에서 관리자로서 학교 관리의 법적 책임이 있다는 것을 의미하므로, 방학 중 근무나 토요일 스포츠 강사 수업 시 관리자로 학교에 나와야 할 근거가 됩니다. 그러므로 교사가 방학 중이나 토요일에 스포츠 강사 수업 시 관리교사로 근무하더라도 방과후수업이나 스포츠 강사 수업 시에 발생하는 사안에 대한 법적 책임은 전혀 없습니다.

기여금과 노인장기요양보험

기여금은 연금 급여에 소요되는 비용으로, 공무원이 다달이 봉급에서 내는 금액입니다. 일반 기여금은 2019년에는 기준 소득월액의 8.75퍼센트, 2020년에는 봉급의 9퍼센트를 공제하고, 연금공단의 부담금은 보수 예산의 9퍼센트를 지급해 줍니다. 이러한 일반 기여금과 연금 부담금이 모여서 퇴직연금이 형성이 됩니다.

노인장기요양보험은 2008년 7월 1일부터 시행하는 제도로 '수발보험'이라고도 불립니다. 고령이나 노인성 질병 등으로 인하여 일상생활을 혼자 수행하기 어려운 노인 등에게 신체활동 또는 가사지원 등의 장기요양급여를 사회적 연대원리에 의해 제공하는 사회보험제도입니다. 노인장기요양보험제도는 수급자에게 배설, 목욕, 식사, 취사, 조리, 세탁, 청소, 간호, 진료의 보조 또는 요양상의 상담 등을 다양한 방식으로 장기요양급여를 제공합니다.

우리나라 교사의 월급 수준

교직이 사명감을 갖고 학생을 가르치는 일이라고 하지만, 직장인으로서 자신의 급여가 어느 정도 수준인지 궁금하기도 합니다. 우리나라에서 교사의 월급은 어느 정도 수준일까요?

2016년 급여수급자(월급을 받는 근로자) 연봉 하한액을 통해서 짐작해 볼 때, 15년 경력(25호봉) 교사의 연봉이 약 6천만 원 정도이므로 상위 10~20퍼센트인 9분위로 소득 상위집단으로 볼 수 있습니다.

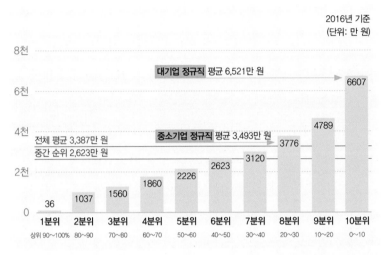

[표 6-13] 연봉 분위별 근로자 연봉 하한액

2016년 기준
(단위: 만 원)

대기업 정규직 평균 6,521만 원

전체 평균 3,387만 원
중간 순위 2,623만 원

중소기업 정규직 평균 3,493만 원

	1분위	2분위	3분위	4분위	5분위	6분위	7분위	8분위	9분위	10분위
금액	36	1037	1560	1860	2226	2623	3120	3776	4789	6607
상위	90~100%	80~90	70~80	60~70	50~60	40~50	30~40	20~30	10~20	0~10

자료 : 한국경제연구원 · 고용노동부

우리나라보다 많은 급여를 받는 룩셈부르크(1인당 GDP 10만 달러 정도) 교사들은 국민 평균연봉 정도의 월급을 받고 있습니다. 비슷하게 2017년 통계에 따르면 한국의 GDP는 세계 26위이며, 약 2만 9천 달러였고, 15년 경력 교사가 약 5만 달러 정도인 것으로 볼 때 전 세계적으로도 한국 교사의 봉급은 낮은 수준이 아닙니다.

실수령액이 차이 나는 이유

전 세계적으로 교사가 높은 연봉을 받는다고 하지만, 다른 직업의 비슷한 연봉과 비교해서 실수령액이 적다고 느끼는 분도 많습니다. 그 이유는 무엇일까요?

가장 큰 원인은 기여금입니다. 국민연금과 공무원연금은 우선 가입 대상이 다르고, 납부하는 보험료율 및 지급받는 연금액도 다릅니다. 우리나라 공적연금제도에는 일반 국민을 대상으로 하는 국민연금 외에 공무원연금(1960년), 군인연금(1963년), 사립학교교직원연금(1975년) 등이 있습니다. 국민연금(1988년)은 이보다 늦게 도입되었으며, 농어민(1995년), 자영업자(1999년) 등 전 국민을 대상으로 하고 있습니다.

각각의 연금제도는 도입 시기와 배경이 다르고, 보장하는 범위도 다릅니다. 특히 공무원연금 등 특수직역 연금에는 국민연금제도와는 달리 퇴직금, 재해보상급여 등이 포함되어 있습니다. 예컨대 일반기업의 근로자가 퇴직 시 퇴직금을 받는 대신 공무원의 퇴직금은 공무원연금 안에 포함되어 있는 것입니다. 퇴직금 등 다른 조건을 제외했을 경우에는 대체로 공무원연금이 국민연금보다 연금보험료를 더 많이 납부하고 더 많은 급여를 지급받는 구조로 되어 있습니다. 그러다 보니 1호봉이 오른다고 해도 기여금과 세금이 같이 오르기 때문에, 호봉 상승에 따른 급여 상승액이 크지 않다고 느낄 수 있습니다.

[표 6-14] 국민연금과 공무원연금 비교

국민연금	명칭	공무원연금
1988년	도입 연도	1960년
국민연금공단	담당 기관	공무원연금공단
공무원연금 등 특수직 연금에 가입하지 않는 국민 (만 18~60세)	가입 대상	국가공무원법 및 지방공무원법에 의한 공무원 및 기타 공무원
10년	최소 가입 기간	10년
23년	평균 가입 기간	33년
2,182만 명	가입자 수	112만 명
441만 명	연금 수급자 수	48만 명
가입자 4.5%, 기업 4.5% (직장 가입자 기준)	보험료율	공무원 9%, 국가-지자체 9% (2020년 기준)
23.0%	실질소득대체율	56.1%
1.50배	수익비	1.48배
62세 (2033년까지 65세로 단계적 상향 조정)	지급 개시 연령	60세 (2033년까지 65세로 단계적 상향 조정)
의무 가입 제도	특징	퇴직금 포함
소득 재분배 기능		지급해야 할 연금이 부족할 시 정부가 보전

출처 : 국민연금공단, 공무원연금공단

• 가입자, 연금수급자 수 : 2017년 기준,
• 실질소득대체율 : 평균 가입 기간
• 기준으로 받는 연금액, 수익비 : 보험료 대비 받는 연금 총액의 비율

급여로 본 교사의 대우는?

호봉 관점에서 보면 교대나 사범대를 졸업하고 임용고시에 합격하게 되면 7급 대우를 받습니다. 11호봉이 되면 6급 상당 계급이 되고, 18호봉이 되면 5급 상당 계급이 되며, 24호봉이 되면 4급 상당 계급 대우를 받습니다. 4급 대우라 함은 교수의 부교수, 경찰의 총경, 소방관의 소방정, 군인의 중령 등 상당히 높은 직급과 동등한 호봉 적용을 받습니다. 교사가 비록 직급이 없지만, 호봉 대우를 하는 것으로 보아 교사를 전문직으로 인정하고 있다는 것을 알 수 있습니다.

[표 6-15] 호봉 확정을 위한 공무원 경력의 상당계급 기준표

직종		상당계급 구분								
		1급	2급	3급	4급	5급	6급	7급	8급	9급
1. 일반직등(보수규정 별표 3 및 별표 4의 적용직종)										
2. 일반직 우정직군						우정 1-2급	우정 3-6급	우정 7급	우정 8급	우정 9급
3. 기능직							기능 1-6급	기능 7급	기능 8급	기능 9-10급
4. 경찰	* 군 인	소장	준장	대령	중령	소령	대위 : 경감 중위 : 경위	소위, 준위	원사, 상사, 중사	하사
	* 교육공무원 초·중등교원봉급표 적용 대상자				24호봉 이상	18-23 호봉	14-17호봉 : 경감 11-13호봉 : 경위	9-10 호봉	4-8 호봉	3호봉 이하
	대학교원봉급표 적용 대상자		30호봉 이상	24-29 호봉	17-23 호봉	11-16 호봉	9-10호봉 : 경감 7-8호봉 : 경위	6호봉 이하		
	경찰	치안정감	치안감	경무관	중경	경정	경감: 3년 이상자, 기능직은 5급 이상, 우정직군은 3-5급 경위: 3년 미만자, 기능직·우정직군은 6급	경사	경장	순경

교감이나 교장이 된다 해도 단일호봉제가 적용되며, 단지 직급 보조비나 직급에 따른 수당이 다르고 급여 차이가 날 뿐입니다. 교장이 받는 특별수당은 퇴직연금에 영향을 미치지 않는 항목입니다. 그래서 같은 호봉이라면 교사로 은퇴를 하나 교장으로 은퇴하나 퇴직연금은 같습니다.

방학 중 월급에 대한 근거

일반인들 사이에서 교사는 방학 때 근무를 하지 않으므로 월급을 주지 말아야 한다는 이야기가 있습니다. 그래서 교사는 "우리도 방학 때 출근한다.", "방학 때 연수를 듣는다." 등 다양한 근거를 제시하고 있습니다. 그럼 방학 중 월급에 대한 근거는 무엇일까요?

교사 월급을 분석해 보면 연봉을 성과상여금, 명절상여금(설, 추석), 정근수당(1, 7월) 등의 약 1천만 원을 제외하고, 호봉제로 본봉을 12개월에 걸쳐 지급하는 개념입니다. 예를 들어, 세전 연봉이 4,600만 원이라면 정근수당 및 상여수당인 1,000만 원을 빼고 본봉 3,600만 원은 호봉제로 월 300만 원씩 지급하는 셈입니다.

교사들에게 월급을 주지 말라는 주장은 교사에게 일시적 실업자가 되라는 소리입니다. 그런데 이렇게 되면 방학 때 월급이 단절되기에 정년보장 공무원이라고 말하기 어렵습니다. 그리고 교사는 방학이 있다는 이유로 연가보상비 약 200만 원(호봉별로 상이)을 받지 못하므로 실질적으로는 손해입니다. 심지어 학기 중에는 특별한 사유 외에는 수업 때문에 연가를 쓸 수조차도 없는데 말이죠. 더불어 방학은 교사가 원해서 하는 게 아니라 학생들의 휴식권을 보장하기 위해서 존재한다는 점과 외국 학교의 정규직 교사도 방학 중에 나오지 않아도 월급을 받는다는 것을 근거로 제시할 수 있습니다.

4
아는 것이 힘!
– 교권을 지키는 법

    학생 인권 보장과 맞물려 학교 현장에는 지속적인 수업 방해와 학부모 민원, 수업 중 울리는 업무 전화 등 교사의 수업권이 보장되지 않는 상황이 발생하고 있습니다. 또한 불가피하게 담임이 교체되거나, 이름만 명예로운 명예퇴직을 하거나, 병가를 통해 냉혹한 현실을 벗어나는 아픈 교사들도 점점 늘고 있습니다. 그래서 교실 정상화를 위해 교권을 보호해야 한다는 인식으로 2019년 10월 「교원지위법」이 시행되면서 교권을 강화하기 위해 노력하고 있습니다.

    2019 교육 통계 분석 자료집에서 2018년 교사 퇴직자를 분석해 보면 명예퇴직이 4,614명으로 46.7퍼센트였으며, 정년퇴직은 3,649명으로 36.9퍼센트였습니다. 일반 퇴직자도 1,343명으로 13.6퍼센트에 달

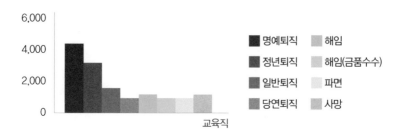

[표 6-16] 교사 퇴직자 분석

6,000

4,000

2,000

0

교육직

■ 명예퇴직   ■ 해임
■ 정년퇴직   ■ 해임(금품수수)
■ 일반퇴직   ■ 파면
■ 당연퇴직   ■ 사망

합니다. 명예퇴직과 일반퇴직을 스스로 교직을 그만둔 것으로 본다면 60퍼센트 정도가 본인의 뜻으로 퇴직한 것입니다. 정해진 정년을 채우지 못하고 퇴직했다는 것은 무엇을 의미하는 것일까요? 그 교사는 왜 법으로 보장받는 정년을 채우지 못하고 스스로 학교를 떠나야 했던 걸까요?

늘어나는 교권 침해

교총의 2018년도 교권 회복 및 교직 상담 활동 실적 중 [표 6-17] 연도별 교권 침해 신고 건수를 보면 2014년을 기점으로 학생에 의한 교권 침해 신고 건수는 줄고 있으나, 학부모 등에 의한 교권 침해는 점점 증가하고 있는 것을 알 수 있습니다.

[표 6-17] 연도별 교권 침해 신고 건수

구분	2014년	2015년	2016년	2017년	2018년
학생에 의한 교권 침해	3,946	3,346	2,523	2,447	2,244
학부모 등에 의한 교권 침해	63	112	93	119	210
총합	4,009	3,458	2,616	2,566	2,454

출처 : 시·도 교육청 제출 자료(각 년도)

그리고 [표 6-18]의 2018년 학생 및 학부모 등에 의한 교권 침해 종류 통계를 보면 모욕 및 명예훼손이 가장 큰 비중을 차지하고, 정당한 교육활동을 반복적으로 부당하게 간섭하는 경우도 큰 비중을 차지하는 것을 알 수 있습니다.

[표 6-18] 2018년 학생 및 학부모 등에 의한 교권 침해 종류

구분	상해 폭행	모욕, 명예 훼손	성적 굴욕감, 혐오감 일으키는 행위	공무 및 업무 방해	협박	손괴	성폭력 범죄	정보통신망 이용 불법정보 유통	정당한 교육 활동을 반복적으로 부당하게 간섭	기타	합계
학생에 의한 교권 침해	165	1,309	164	69	65	15	16	13	263	165*	2,244
	7.4%	58.3%	7.3%	3.1%	2.9%	0.7%	0.7%	0.6%	11.7%	7.4%	100%
학부모 등에 의한 교권침해	7	82	7	33	16	1	–	3	35	26**	210
	3.3%	39.0%	3.3%	15.7%	7.6%	0.5%	0%	1.4%	16.7%	12.4%	100%

출처 : 시·도 교육청 제출 자료

* 기타(학교장 판단) : 무례한 행동(언동), 지속적 지시 불이행, 수업 방해, 폭언 및 욕설, 민원 제기 등
** 기타(학교장 판단) : 민원 제기, 보상 요구, 수업 진행 방해, 폭언 등
※ 2018년부터 「교원지위법」 등 관련 법에 따른 교권 침해 유형으로 분류

이 통계를 분석해 볼 때, 수업 중 교사에게 욕을 하거나 수업을 지속적으로 방해하는 행동이 교권 침해의 주된 내용이라는 것을 알 수 있습니다. 그리고 모욕 및 명예훼손이 많은 것을 보면, 교사를 가장 힘들게 하는 것은 교사를 존중하지 않는 학생과 학부모라는 것을 알 수 있습니다.

교사가 가진 교육과정 재구성 권한과 평가권 등 수업권에 대한 정당한 요구라면 협의를 통해 문제를 해결할 수 있지만, 수업을 복도에서 지켜본다든지 혹은 교실에서 들어가서 직접 확인해야겠다는 학부모가 있을 정도로 교사의 정당한 교육활동을 부당하게 간섭하는 예가 늘고 있습니다. 또 수업 중 학생이 교사에게 욕을 하거나, 비정상적으로 수업 진행을 방해하는 것도 교권 침해의 주요한 내용으로 볼 수 있습니다.

그리고 [표 6-19] 연도별 교권 침해 신고 건수 및 상담 건수를 통해 보면 매년 교권 침해 신고 건수가 준다는 것은 매우 고무적이지만, 교총에 신고된 교권 침해 상담 건수를 보면 매년 500여 명을 유지한다는 것은 아직도 교권 침해가 지속되고 있다는 것을 알 수 있습니다.

더불어 [표 6-20] 학교급별 학생에 의한 교권 침해 건수를 보면 고등학교는 매년 줄고 있으나, 초·중학교는 매년 늘고 있다는 점에서 장기적으로는 교권 침해가 없어지기 힘들고, 점차 그 연령대가 낮아지고 있다는 것도 알 수도 있습니다.

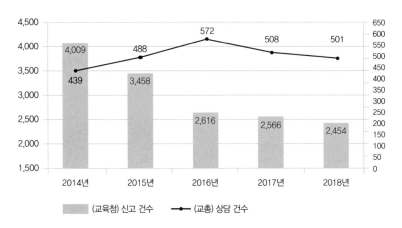

[표 6-19] 연도별 교권 침해 신고 건수 및 상담 건수

(교육청) 신고 건수 ━●━ (교총) 상담 건수

출처 : 시 · 도 교육청 제출 자료(각 연도), 한국교원단체총연합회(2019)

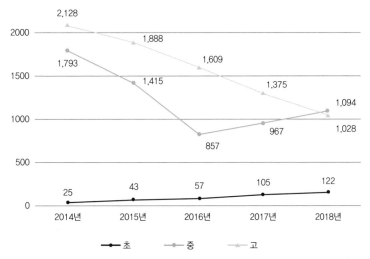

[표 6-20] 학교급별 학생에 의한 교권 침해 건수

━●━ 초 ━●━ 중 ━▲━ 고

출처 : 시 · 도교육청 제출 자료(각 연도)

[표 6-21] 학교급별 교권 침해 종류를 보면 초등학교에서 상해나 폭행 건수가 많고, 중·고등학교에서는 모욕이나 명예훼손, 교육활동 방해가 더 많이 나타나는 것으로 볼 때, 초등학생은 자기조절을 잘하지 못해서 선생님을 공격하는 경향이 있고, 학교급이 올라갈수록 직접적 상해보다 정신적인 침해가 더 많아진다는 점도 알 수 있습니다.

[표 6-21] 2018년 학교급별 교권 침해 종류

구분	상해/폭행	모욕, 명예훼손	성적 굴욕감, 혐오감 일으키는 행위	공무 및 업무 방해	협박	손괴	성폭력 범죄	정보통신망 이용 불법 정보 유통	정당한 교육활동을 반복적으로 부당하게 간섭	기타*	합계
초	45	40	12	3	1	-	1	1	9	10	122
	36.89%	32.79%	9.84%	2.46%	0.82%	0%	0.82%	0.82%	7.38%	8.20%	100%
중	62	692	75	20	27	10	3	9	101	95	1,094
	5.67%	63.25%	6.86%	1.83%	2.47%	0.91%	0.27%	0.82%	9.23%	8.68%	100%
고	58	577	77	46	37	5	12	3	153	60	1,028
	5.64%	56.13%	7.49%	4.47%	3.60%	0.49%	1.17%	0.29%	14.88%	5.84%	100%
합계	165	1,309	164	69	65	15	16	13	263	165	2,244
	7.35%	58.33%	7.31%	3.07%	2.90%	0.67%	0.71%	0.58%	11.72%	7.35%	100%

출처 : 시·도 교육청 제출 자료

* 기타(학교장 판단) : 무례한 행동(언동), 지속적 지시 불이행, 수업 방해, 폭언 및 욕설, 민원 제기 등
※ 2018년 부터 교원지위법 등 관련법에 따른 교권침해 유형으로 분류

학생 인권과 교사 인권의 사이

「학생인권조례」로 인해 학생의 인권이 강조되어 교권 침해가 증가

했다는 것에 대해서 어떻게 생각하시나요?

생활교육 알파고 : 한때 학생의 인권을 강조한다는 의미에서 '학생 중심 수업'이라는 말이 대두된 때가 있었는데, 교육의 본질은 '인간 중심 수업'으로 학생의 성장을 돕는 교사와 학생이 함께 성장해 가는 것이 더 중요합니다. 즉 학생 인권과 교사 인권은 어느 하나가 보장되기 위해 다른 하나가 과소평가되면 안 되고, 동반 성장하고 함께 보장되어야 하는 동등한 관계입니다. 그래서 현재의 사태는 선진국으로 가기 위해 반드시 거쳐야 할 통과의례이자 저희가 극복해야 할 과제입니다.

왕국어 왕사부 : 두 권리는 상극이 아니라 모두 보호되어야 하는 건데, 과거 학생 인권이 보호받지 못했던 것을 해결하려다 보니 교사의 권리가 침해되기 시작했습니다. 그런데 많은 학생을 한꺼번에 지도해야 하는 교사의 어려움과 이를 해결하기 위한 대안은 제대로 제시하지 않은 채 성급하게 학생 인권만 강조했던 것이지요.
또 다른 이유로는, 예전에는 크게 개의치 않았던 일도 법의 검증을 받으면서 교사가 위축되고 있다는 것입니다. 예전 같으면 정말 심각한 교권 침해를 한 학생이라도 출석 정지 10일보다 강한 처분을 내리기 어려웠는데, 2019년 10월 17일부터 시행된 「교원지위법」에 의하면 초·중학생도 심각한 경우에는 반 교체나 강제 전학까지도 가능하게

끔 개정되었습니다. 물론 이 법을 실제로 적용하기까지 많은 어려움이 있겠지만, 학생 인권과 교사의 권리가 함께 존중받는 방향으로 변화되고 있는 것은 분명하므로 그 안에서 각자의 노력이 필요합니다.

교원지위법과 교권보호위원회

교원지위법

2019년 10월17일부터 강화되어 시행된 「교원지위법(교원의 지위 향상 및 교육활동 보호를 위한 특별법)」은 「학생인권조례」에 이어서 교사의 권리를 법으로 명시한다는 점에 의의가 있습니다. 교사의 권리를 보장하기 위해 만들어진 「교원지위법」은 무엇일까요?

기존에는 실제 교권을 침해당해도 관련 조치의 강제성이 없었습니다. 그런데 법이 개정되면서 1호 교내 봉사부터 6호 전학까지 조치할 수 있도록 시행령에 포함되었습니다. 그리고 학생이 특별교육을 받지 않으면 학부모에게 과태료 300만 원을 부과할 수 있고, 교권 침해 사안을 학교 차원에서 은폐하고 관리자의 평가에 반영하지 않도록 법을 개정했습니다.

교권보호위원회

교권보호위원회는 교권 침해를 당했을 때 교육활동을 보호하는 기본적인 기구입니다. 교육활동 심의 기준 마련, 예방 대책 수립, 교육활동 침해 학생 선도 조치, 교원의 교육활동 관련 분쟁 조정과 교육활동 관련된 문제를 조정합니다. 그리고 재적 의원의 4분의 1 이상이 요청하거나 교원의 교육활동 침해 사실 신고 및 보고의 경우, 그 밖에 위원장이 필요하다고 인정하는 경우에 교권보호위원회를 요청할 수 있고, 개최 여부에 따라서 공무상 병가, 공무상 질병 휴직 등 교권 보호의 혜택을 받을 수도 있습니다. 일반 병가는 60일이지만 공무상 병가는 180일이고, 질병 휴직이 월급의 7할 정도를 보전을 받는다면 공무상 질병 휴직은 최대 3년까지 백퍼센트를 받을 수 있습니다.

그렇지만 공무상 병가나 공무상 질병 휴직을 인정받으려면 공무원 연금공단에서 요양 승인을 받아야 하는데 절차가 매우 까다롭습니다. 이때 교권보호위원회 여부가 승인에 도움을 줄 수 있고, 교권 관련 보험에서는 교권보호위원회 개최 여부에 따라 보험료를 지급하는 경우도 많습니다.

그럼 교권보호위원회는 정말 교사를 보호할 수 있을까요?

일반적으로 교사는 관리자나 학부모와의 갈등을 피하고자 그냥 참고 넘기거나 자기 스스로 해결하려는 경향이 있습니다. 하지만 교권 침해를 받은 후 정신적으로 힘들 때는 이성적으로 문제를 해결하기 어렵습니다. 최근 법 개정과 맞물려 교권보호위원회를 열어 달라고 요청하는 교사가 늘고, 관리자도 적극적으로 나서고 있습니다. 교권보호위원회를 적극적으로 활용하여 실효성 있는 결과를 거두고 나면, 교권과 학생 인권이 균형을 이룰 수 있습니다. 따라서 교권보호위원회가 본연의 역할을 수행하기 위해서는 관리자와 교사의 인식이 변화되어야 합니다.

직장 내 괴롭힘 금지법과 갑질신고센터

직장 내 괴롭힘 금지법

2019년 7월 16일부터 시행된 「직장 내 괴롭힘 금지법」이 최근에 이슈입니다. 일반적으로 교사는 근로자라고 생각하지 않기 때문에 이 법에 적용되지 않는다고 생각합니다.

하지만 대법원 1996. 4. 23. 94다446 판결 판례를 보면, "공무원도 임금을 목적으로 근로를 제공하는 「근로기준법」 제14조 소정의 근로자이므로, 「공무원연금법」, 「공무원 보수 규정」, 「공무원 수당 규정」 등에 특별한 규정이 없는 경우에는 공무원에 대하여도 성질에 반하지 아니하는 한 원칙적으로 「근로기준법」이 적용되므로, 국가의 부당한 면직 처분으로 인하여 공무원이 그 의사에 반하여 근로를 제공할 수 없는 경우 공무원의 최저생활을 보장할 필요성은 사기업의 근로자와 동일하므로 「근로기준법」 제38조는 공무원에게도 적용된다."고 판결하였습니다.

즉 「공무원법」이 우선이지만, 「공무원법」에 명시된 사항이 없으면 민사소송 시 「근로기준법」을 적용할 수 있다는 것이죠. 따라서 교사도 「직장 내 괴롭힘 금지법」에 적용될 수 있습니다.

일반적으로 직장 내 괴롭힘이 접수되면 고용노동부가 판단하지만, 공무원은 고용노동부에 조사 권한이 없습니다. 그래서 국공립 교사는 교육부 갑질신고센터에 신고할 수 있고, 사립 교사는 교원이므로 교육부 갑질신고센터와 고용노동부에도 신고할 수 있습니다. 「직장 내 괴롭힘 금지법」이 형사 사항은 아니지만, 교사도 정신적·물리적 피해를 봤다면 민사소송의 근거가 될 수 있고 교육청에서 조사할 수 있습니다.

갑질신고센터

교사가 부당하게 '갑질'을 당했다고 판단하면 교육부 갑질신고센터에 신고하면 됩니다. 갑질신고센터는 익명으로 신고하기 때문에 신고자가 그 결과를 알 수는 없고, 신고된 내용은 시·도 교육청에서 사안 조사를 한 후 심각하면 갑질 피해자에 대한 피해자 보호 조치를 하고, 갑질 가해자에게는 행정 처분을 내립니다. 교권보호위원회 개최를 거부하거나, 직장 내에서 관리자와 겪을 수 있는 어려움이 있을 때 혼자 속만 썩이며 학생 교육에까지 영향을 미치기도 했는데, 교사의 고충을 해결해 주기 위해서 갑질신고센터가 생긴 것이죠.

관리자와의 갈등은 기본적으로 학교에서 해결하려고 노력해야 하지만, 학교 차원에서 해결이 안 된다면 교육청이나 교육부에 질의하거나, 교원 단체의 도움을 받을 수 있습니다. 그리고 교육청마다 있는 교권이나 학교폭력 전담 전문 변호사를 통해 조언도 받을 수 있는데, 법적인 해석이 다를 수 있으니 다양한 창구에서 질의할 필요가 있습니다.

 정리 및 Tip

악마 너구리 : 교권에는 수업권, 교육과정 결정권, 교재 선택 활용권, 강의 내용 편성권, 교육 방법 결정권, 성적 평가권, 학생 생활지도권, 학생 징계 요구권 등이 있음.

키다리 아줌마 : 교권과 학생 인권은 상충되는 것이 아니라 함께 존중되어야 하며, 이를 위해 2019년 10월 17일부터 교권 보호를 위해 「교원지위법」이 개정되어 교사의 교권 보호 조치가 강화되었음.

왕국어 왕사부 : 교권 침해 시 교권보호위원회 개최를 요구하고, 관할 교육청의 교권보호 및 교원치유센터의 도움을 받아 교권 보호를 위한 효과적인 도움을 받을 수 있음.

생활교육 알파고 : 「교원지위법」에 따라 교내에 설치된 학교교권보호위원회, 부당한 징계나 처분이 있을 때는 교원소청심사위원회, 복무와 처우가 부당한 경우 고충심사위원회와 교육부 갑질센터 등을 활용할 수 있음.

냉정한 은갈치 : 교권 침해가 있을 만한 사항을 미리 예방하며, 교사 자신을 보호할 필요가 있으며, 교권 침해 시 혼자 끙끙 앓지 말고 주변에 적극적으로 도움을 요청해야 함.

6장
마무리

잘 안다고 생각하지만 정작 필요할 때 기억이 나지 않는 교사의 권리. 교사 자신을 보호할 수 있는 최소한의 교권을 알고 있어야 교사로서 지위를 지키며 학교생활을 영위할 수 있습니다. 선생님에게 교권은 어떤 존재인가요?

"나에게 교권이란?"

키다리 아줌마 : 교사의 '직무수행에 필요한 권한'이다. 교사가 가르치는 일을 충실히 하기 위해 당연히 보장받아야 할 직무권한이라고 생각합니다. 교사가 자신의 신념과 교육철학대로 가르칠 수 있는 권한이 보장되지 않고 무한책임만 요구받아서는 안 되겠죠!

생활교육 알파고 : '교육활동을 원활하게 할 수 있는 권리이자, 교사의 자부심'이다. 한마디로 정의하기 어렵지만, 교사로서 꼭 갖고 싶고 유지하고 싶은 소중한 그 무언가입니다.

냉정한 은갈치 : '교사의 인권'이다. 교사 역시 한 인간으로서 존엄과 존경의 대상으로 생각해야 합니다.

왕국어 왕사부 : 학생을 잘 지도할 수 있도록 '국민으로부터 위임받은 권리'이다. 교사의 권리를 특별히 더 지켜 줘야 하는 이유는, 그래야만 학생들을 더 잘 지도할 수 있기 때문입니다.

악마 너구리 : 더 건강하고 오랫동안 교사를 하려면 '공부해야 하는 영역'이다. 나를 지킬 수 있는 것은 나 자신과 나를 보호해 줄 권리이기 때문입니다. 교사의 권리를 더 정확하게 알아, 흔들리는 교사를 잡아 줄 수 있는 기반을 마련해야 합니다.

에필로그

지금까지 교사를 힘들게 하는 요인을 5가지 주제인 학생, 학부모, 동료 교사, 관리자, 교사의 권리로 정리하여 이야기를 나눠 보았습니다. 교사를 힘들게 하지만, 교사라는 직업을 있게 해 주고, 교사를 교사답게 만들어 주는 다섯 주체와의 관계 회복과 성장을 위해 우리는 무엇을 해야 할까요?

학생 공감

비주얼씽킹 수업을 하면서 학생들의 활동을 도와주기 위해 가장 먼저 한 것은 학생들과 눈높이를 맞추는 것이었습니다. 학생들의 활동을 가까이에서 바라보니 무엇을 잘하고 어려워하는지 알게 되면서 학생들을 이해하는 폭이 넓어졌고 공감도 더 쉬워졌습니다.

동료 교사 공감

신규교사 시절은 다들 힘들지만, 저는 그 어려움을 더 민감하게 받아들였던 것 같습니다. 당시에는 경력 교사도 힘들다고 기피하는 업무를 신규교사가 메우는 상황이 이해되지 않았는데, 지금 생각해 보니 그 당시 제 행동을 동료 교사도 이해하기 어려웠겠다는 생각이 들었습니다. 극복하고자 노력하는 과정에서 서로를 이해하지 못하고, 갈등이 심해져 더 큰 고통으로 다가오기도 했고요.

그런데 경력이 쌓일수록 사람에 대한 이해가 넓어지고, 제가 참 쉽지 않은 동료였다는 것을 깨달았습니다. 그래서 이제는 제가 타산지석이 되어 다른 분들의 성장을 도울 수 있다는 점에 감사함을 느낍니다. 저와 함께했던 동료 교사들의 조언 덕분에 이렇게 성장할 수 있었기에 이제야 감사함을 전합니다.

학부모 공감

그동안 제가 성장할 수 있도록 도와주셨던 분들이 누굴까 생각해 보니 학교폭력 문제로 상담했던 수많은 학부모였습니다. 처음에는 '왜 이렇게 나를 공격할까?', '왜 이렇게 자녀를 모를까?' 하고 의문을 가진 적도 있었는데, 그분들 얘기를 듣고, 또 저를 변론하면서 이해가 깊어졌습니다. 그리고 제게는 악성 민원 없이 묵묵히 믿어 주셨던 학부모, 학년 말 감사의 메시지를 보내 주신 학부모가 더 많았습니다. 노력하며 신뢰를 쌓다 보면 결국에 진심이 통한다는 것을 깨닫게 되었죠. 지금은 제 성장을 위해 함께 노력해 주신 모든 학부모께 감사 드리고 싶습니다.

관리자 공감

학교 안에서 교사들이 자신의 역할을 잘 수행할 수 있도록 도와주는 관리자에게 감사를 드립니다. 업무 처리가 미숙하더라도 기다려 주시고, 때로는 함께 해결해 주셨거든요. 최근 들어서 관리자는 더 많은 역할을 감당해야 해서 부담스러운 자리로 여겨지고 있습니다. 이러한 때 교사들이 그 어려움에 공감하고, 또 지지한다면 모두가 행복한 학교를 만들어 갈 수 있을 거라고 생각합니다.

교권 공감

IMF 이후에 사회적 불안이 심화되면서 성적이 좋은 학생들이 교대나 사범대에 많이 진학했고, 임용고시 등 경쟁에서 살아남은 사람들이 교사가 되었습니다. 성적이 높고 능력이 좋은 선생님들이다 보니 학습을 따라오지 못하는 학생이나 어긋난 행동을 하는 학생을 이해 못할 때가 많습니다. 그래서 학생의 마음에 공감하기 위해 교사도 사회적 기술을 훈련하고 성장을 위해 노력해야 한다는 생각이 듭니다.

또한 학교와 교육을 변화시키고 싶은 의지를 가진 많은 교사들이 관리자와 잘잘못을 따지는 경우가 많은데, 무엇보다 서로의 생각이 다름을 인정하고 공감하며 나아가는 교직 사회가 되길 바랍니다.

냉정한 은갈치 : 지금 우리 교육은 위기라 여겨지고 있으며, 많은 교사들이 위기 속에서 아픔을 겪고 있습니다. 하지만 한편으로 위기는 곧 기회이므로 집단지성으로 극복할 수 있다고 생각합니다. 학교 현장의 교사가 우리 교육의 희망이라는 것을 기억하고, 서로 연대해서 이 위기를 극복했으면 좋겠습니다.

키다리 아줌마 : 기쁨은 나누면 배가 되고, 슬픔은 나누면 반이 된다고 하죠. 교사의 고충도 함께 나누다 보면 지혜롭게 극복할 수 있을 거라고 믿습니다. 더 나은 교육 현장이 되기 위해서 서로 격려하며 나아간다면 정말 멋지게 성장할 수 있을 겁니다.

왕국어 왕사부 : 저 자신에게 하는 말이면서 선생님들께 드리는 말씀입니다. 지금까지 충분히 잘 해 오셨고, 앞으로 갈 길이 머니 천천히 함께 갑시다.

생활교육 알파고 : 교사는 대한민국 최고의 지성집단입니다. 함께하면 못할 게 없습니다. 무엇보다 몸과 마음의 건강을 지키고, 좋은 동료들과 연대를 맺고, 학생들 앞에 당당히 섰으면 좋겠습니다.

악마 너구리 : 힘들 때는 주위를 둘러보고, 자신에게 오늘도 고생 많았다고 격려해 주세요. 우리 삶에서 가장 중요한 건 바로 자신입니다.

극한직업, 선생님을 부탁해.

참고문헌

단행본

고영규 · 김지은 · 이안정 · 임지백 · 왕건환 · 조기성 · 지산 · 한진우(2020), 교육활동 침해 예방 교육자료, 한국교육개발원

고광삼 · 송형호 · 강은정 · 설선국 · 오은진 · 조은 · 서정현(2016), 학교폭력 사안처리 100문 100답, 부크크(Book)

박숙영(2014), 회복적 생활교육을 만나다, 좋은교사

송형호(2018), 송샘의 아름다운 수업, 에듀니티

송형호 · 왕건환(2019), 교사 119 이럴 땐 이렇게, 에듀니티

왕건환 · 김성환 · 박재원 · 이상우 · 정유진(2018), 학교폭력으로부터 학교를 구하라, 에듀니티

우치갑(2015), 비주얼씽킹 수업, 디자인펌킨

정성식(2014), 교육과정에 돌직구를 던져라, 에듀니티

제인 넬슨 · 린 롯 · 스티븐 글렌, 김성환 · 강소현 · 정유진 역(2014), 학급긍정훈육법, 에듀니티

토마스 W. 펠런 · 세러 제인 쇼너, 박종근 · 정유진 역(2018), 1-2-3 매직, 에듀니티

Jane Nelsen(2007), Positive Discipline, Ballantine Books

PD코리아(2018), 학급긍정훈육법 실천편, 교육과실천

학위 논문

윤정(2018), 학교는 어떻게 성공하는가? : A초등학교 교사들의 공유 리더십에 관한 질적 사례 연구, 경희대학교 대학원, 국내 박사

홈페이지 다운로드 관련

Dispatches Europe,(2016.1.18.) Luxembourg pays teachers crazy money, yet ranks below Estonia, https://dispatcheseurope.com/2529-2/

경기신문(2019.5.13.), 교사 87% "사기 떨어졌다" 최대 고충은 학부모 민원 (http://www.kgnews.co.kr/news/articleView.html?idxno=548974)

교육부(2019), 교육통계 분석 자료집 - 유·초·중등 교육통계편

교육기본법(2018), 국가법령정보센터

국가공무원 복무·징계 관련 예규, 인사혁신처예규 제83호, http://www.law.go.kr/행정규칙/국가공무원복무·징계관련예규/(83,20200120)

공무원보수 등의 업무지침, 인사혁신처예규 제84호, http://www.law.go.kr/행정규칙/공무원보수등의업무지침/(88,20200309)

네이버, 2018 통계청 KOSIS 기준, https://search.naver.com/search.naver?sm=tab_hty.top&where=nexearch&query=1%EC%9D%B8%EB%8B%B9+%EA%B5%AD%EB%82%B4%EC%B4%9D%EC%83%9D%EC%82%B0&oquery=skfkquf+gdp&tqi=UBCsSlp0J1sssMMpEEwsssssE8-052751

뉴시스(2017.08.16.) 작년 근로자 평균연봉 3,387만원, https://news.naver.com/main/read.nhn?oid=003&aid=0008123204

뉴스1,(2019.12.28.), 문제아에 지친 초등 교사 '행복'보다 '피로' 느끼는 교사 더 많아(https://news.v.daum.net/v/20191228080018057)

대법원 1996. 4. 23. 선고 94다446 판결 * [임금등] [집44(1)민,374 공1996.6.1.(11),1542]

동아일보(2019.8.6.), "담임교사 바꿔달라" 교장에 압력 넣는 학부모들(http://www.donga.com/news/article/all/20190806/96843690/1)

연합뉴스(2019.08.28.), 서울교육청, 교사 휴가 갈 때 사유 안 밝히게 학교문화 개선 추진(https://m.yna.co.kr/view/AKR20190828041600004?)

에듀인 뉴스(2019.12.20.), 만성적 보직교사 기피, 교육부와 교육청이 답을 내라 (http://www.eduinnews.co.kr/news/articleView.html?idxno=24685)

오마이뉴스(2019.07.10.) 교육부-교원 노조, 17년 만에 단체협약 체결
http://m.ohmynews.com/NWS_Web/Mobile/at_pg.aspx?CNTN_
CD=A0002552808#cb)

초·중등교육법(2019), 국가법령정보센터

초·중등 진로교육 현황조사(2018), 한국직업능력개발원

2018년도 교권 회복 및 교직 상담 활동 실적(2019.5.2.), 한국교원단체총연합회

헌재 2019. 11. 28. 2018헌마222, 공보 제278호, 1389, 공직선거법 제60조 제1항
제4호 등 위헌 확인